영국과 스웨덴의

노인복지정책

• 박재간 · 손화희 공저 •

학지사

머리말

퍼니스(Furniss)와 틸톤(Tilton)에 따르면, 복지국가는 사회보장국가와 사회복지국가의 형태로 구분할 수 있다(Furniss & Tilton, 1977). 그중 사회보장국가 형태에 가까운 복지정책을 추구하는 대표적인 국가는 영국이다. 사회보장국가는 정부와 기업 및 민간단체가 서로 협력을 유지하면서 국민의 최저수준을 보장하는 국민복지정책을 특징으로 한다. 또한 사회보험으로는 불충분한 다양한 사회적 문제를 해결하기 위하여 국가가 국민 전체의 이익이라는 공동의 연대의식 아래 다양한 정책을 실천한다. 그러나 국민의 최저수준 이상에서는 자본주의 원리가 그대로 유지되며 개인들 사이의 자유로운 경쟁을 인정한다. 따라서 사회보장국가의 목표는 국민의 사유재산 보장과 함께 국가가 누구에게나 최소한의 생계수준을 보장해 주는 것이라 할 수 있다.

이에 비하면 스웨덴은 사회복지국가 형태에 가까운 복지정책을 추구하고 있는 대표적인 국가라 할 수 있다. 사회복지국가에서는 국민의 평등과 민주적 참여를 강조하며, 경제적인 면에서도 평등에 준하는 노력을 한다. 경제적 평등을 실현하는 주요 방법으로는 사회보험이나 공적부조 외에도 공익사업의 종류와 범위를 크게 확대하는 것 등이 있다. 예를 들어, 노인을 위한 복지프로그램, 보건서비스, 대중교통수단, 스포츠시설 그리고 대중을 위한 오락시설 등이 무료 또는 저렴한 비용으로 광범위하게 제공되면 그만큼 국민의 생활수준이 평준화된다는 것이다. 결국 사회복지국가에서는 국민의 최저생활 보장은 물론이고, 더 나아가 보건, 위생 그리고 노인이나 장애인 등의 보호를 위한 광범위한 공공서비스를 제공하며, 이를 통해 사회보험이나 공적부조만으로 해결하지 못하는 부분을 보완한다. 이러한 측면에서 본다면 사회복지국가는 국민 모두의 평등과 화합을 강조한다는 점에서 사회보장국가와 다르다.

영국과 스웨덴은 외관상으로는 모두 평등사회로 비춰지지만 좀 더 구체적으로 들여다보면 영국은 스웨덴에 비해 상대적으로 불평등한 사회임을 알 수 있다. 왜냐하면 재산 소유율과 관련하여, 영국은 사회의 상위 1%가 사유재산의 42%를 소유하며 상위 10%가 사유재산의 5분의 4를 차지하는데 비해 스웨덴은 상위 1%가 소유하는 사유재산이 18%에 불과하기 때문이다. 영국은 이 점에서 스웨덴보다는 보편적 복지국가의 이미지로부터 어느 정도 멀어진다고 할 수 있다.

영국과 스웨덴은 모두 복지국가의 대표적인 나라로 분류될 수는 있지만, 서로 다른 점도 있다는 것에 유의할 필요가 있다. 두 나라를 비교하면, 스웨덴은 복지국가의 이념형에 가깝고 영국은 복지국가의 이념과는 상반되는 요소들이 적지 않음을 알 수 있다. 그러나 복지정책 면에서 뚜렷한 차이가 있음에도 불구하고 이들 국가는 공통의 특징을 갖고 있다. 첫째, 영국과 스웨덴 모두 복지국가 개념의 상징적 슬로건인 '요람에서 무덤까지(from the cradle to the grave)' 를 실현하는 포괄적이고 통합된 사회보장제도를 갖추고 있다. 둘째, 경제활동에서 공공부문이 차지하는 비중이 매우 높다. 셋째, 민주주의를 정치적 측면에서뿐만 아니라 경제적, 사회적 측면까지 확대 적용하여 산업민주주의를 추진하려는 적극적인 움직임을 보이고 있다.

21세기 사회로 진입하면서 우리나라의 노인문제는 심각한 사회문제로 대두되고 있다. 현재의 젊은이들은 풍요로운 사회를 구가하고 있지만, 그들을 낳아서 기르느라 온갖 희생을 감수한 노인세대의 삶의 질은 상대적으로 열악하다. 따라서 시민단체들은 경제성장에 걸맞은 시민 권리로서의 복지제도가 조속히 활성화되도록 촉구하고 있다. 가족해체 현상과 부의 양극화 현상은 심화되고 있는데 반해 이러한 문제를 해결할 사회보장제도는 미성숙 단계에 놓여 있는 것이 그 원인이라 하겠다.

1990년대 후반부터 현재까지 김대중 정부와 노무현 정부는 절차적인 노인복지의 틀을 어느 정도 구축하였다고는 하나, 그 정책의 기조가 사회보장국가를 지향하는 것인지, 아니면 사회복지국가를 지향하는 것인지 불분명하다. 특히, 사회복지정책의 핵심이라고 할 수 있는 소득재분배의 문제는 아직 커다란 과제로 남아 있다.

2008년 실용주의를 표방하며 등장한 이명박 정부는 경제성장과 일자리 마련 등을 정치기조의 큰 흐름으로 내세웠는데, 이는 노인을 비롯한 소외계층의 문제해결을 위한 구체적이고 실효성 있는 대안 제시에는 상대적으로 인색한 것이 아닌가 하는 우려의 목소리도 있다. 그러나 경제성장정책의 궁극적인 목적이 삶의 질 향상에 있다고 보기 때문에, 복지정책 활성화에도 소홀하지 않을 것으로 기대해 본다. 이러한 의미에서 볼 때, 이 책은 영국의 사회보장국가 모델과 스웨덴의 사회복지국가 모델을 제시함으로써 앞으로 우리나라가 노인복지정책을 개발해 나가는 데 참고가 될 수 있을 것이다.

이 책은 크게 3부로 구성되어 있다. 제1부 영국의 사회보장과 노인복지정책에서는 영국의 이해, 복지국가의 성장과 개편, 소득보장체계와 급부내용, 노인에 대한 사회적 서비스, 노인의 주택정책 그리고 노인의 보건서비스에 대해 살펴보았다. 제2부 스웨덴의 사회복지와 노인복지정책에서는 스웨덴의 이해, 복지이념과 노인복지정책, 에델개혁과 사회서비스법, 노인주거와 요양시설, 재가노인대상 복지서비스, 스웨덴의 연금제도, 노인의 의료보장정책에 대해 살펴보았다. 마지막으로 제3부 노인복지정책의 평가와 전망에서는 영국과 스웨덴의 노인복지정책에 대한 총체적인 평가와 전망을 살펴보고, 고령화 사회와 국가정책에 대해 전망해 보았다.

이 책은 대학 또는 대학원의 전공과목으로 개설된 노인복지정책의 교재로 활용될 것을 염두에 두고 집필되었다. 아울러 필자는 서구사회의 노인정책에 관심을 갖고 있는 일반인도 이 책을 읽음으로써 노인복지에 대한 이해의 폭을 넓히는 데 기여할 수 있기를 기대한다. 마지막으로, 이 책이 나오기까지 많은 도움을 주신 학지사 김진환 사장님과 편집부 여러분의 노고에 감사한다.

2008년 7월

박재간 · 손화희

차 례

제3부 노인복지정책의 평가와 전망

제 1 부

영국의 사회보장과 노인복지정책

제1장 | 영국의 이해

제1절 영국 노인복지정책의 전개

'영국은 세계에서 사회복지가 가장 잘 발달된 국가인가?' 라는 질문에 선뜻 그렇다고 답하기에는 다소 망설이게 된다. 그러나 영국이 베버리지 이념을 국가정책으로 채택한 1940년대 중반 이후부터 1970년대 중반에 이르는 약 30년간은 세계에서 사회복지가 가장 발달한 국가 중 하나였다는 것은 틀림없는 사실이다.

복지국가라는 용어를 지구상에서 제일 먼저 사용한 나라는 영국이다. 1945년에 집권한 노동당 정부가 1948년 영국 사회복지의 원형을 제시한 베버리지 보고서를 근간으로 '요람에서 무덤까지' 라는 슬로건을 내걸고, 보편적 · 포괄적인 의료보장과 완전고용의 실현을 위하여 전력 경주할 것을 국민에게 약속하였다. 그것을 전제로 사회보험에 의한 전 국민의 최저 생활 유지를 보장하는 제도를 실시함으로써 영국은 세계 각국으로부터 사회보장 · 사회복지의 원조 또는 모범국가라는 칭호를 받기도 하였다.

영국 노인의 대다수는 국가가 제공하는 소득보장, 의료서비스, 주택서비스 그리고 대인사회서비스를 받으며 자신의 집에서 생활한다. 영국에서 노인을 대상으로 하는 복지정책이 본격화된 것은 가족해체의 가속화, 여성의 사회진출과 가족부양 기능의 약화, 수명연장으로 인한 인구고령화 현상 등으로 사회보호를 필요로 하는 노인들이 증가하였기 때문이다.

노인복지 증진을 위한 영국정부의 노력은 1601년 구빈법(Poor Law)시대로까지 거슬러 올라갈 수 있지만, 근대적인 노인복지체계가 구축되기 시작한 것은 1940년대 베버리지 보고서가 나온 이후부터라고 할 수 있다. 이 보고서를 배경으로 1946년에는 노인을 비롯해 모든 국민의료 문제를 해결하기 위한 국민보건서비스법(National Health Service Act)이 제정되었고, 1948년에는 무의무탁 노인들에게 생계보조와 보호시설 제공을 위한 국민부조법(National Assistance Act)이 제정되었다.

1970년대는 세계 각국이 석유파동과 경제적인 불황으로 고통받은 시기였다. 당시 영국은 지나친 복지정책으로 인해 복지예산이 과다하게 지출되는 상황이었기 때문에, 석유파동이 일어나자 복지국가의 위기를 제일 먼저 경험하였다.

1979년에 집권한 보수당의 대처(Margaret Thatcher) 정부는 이와 같은 문제를 해결하기 위해 노인복지에 있어서도 공공부문의 기능을 축소하는 정책을 펴는 한편 서서히 가족기능, 지역사회의 자조기능, 시장기능을 대폭 확대하는 혼합복지정책을 추진하였다. 이와 동시에 국가재정의 건전화를 도모하는 등 기존 복지국가의 틀을 크게 개편하는 작업을 단행하였다. 이러한 변화에 대해 영국은 신보수주의(new right) 정책을 추구하고 있다는 평가를 받기도 하였다. 대처 정부는 복지예산의 절감을 통해서 국가재정의 안정을 꾀할 목적으로 앞서 언급한 혼합복지정책을 추구하였음에도 불구하고, 노령인구의 증가와 같은 복지수요 요인의 추가적 발생으로 기대한 만큼 복지예산의 감축효과를 얻지 못하였다.

1997년에 집권한 노동당의 블레어(Tony Blair) 정부는 소득보장과 사회서비스 정책 전반에 걸쳐 큰 폭의 개혁을 단행하였는데, 학계에서는 블레어 정부가 수행하고 있는 이 새로운 정책을 '제3의 길' 이라고 부른다(Giddens, 1998).

현재까지 블레어 정부가 추구하고 있는 제3의 길 정책내용을 요약해 보면, ① 자산조사를 통해 가장 도움을 필요로 하는 사람을 선별하여 그들에게 급여를 집중하는 잔여주의에 많은 비중을 두고, ② 사회보장체계에 무거운 부담을 주고 있는 복지 의존자를 일자리로 복귀시키는 강력한 정책(welfare to work)을 수행하는 것이다. 이와 관련하여 서구 여러 나라들은 영국이 추진하는 제3의 길 정책을 연구대상으로 삼기도 하였다.

영국의 노인복지체계를 포괄적으로 정리한다는 것은 쉬운 일이 아니다. 왜냐하면 영국은 단일의 노인복지법이 존재하지 않고, 노인을 대상으로 하는 급여 및 서비스들이 각종 사회복지관련법에 개별적으로 명시되어 있으며, 지방자치단체에 따라 그 내용과 방법도 각기 다르기 때문이다. 또한 영국의 복지정책이 지난 60년간 정치적 색깔을 달리하는 보수당과 노동당 양당의 정치적 이데올로기에 의해 많은 변화를 겪어 온 것도 중요한 이유가 되고 있다. 따라서 영국의 노인복지정책을 이해하기 위해서는 정치 · 경제 · 사회 등 전반적인 상황과 사회복지, 사회보장 등 포괄적인 지식을 아는 것이 필요하다.

이 책에서는 영국을 이해하는 데 도움이 되는 내용을 먼저 소개하고, 이어 복지국가의 성장과 개편, 소득보장체계와 급부내용, 노인에 대한 사회적 서비스, 노인의 주택정책 그리고 노인의 보건서비스에 대한 현황과 특징들을 살펴보기로 한다.

제2절 영국의 개관

1. 국호 · 국체 · 국토 · 인구

영국의 공식국호는 United Kingdom of Great Britain and Northern Ireland다. Great Britain은 지리학적 명칭으로 잉글랜드, 스코틀랜드 그리고 웨일스의 통합에 따른 영국본토를 의미하며, Northern Ireland는 부속도서들을 말한다.

영국의 전체 면적은 241,000평방킬로미터이고 인구는 약 6,058만 명(2007년 기준, www.statistic.gov.uk)에 이른다. 잉글랜드 지역이 전체 면적의 53%를 차지하고 있으며 인구의 83%가 이 지역에 거주한다. 영국 국민의 93%는 백인이고 나머지는 인도, 파키스탄 및 카리브 지역에서 이민 온 유색인종들이다.

영국을 대영제국(British Empire)이라고도 부르는데, 이것은 해외의 자치령과 식민지를 모두 포함하는 명칭이다. 그리고 영연방(British Commom Wealth)은 아일랜드, 인도, 캐나다, 호주, 뉴질랜드 등을 합하여 부르는 칭호다.

본래 영국은 잉글랜드 왕국(Kingdom of England)이었으나, 1292년에 웨일스를 그리고 1603년에 스코틀랜드를 합병하면서 연합왕국(United Kingdom)이 되었다. 그 후 1801년 합동법에 의해서 아일랜드는 연합왕국에 합병되었다가, 1921년 분리법에 따라 독립국이 되었다. 이때 북아이랜드는 영국의 일부로 남게 되었다.

잉글랜드, 웨일스, 스코틀랜드 및 북아일랜드 주민들 모두 영국인이지만 각자 자신이 살고 있는 지역에 대한 소속감과 자긍심이 강해서 잉글랜드인, 웨일스인, 스코틀랜드인 그리고 북아일랜드인으로 불리기를 좋아하며, 각기 고유한 지방색과 전통을 소중히 여긴다. 한 예로, 외국인이 영국인을 만나서 영어로 "당신은 브리티시(British)입니까?"라고 물으면 독립심이 강한 스코틀랜드 출신의 영국인은 "나는 브리티시가 아니고 스코틀랜드인(Scots)입니다."라고 대답하는 것을 볼 수 있다.

영국의 수도 런던은 북위 50도 부근에 위치하며 북해에 흐르는 따뜻한 대서양 조류 때문에 기후가 온화하고 안개가 많은 서안해안성 기후를 갖고 있다. 그 기후적인 특성으로 겨울에는 따뜻하며 여름에도 그다지 덥지 않고 서늘하다.

스코틀랜드는 잉글랜드와 별개의 행정체계를 갖추고 있다. 수도 에든버러에는 국립도서관, 국립은행이 위치해 있으며 수도로서의 기능도 일부 수행한다. 스코틀랜드인 중 일부는 일종의 지하조직인 스코틀랜드 민족당의 당원이다. 또한 스코틀랜드인은 자신들만의 고유한 전통과 민족의식을 갖고 있다.

2. 영국인의 관습

영국인은 전통을 사랑하고 변화를 싫어하며 보수적인 성향이 강하다. 지금도 왕실의 일상사가 국민 전체의 관심을 끌 만큼 귀족제도를 고수하고 있다. 술집에 들어갈 때도 중류계급과 노동자가 서로 다른 출입구를 사용하는 곳이 아직 있을 정도로 고전적인 계급의식이 남아 있다. 런던의 직장인은 비교적 중산모자를 애용하며 평소 우산을 가지고 다니는 모습을 볼 수 있다.

재판에 임하는 판사는 오랜 전통에 따라 가발을 쓴다. 주택도 수백 년이 지난 것들이 많으며, 가정에서는 조상들이 쓰던 오래된 물건들을 물려가며 사용하고 있다. 전통을 보존하면서 새로운 기술을 도입하는 데도 열심이기 때문에 영국만큼 전통과 현대가 조화를 이루는 나라도 드물다.

과거를 존중하는 국민성은 골동품을 좋아하는 습성으로 발전되고 이는 박물관의 발달로 이어진다. 세계적으로 유명한 런던의 소더비와 크리스티 경매장은 골동품 거래의 메카로 자리 잡고 있다. 영국인은 철저한 개인주의자이면서도 사교와 사회생활의 명수이며 강한 애국심을 지니고 있다. 이와 같은 생활태도는 여러 세기에 걸친 경험을 통해 형성된 산물이다.

영국 사회의 큰 특징 중의 하나는 신뢰에 기반을 둔 사회라는 점이다. 영국인은 어떤 일이든 상대방의 말을 믿고 시작한다. 국민은 정부의 행정을 믿고 관공서는 개인을 믿는다. 대부분의 상거래는 신용거래이며 개인의 상거래도 90% 이상이 개인수표나 신용카드로 결재된다.

기질적으로 영국인은 매사에 침착하고 실리적이며 정확하고 확실한 업무처리가 몸에 배어 있다. 그리고 질서의식이 매우 강하며 사전에 시간 약속을 하고 예약하는 일이 보편화되어 있다. 공공장소에서 줄을 서고 도로에서 양보운전하는 모습은 기본이며 운전 시 차선을 바꾸거나 추월을 하지 않는 것이 통례다. 영국인들은 일반적으로 절제가 강하고 이성적으로 생각하기 때문에 라틴 계통의 민족보다는 덜 정열적이며 감정을 억제하는 경향이 있다.

3. 교육제도

영국의 교육제도는 개인의 선택 또는 지역에 따라 서로 상이한 단계를 거쳐 학교교육을 받게 된다는 특징이 있다. 또한 같은 명칭의 학교라 하더라도 입학 및 졸업연령이 서로 다르다. 영국의 의무교육은 만 4~5세부터 16세까지이며, 지역 및 학교에 따라 약간의 차이가 있기는 하나 기본적으로 초등학교 7년 과정과 중등학교 5년 과정은 의무교육이며, 대학교 진학 예정자는 추가로 2년의 과정을 더 이수한다.

영국의 초 · 중등학교의 수는 약 3만 5천 개소이고 이들 학교의 총 학생 수는 900만 명 정도다. 그중 약 93%는 무료로 교육을 받으며 나머지 학생들은 자비로 등록금을 부담하는 사립학교에 다닌다. 영국에는 50만 명 내외의 교직원이 있으며 학생과 교사의 비율은 17대 1 정도다.

기술교육은 중등교육을 마친 16세 이후의 학생들을 위한 과정으로 주로 직업을 구하는 데 필요한 교육을 받는다. 800여 개소에 달하는 공립직업전문학교 과정을 이수한 학생들의 대부분은 높은 수준의 기술자격증을 취득하게 된다. 대학을 졸업했거나 이미 직장에서 일하는 사람들 중에도 이 과정을 이수해서 자격증을 취득하는 사례가 적지 않다.

영국의 대학교는 오랜 역사와 전통을 가지고 각자 독특한 운영방식과 특색을 살려가며 운영하고 있다. 영국에는 26개의 종합대학이 있으며 신입생 선발과정에서부터 교직원 임명에 이르기까지 모든 것이 대학 내에서 자율적으로 이루어진다. 신입생 선발과정에서는 교수에게 주어지는 재량권의 폭이 매우 크다. 영국의 학부과정은 보통 3년이며 스코틀랜드의 경우는 4년이다. 의과대학은 6년이며 영국 유일의 사립대학인 버킹엄 대학의 경우 대부분의 과정이 연간 4학기씩 2년에 걸쳐 실시된다. 대학원과정은 일반 디플로마 과정과 정규 석 · 박사과정으로 구분된다. 그리고 박사과정을 받기 위해 반드시 석사과정을 이수할 필요는 없다.

4. 의회 · 중앙정부 · 정당 · 재정

영국은 입헌군주국으로 국왕은 국가의 수장이다. 의원내각제를 채택하고 있으므로 의회는 최고권력기관이 된다. 의회는 상원과 하원의 양원제로 운영된다. 하원은 국민이 선거로 선출한 의원으로 구성되며 임기는 5년이다.

상원의원은 성공회의 성직자, 세습귀족, 대법관 등으로 구성된다. 상원은 하원에서 의결된 사항을 재심해서 의결한다. 그러나 상원이 하원에서 의결된 사안을 부결시키는 경우는 거의 찾아볼 수 없다. 하원은 국민이 직접 선출한 의원들로 구성되어 있다는 점을 감안하기 때문이다.

국왕은 총선에서 승리한 다수당의 당수를 수상으로 임명하고 그에게 조각권을 위임하여 내각을 구성한다. 내각 구성원으로 수상, 부수상, 환경 · 교통 · 지역 장관, 재무부 장관, 내무부 장관, 교육 및 고용부 장관, 상공부 장관, 농림부 장관, 국방 장관, 문화부 장관, 사회보장 및 여성 장관, 국제협력 장관 그리고 스코틀랜드 장관, 웨일스 장관, 하원 내 총무, 상원 내 총무 등이 있다. 이들 내각의 구성원들은 각기 소관업무를 담당하고 있으며 각 부에는 장관을 보좌하는 부장관(Junior Minister) 등이 있다.

영국은 제2차세계대전 당시 윈스턴 처칠(Winston Churchill) 수상이 이끄는 전시연합내각에 의해서 거당적으로 국가를 운영하였으나, 1945년 총선에서 노동당 정부가 집권한 이후부터 오늘날까지는 보수당과 노동당이 번갈아 가며 집권하는 양당제도를 이루고 있다. 따라서 영국의 사회정책을 올바르게 이해하기 위해서는 양당의 정책 방향에 대한 특징을 아는 것이 중요하다.

우선 보수당의 특징적인 정책 방향은 경제정책 면에서 정부의 개입을 최소화하고 급여 및 서비스 등의 가격 및 공급량은 시장기능에 따라야 한다는 것이다. 따라서 정부는 공공지출의 삭감, 국영기업의 민영화, 각종 세금의 감면, 공공지출의 감소, 국가개입의 최소화를 정책목표로 삼는다. 또한 보수당은 사회적 불평등은 불가피하고 자연스러운 현상이라고 본다. 그리고 과도한 복지정책은 오히려 의존문화(dependency culture)를 조장한다고 믿는다. 국가는 가장 극빈한 사람들의 욕구만을 충족시켜야 하며 지나친 개입은 가족 및 지역사회의 역할을 위축시킨다는 이유로 반대하는 입장을 갖는다.

이와는 반대로 노동당 정부는 경제적 측면에서 정부가 적극적으로 개입하지 않으면 경제성장이 둔화되어 실업률이 높아지고, 따라서 복지지출이 증가하게 될 뿐만 아니라 이로 인한 사회적 갈등이 증가하게 된다고 믿는다. 노동당은 적극적인 개입정책이 실업률을 축소시키고 궁극적으로는 경제성장을 자극하여 납세자를 증가시켜서 국가재정을 안정시킨다고 주장한다. 노동당은 사회보장과 사회적 서비스를 국민의 기본 권리로 보며 자산조사는 예외적 환경에서만 필요하다고 주장한다. 사회의 기본적 수요를 충족시키기 위해서는 집단적 노력으로 대처하는 제도를 만들어야 하며 빈곤을 제거하는 사회적 노력이 지속적으로 필요하다고 주장한다.

국가를 경영하는 데 필요한 재원은 일반적으로 세금, 수수료나 사용료 그리고 국민보험 기여금 등으로 충당되고 있다. 이 중에서도 세금의 비중이 가장 크다. 세금은 직접세와 간접세로 구분되며 직접세는 국세인 소득세, 법인세, 상속 및 증여세, 주택구입 시에 부담하는 등기세, 불로소득세, 자본이득세 등이 있고, 지방정부에 납부하는 세금으로는 지방세와 재산세가 있다. 그리고 간접세로는 관세, 부가가치세 및 차량운행세 등이 있다.

직접세와 사회보장 기여금이 개인소득에서 차지하는 비중은 약 15%이며, 간접세의 수준은 가처분소득의 약 20%에 해당한다. 조세부담율은 35% 내외로, 유럽의 다른 국가들에 비해서 그리 높은 편이 아니다(Pierson, 2006).

세입부분의 비중을 살펴보면 소득세가 전체 세수 중에서 가장 큰 비중을 차지하고 있으며, 일정 수준 이상의 소득자 약 2천만 명이 납부의무를 지니고 있다. 법인세는 법인의 소득세로, 영국 전체 재원 중 약 10%를 차지하고 있다. 국민보험기금은 사회보장제도를 위한 기금으로, 정부의 국고금(consolidated fund)에 납부하는 것이 아니라 국민보험기금(national insurance fund)에 납부한다.

이 기금은 사회보장성에 의해 운영되며 기여금과 급여수준의 변경은 매년 의회에서 예산과 함께 발표된다. 세금 이외의 재원으로는 수수료와 사용료가 있는데, 이는 국가보건서비스의 처방전 수수료나 복지시설 입소자 중 일정소득 이상자를 대상으로 징수하는 부담금이다.

5. 지방정부

지방정부는 잉글랜드의 경우 광역자치단체(county)와 기초자치단체(district)로 양분되어 각기 지방의회(council)를 구성하고 지방의회 의원을 선출한다. 지방의회 의원들은 의원 중 한 명을 시장(mayor)으로 선출하고 나머지 의원들은 지역업무를 분장할 위원회(committee)를 구성하여 각기 해당업무를 관장한다. 지방의회에는 치안, 교육 및 사회서비스 등 3개 위원회를 의무적으로 설치하도록 되어 있고, 기타 위원회는 지방 실정에 따라 임의로 설치할 수 있다.

지방정부의 행정 또는 서비스는 지방정부 내에 구성되어 있는 각 위원회별 의원들에 의해 관장되고 있다. 자금 차입, 지방세 인상, 지방행정과 관련된 조례제정 등을 제외한 기타 업무는 위원회에 소속된 공무원에 의해 처리된다. 지방정부를 규제하는 법률은 특정한 의무를 부과하는 강제적 법률과 특정한 업무를 할 수 있는 권한을 부여하는 재량적 법률로 구성된다. 그러나 강제적 법률이라 하더라도 개략적인 용어로 규정되어 있어 해석 여하에 따라 달라질 수 있는 재량적 요소들이 적지 않다.

광역자치단체의 의회는 전략적 기획수립, 교통계획, 개인사회서비스, 소비자 보호, 쓰레기 처리, 서비스 요금 결정, 도서관서비스, 교육서비스 등을 담당하고, 기초자치단체 의회는 환경적 측면에서의 보건업무, 주택, 쓰레기 수거 등 지역주민의 생활과 관련된 세부사항을 담당한다. 지방정부의 공무원들은 지방의회 의원들이 구성한 위원회의 하부에 집행부를 구성하여 의원들의 업무를 지원하고 서비스를 제공하고 있다.

제3절 노인의 생활현황

1. 노인인구와 노인가구 형태

영국의 65세 이상 노인인구는 약 970만 명(2007년 기준, www.statistic.gov.uk)으로 전체인구대비 16.4%에 해당한다. 1930년대까지만 하더라도 65세 이상 노인인구는 9.6%에 불과하였다. 해가 거듭될수록 노인인구는 증가추세다. 미래인구추계에 의하면, 2020년에는 19.8%, 2030년에는 22%에 이를 것으로 전망되고 있다(The Stationary Office, 2005).

영국의 인구노령화현상은 다른 EU 국가들과 마찬가지로 지난 1세기 동안 현저한 증가추세를 나타냈다. 평균수명 역시 지난 50년간 25세 이상 연장되어 현재(2003년 기준) 여성은 81세, 남성은 76세에 이르고 있다. 노인인구동태 가운데 주목할 만한 사실은 75세 이상 고령후기 노인의 증가라 할 수 있다. 〈표 1-1〉에서 보는 바와 같이 1900년에는 65세 이상 노인 6.2% 중 75세 이상이 차지하는 비율은 1.35%에 불과했는데, 2005년 통계에서는 65세 이상 노인 중 75세 이상의 비율이 7.3%로 증가하였다. 앞으로도 고령

〈표 1-1〉 노인인구의 연도별 증가추이 (단위: %)

연도	65세 이상	전체인구 중 연령별 비율			
		60~64세	65~74세	75~84세	85세 이상
1900	6.2	3.0	1.9	1.2	0.15
1930	9.6	4.1	3.3	2.2	0.2
1950	13.6	4.8	5.3	3.4	0.4
1970	15.3	6.8	5.5	3.0	0.9
2005	16.4	6.2	4.8	4.4	2.9

출처: The Stationary Office(2005). *Focus on older people*. London: HMSO.

후기 노인의 비율은 더욱 빠른 속도로 증가할 것으로 예상된다.

영국 노인가구 형태의 특징은 노인부부가구와 노인단독가구가 많다는 점이다. 기혼자녀와의 동거는 거의 찾아보기 어렵다. 또한 노인가구 형태는 연령 또는 성별에 따른 차이가 있다. 남성노인의 경우는 전기고령자 · 후기고령자 할 것 없이 모두 부부동거가 61% 수준인 데 반해, 여성노인의 경우 65세 이상에서는 부부동거가 37%, 75세 이상에서는 23%밖에 되지 않는다. 즉, 여성노인은 연령이 증가할수록 배우자를 상실한 상태에서 혼자 생활하는 경우가 많다. 65세 이상 전체노인 중 부부동거 47%, 노인단독 40%, 기타 13%이며, 85세 이상 여성노인의 경우는 부부동거 11%, 자녀와의 동거 21%, 노인단독 61%로서 노인단독가구가 크게 증가하고 있음을 알 수 있다(DOH, 2007). 이와 같이 노인단독가구가 많은 것은 영국인 특유의 개인주의적 성향의 영향이 있겠지만 소산형 인구패턴과도 관계가 있는 것으로 보인다(〈표 1-2〉 참조).

노인들 중 요양시설에 입소한 비율은 4~5% 수준이고, 노인보호주택(sheltered housing)에서 생활하는 비율은 6% 내외에 불과하며, 나머지 90%는 자택에서 생활한다. 지역사회에 거주하는 노인들은 동년배 노인들

〈표 1-2〉 65세 이상 재가노인의 가구형태 (단위: %)

구분		1980	1990	1995	2000
남성	부부동거	62.0	63.0	62.0	61.0
	노인단독	17.0	20.0	26.0	27.0
	기타	21.0	17.0	12.0	12.0
여성	부부동거	33.0	36.0	35.0	37.0
	노인단독	45.0	48.0	49.0	50.0
	기타	22.0	14.0	16.0	13.0
평균	부부동거	45.0	45.0	46.0	47.0
	노인단독	34.0	36.0	39.0	40.0
	기타	16.0	19.0	15.0	13.0

출처: DOH(2007). *Living in Britain—the 2002 general household survey*. London: The Stationary Office Publication.

과 어울려서 취미, 오락, 스포츠, 문화활동을 하기도 하고 지역사회가 지원하는 생애학습프로그램에 참가하기도 한다. 노인들 중 일부는 지역사회를 위한 자원봉사활동에 참가하기도 한다.

2. 노인들의 경제활동 및 여가생활

영국의 노인들 중 생활비를 자녀들에게 의존하는 경우는 거의 찾아보기 어렵다. 서구사회의 노인들이 대체로 그러한 경향을 보이지만, 특히 영국인은 개인주의적 성향이 강하기 때문에 더욱 그러하다. 그래서 영국인은 젊었을 때부터 스스로 자립생계가 가능하도록 사전준비에 더욱 신경을 쓴다. 사전준비의 방법 중에는 부동산투자, 주식투자, 저축, 사적 연금에 가입하는 방법 등을 활용한다. 그러나 많은 노인은 공적연금, 공적부조 그리고 정부로부터 수급을 받는 각종 수당에 의존한다. 특히 독거노인, 여성노인, 생계를 꾸려 가는 많은 고령후기 노인들은 국가가 제공하는 각종 급여에 의존하는 비율이 높다(ONS, 2004).

노인들의 소득수준은 연령, 성별, 지역에 따라 상당한 차이가 있다. 대체로 고령후기 노인들은 고령전기 노인들보다 소득수준이 낮다. 그리고 여성노인은 남성노인들보다, 농촌지역 노인들은 도시지역 노인들보다 소득이 낮다. 1990년대 이후에 노인들의 소득수준은 꾸준히 늘어나고 있기는 하지만, 노인집단 내에서의 소득불평등현상은 오히려 심화되고 있다. 이것은 대처 정부 이후의 소득재분배정책과도 관련이 있다.

생계비 마련을 위해 일을 하는 노인비율은 해가 거듭될수록 줄어들고 있다. 20세기 초까지만 하더라도 65세 이상 노인의 60%가 소득을 얻기 위한 일에 종사하였으나, 1950년에는 30% 내외 그리고 2000년에는 7.5%로 감소되었다. 20세기 초에 노인 취업률이 높았던 것은 그 당시 사회보장제도가 미성숙 단계에 놓여 있었기 때문으로 보인다. 그리고 2000년대에 들어와 노인 취업률이 격감한 것은 노인들이 연금수급만으로도 최저생계가 보장되기 때문이라는 이유도 있지만, 고도산업사회의 노동시장에서 노인인력이 배제되는 경향도 큰 몫을 차지하고 있다.

사회에서 은퇴한 노인들은 각자 자신이 원하는 취미 · 오락활동을 하며 여가시간을 즐긴다. 재산이 있고 건강상태도 양호한 노인들은 부부동반으로 국내외 관광지를 여행하기도 하고 학창시절 또는 과거 직장동료로 구성된 친목모임에 참여하기도 한다. 그러나 보다 많은 노인들은 종교모임에 참가하거나 지역사회가 제공하는 노인을 위한 런치클럽에 참가한다. 한편 건강상태가 좋지 않고 경제적으로 여유가 없는 노인들의 경우, 주로 자택에서 라디오나 텔레비전을 시청하거나 공원 등을 산책하며 소일하는 경향이 있다. 하지만 이들도 종교행사나 런치클럽 등에 참가하는 일에는 매우 열성적이다.

3. 노인에 대한 비공식적 보호

노인이 지역사회에서 자립적인 생활을 할 수 있느냐의 여부는 본인의 건강상태 또는 장애 정도가 어떤 수준에 놓여 있느냐와 밀접한 관련이 있다. 그리고 장애 정도는 보살핌 또는 수발서비스의 필요성이 많은가, 혹은 적은가와 관련이 있다. 현재 영국의 장애인 중 3분의 2가 65세 이상이지만 연령이 높을수록 그 수는 증가할 뿐만 아니라 장애의 정도도 더욱 심한 특징을 보이고 있다. 특히 80세 이상에서는 그러한 현상이 더욱 두드러진다.

노인의 장애율은 60대에는 24%, 70대에는 42%였던 것이 80대에는 62%로 증가한다. 특히 2040년경에는 고령후기 노인이 고령전기 노인의 비율을 상회할 것으로 전망된다(DoH, 1998). 노인에 대한 수발 등 보호에 있어서는 공식적인 보호도 있지만, 보다 높은 비율의 노인들은 가족이나 이웃 등 비공식적인 보호를 받으며 노후생활을 하고 있다.

가족에 의한 보호는 배우자, 특히 여성이 대부분의 역할을 담당한다. 노인의 경우 침실에서의 도움 중 90% 내외, 식사 관련 도움 중 85% 내외, 세탁 · 청소 등의 70%를 배우자와 자녀들로부터 도움을 받고 있다. 장보기, 외출, 목욕은 자녀나 다른 친척의 도움을 받는 경우도 있다(DoH, 1998).

가족 수발자의 연령은 45~64세가 대부분이다. 이 여성들은 부모를 돌보기 위해서 가정일 이외의 외부활동이나 직업을 가질 수 없고 친구를 사귀거나 여가활동을 제대로 하지 못하는 경우도 많다.

1990년도의 GHS조사에 의하면, 전국적으로 약 350만 명의 수발자가 노인의 보호 또는 수발 때문에 자신의 생활에 지장을 받고 있는 것으로 나타났다. 전국수발자협회(The Carer' s National Association)를 비롯한 많은 봉사단체는 노인보호와 관련된 문제의 심각성을 사회에 적극적으로 부각시킴과 동시에 이에 대한 대책을 호소하는 운동을 전개하고 있다.

노인 수발자 문제의 심각성이 알려짐에 따라 DoH는 「1992년의 수발자(Carer' s in 1992)」라는 제목의 보고서를 발표하였다. 이 보고서에서는 ① 동거 · 별거형태, ② 수발자의 인원수, ③ 수발하는 데 소요되는 시간, ④ 수발의 내용, ⑤ 수발자와 노인의 관계 등이 포함되어 있다.

이 조사에 의하면, 수발자는 남성보다는 여성의 비율이 압도적으로 많았다. 친부모의 수발은 별거하는 기혼의 여성이 담당하는 경우가 대부분이고, 이러한 수발자의 연령은 45~64세까지가 3/4이나 되었다. 수발자 중 1/4이 주당 20시간 이상 부모를 수발하고 있었으며, 주당 50시간 이상 수발하고 있는 경우도 10명 중 1명 정도였다. 수발의 내용은 동거 · 별거형태에 따라 각각 달랐다. 동거수발의 경우는 목욕하기, 세발하기, 옷 입기, 화장실 출입하기, 보행 부축하기 등 일상생활 활동에 대한 원조다. 반면, 별거수발의 경우 동거수발에 비해 사회적 서비스를 받는 비율이 더욱 높은 것으로 나타났으며, 특히 홈케어서비스와 배식서비스에서는 그 차이가 두드러졌다.

제2장 | 복지국가의 성장과 개편

제1절 사회복지정책의 발전과정

1. 사회복지국가 발족의 초창기

영국은 사회복지와 관련된 제도를 가장 먼저 시행에 옮긴 국가 중 하나로, 20세기 초부터 지금까지 이와 관련된 많은 법의 제정 또는 개정을 통해서 사회복지제도를 발전시켜 왔다. 소득보장과 관련된 법 제정의 기원은 빈곤퇴치가 공적 의무라는 원칙하에 1601년에 제정된 엘리자베스 구빈법(Poor Law)으로까지 거슬러 올라갈 수 있다. 그러나 영국이 근대적 성격의 소득보장정책을 펴기 시작한 것은 20세기에 들어오면서부터다. 따라서 여기서는 20세기 초부터 현재에 이르기까지의 소득보장정책이 발전하는 과정을 다루어 보기로 한다.

영국에서는 1908년 70세 이상 노인들에게 자산조사(means test)에 의해서 지급되는 무기여 노령연금(Non-Contributed Old Age Pensions)[1)]제도가 시행되었고, 1911년에는 직장근로자를 대상으로 실업 · 질병 · 상해 등에 대처하는 기여금 납부를 전제로 하는 국민보험법(National Insurance Act)이 실시되었다. 그리고 1925년에는 65세 또는 70세가 되어야 급부를 받을 수 있는 기여를 전제로 하는 노령연금법(Old Age Contributory Pensions Act)이 발족되었으며, 1937년에는 공공보건법(Public Health Act), 1940년에는 60세 이상 노인과 미망인을 위한 연금법(Old Age and Widows Pensions Act)이 시행되는 등 여러 조직에 의해 각종 보험제도가 난립하는 현상이 나타났다(Culter & Waine, 1994).

이러한 과정을 겪으면서 영국이 현대적 복지국가로 싹트기 시작한 것은 제2차세계대전을 전후한 시기라고 볼 수 있다. 제2차세계대전은 경제정책면에서 케인스(Keynes)적 국가관리 방식이 자유방임적 자본주의를 대신할 수 있는 대안적 정책임을 입증해 주었다. 또한 당시 국민 모두를 직 · 간접적으로 전쟁에 동원하면서 정부는 전쟁 중 엄청난 고통과 희생을 감수하며 고생한 국민에 대한 반대급부를 생각하게 되었고, 이것이 포괄적이고 보편적인 복지를 구상하게 된 동기가 되었다. 그러므로 영국이 현대적 복지국가로 전환하는 움직임은 전쟁 중 이미 그 골격이 마련되었다고 볼 수도 있다.

1944년 처칠(Winston Churchill) 수상이 이끄는 전시연합정부는 전시체

1) 무기여 노령연금은 당시 가난한 영국 노인들에게는 큰 혜택이었다. 플로라 톰슨(Flora Thomson)은 구빈원 생활을 피하려는 시골 노인들을 묘사한 저서 『Lark Rise to Candleford』에서 연금이 지급되던 당시의 상황에 대하여 다음과 같이 묘사하고 있다. “이 연금제도가 실시되자, 농장의 나이 든 노동자들은 갑자기 부자가 된 느낌으로 환호했다. 연금을 받기 위해 우체국에 간 첫날, 그들의 뺨에 감사의 눈물이 흘렀다. 연금을 손에 들었을 때 그들은 ‘신이여, 로이드 조지(Lloyd George) 경에게 은총을 내리소서!’ 라고 외쳤다. 그리고 그들은 연금을 건네준 우체국 여직원에게 감사의 뜻으로 꽃과 과일을 건네주었다.”

제하에서 실험된 바 있는 케인스의 완전고용정책을 지속적으로 유지하였고, 베버리지의 보편적인 국민보험체계와 관련된 건의, 그리고 버틀러(Richard Austen Butler)의 초·중등학교 무상교육안 모두를 채택함으로써 현대적인 복지국가의 면모를 갖추기 시작하였다.

영국은 1945~1948년에 걸쳐 베버리지의 국민보험계획을 법제화하였고, 보건복지부 장관인 베반(Aneurin Bevan)의 주도로 마련된 국민보건서비스(National Health Service: NHS) 계획을 입법화하면서 영국의 복지계획을 완성하였다. 이로써 영국은 이 지구상에서 처음으로 복지국가라는 이름을 탄생시킨 나라가 되었을 뿐만 아니라, 복지를 사회적 시민권의 하나로 확립했다는 의미에서 복지국가의 모국이라는 칭호를 받게 되었다.

2. 베버리지 위원회의 활동

영국에서는 1941년 6월 사회보험 및 관련 서비스에 관한 관련부처 주무책임자로 구성된 위원회가 설치되었고, 당시 위원장은 베버리지(William Beveridge)가 맡았다. 이 위원회의 회의결과는 1942년 「사회보험 및 관련서비스(Social Insurance and Allied Services)」에 관한 보고서로 나타났다. 이 보고서는 국민을 빈곤, 무지, 불결, 태만 등으로부터 보호하기 위해서 개인과 국가의 협력에 입각한 종합적인 사회보장제도를 창설하자는 것이었다. 영국 사회복지의 원형을 제시한 베버리지 보고서는 포괄적인 의료보장과 완전고용의 실현을 위하여 정부가 전력투구할 것을 기대하며, 그것을 전제로 사회보험에 의한 전 국민의 소득보장을 구상하였다.[2)]

2) 베버리지 보고서가 발표된 것은 제2차세계대전 중 처칠 수상이 이끄는 전시연립내각 때다. 당시 무임소장관이였던 그린우드(Asther Greenwood)는 1941년 6월 사회보험 및 관련서비스 각성위원회(Interdepartmental Committee on Social Insurance and Allied Services)를 구성하였고, 베버리지(William Beveridge)는 위원장으로 취임하였다. 그 후 베버리지가 이끄는 동 위원회는

구체적인 내용을 살펴보면, 국가는 국민의 권리로서 받을 수 있는 서비스에 대한 보장을 해 준다. 그러나 그것은 자산조사 없이 받는 최저수준의 보장이고, 개인은 자발적인 기여로서 스스로와 가족을 위하여 추가적 보장을 마련하여야 한다. 이와 같은 사회보장제도를 기반으로 가족수당, 포괄적 보건서비스 제공, 공공위생과 완전고용정책 수립의 방안이 마련되어야 하며, 사회보험에 있어서는 피보험자, 고용주, 국가 등 삼자가 다 같이 기여에 참여하는 포괄적 사회보험제도를 핵심으로 하되, 젊었을 때 기여할 기회가 없었던 사람에 대해서는 국가가 공적부조에 의해 문제점을 보완하자는 것이었다.

다시 말해서, 이 보고서가 내포한 기본이념은 인간생활에서 제기될 수 있는 모든 사고에 대처함과 동시에, 국민 모두에게 최저생활 유지를 보장하는 것이다. 그리고 그 이상의 보장은 개인적 노력에 의하여 해결한다는 이념에 입각한다. 베버리지가 제시한 사회보장제도의 기반은 강제적 사회보험이다. 베버리지는 국민들로부터 빈곤을 추방하는 데 가장 핵심적인 역할을 하는 것은 강제적 사회보험의 실시라고 보았다. 그리고 여기서 포괄할 수 없는 경우를 대비하여 공적부조제도가 필요하다고 보았다. 또한 국가가 제공하는 사회보장의 목표를 국민최저선(national minimum)에 두고 있다. 국민최저선을 넘어서는 욕구에 대해서는 개인적 차원의 문제로 남겨놓았다.

이러한 베버리지의 구상은 다음의 여섯 가지로 구체화된다. 첫째는 실업, 질병, 퇴직 등 소득 중단을 야기하는 사회적 위험과 관계없이, 그리고 과거 소득의 많고 적음과도 관계없이 연금은 모든 국민에게 동일하게 정액급부(flat-rate benefits)의 원칙을 적용한다. 둘째는 소득의 많고 적음에 관계없이 동일한 보험료를 내는 정액기여(flat-rate contribution)의 원칙이다.

각계각층의 전문가들을 총동원하여 보고서를 작성하였다. 이 보고서는 1942년 11월 20일에 발표되었는데, 이를 통칭 베버리지 보고서라고 부른다. 하지만 이 보고서의 공식명칭은 「사회보험 및 관련서비스(Social Insurance and Allied Services)」다.

셋째는 사회보장성을 신설하고 모든 피보험자를 포괄하는 행정책임 통합(unification of administrative responsibility)의 원칙이다. 넷째는 급여수준과 급여지급 기간은 충분한 정도가 되어야 한다는 급여충분성(adequate benefit)의 원칙이다. 다섯째는 사회보험은 일반적인 사회적 위험을 모두 포괄해야 한다는 포괄성(comprehensiveness)의 원칙이다. 여섯째는 모든 국민을 여러 가지 범주로 나누어 접근해야 한다는 피보험자 구분(classification)의 원칙이다(이인재, 류진석, 권문일, 김진구, 1999).

이 보고서에서 건의된 국민보건법(National Health Service Act)과 국민보험법(National Insurance Act)은 1946년에, 그리고 국민부조법(National Assistance Act)은 1948년 애틀리(Clement Attlee) 내각에 의해 입법화 과정에서 수정 없이 통과되었으며, 그 후 영국 사회보장제도의 근간이 되어 오늘에 이르기까지 이 기본적인 구조는 그대로 유지되고 있다.

베버리지 위원회가 1942년에 보고한 사회보험 및 관련서비스에 관한 제언에서는 사회보장 중 의료보장과 사회복지는 공공재정을 주된 재원으로 하는 사회부조방식에 의해서 행해지지만, 소득보장은 사회보험방식의 기초퇴직국가연금, 사회부조방식의 공적부조 그리고 사회수당 등으로 이루어진다. 기초퇴직국가연금의 급부는 보험료의 기여를 조건으로 지급되며, 이는 사회부조방식의 제도와 달라서 자산조사 없이 지급된다. 기초퇴직국가연금은 기본적으로 영국 영토 내에 거주하는 자를 피보험자로 한다. 베버리지에 의한 국민보험제도의 주된 내용은 다음과 같다.

3. 소득보장정책의 기본구조

베버리지 이념에 입각해서 채택된 영국의 국민연금은 최저생계비 수준만을 보장할 수 있도록 하는 정액급부제가 그 핵심이다. 물론 그 후 소득비례국가연금제도가 도입되기는 하였으나, 현재까지도 정액급부제가 그 중심이 되고 있다. 독일이나 프랑스의 사회보장은 아직도 임금비례 급부에 의하여 종전소득(직장근무 시의 소득)을 보장하는 것을 목적으로 하고 있는데 반해, 영국의 기초퇴직국가연금은 최저소득, 즉 빈곤해소를 목적으로 하고 있다는 특징이 있다. 연금의 이층구조를 채택하고 있는 캐나다나 북유럽 등에서의 정액연금은 전적으로 조세부담에 의한 사회부조방식을 채택하고 있는 경우가 많다.

이에 비하면, 영국은 연금의 이층구조를 갖고 있지만 정액연금인 기초퇴직국가연금까지도 사회보험방식을 채택하고 있다는 점이 특징이다. 영국이 이와 같이 사회보험방식을 채택하게 된 이유 중에는 사회부조방식을 채택하면 자산조사의 실시가 불가피하고, 수급자라는 치욕과 수치심을 감수해야 한다는 문제점이 있는 데 비해, 사회보험에 의한 급부는 보험료를 납부한 대가이므로 이는 의당 수급을 받을 권리가 있다는 점을 강조함으로써 수급자의 자존심을 높이려는 노력이 뒤따랐기 때문이다.

영국의 기초퇴직국가연금은 포괄성과 보편성을 지니고 있다. 다른 많은 국가의 사회보험은 연금보험, 의료보험, 실업보험, 재해보험 등 네 가지가 각각 독립적으로 운영되고 있는데, 영국의 기초연금은 노령, 장애, 사망, 상병, 출산, 실업, 노동재해 등 위험요소 모두를 단일 보험체제하에서 운영한다는 특징이 있다. 또 하나의 포괄성과 보편성은 피보험자와 관계되는 사항이다. 다른 많은 국가의 연금체계는 직장근로자와 자영업자가 각기 별개의 제도에 의해서 운영되고 있는데, 영국에서는 공무원을 포함하여 모든 국민이 단일제도에 의해서 운영되고 있다. 이것은 베버리지의 사회보험과 관련된 기본원칙이기도 하다.

정액급부는 국민보험에 대한 베버리지의 기본원칙이다. 국민의 최저생활을 보장하는 것은 사회보장이 하는 역할이고, 최저생계 이상의 생활에 대해서는 국민들 개개인이 자조적 노력에 의해서 해결해야 된다는 것이다. 영국 국민보험의 급부는 당초에는 정액급여로 출발하였고, 그 후 소득비례의 급부제도가 도입되기는 하였으나 아직도 정액급부가 기본이라 할 수 있다.

영국에서는 사회보장을 소득보장, 즉 현금급부에 국한시키는 특징이 있다. 영국 이외의 유럽 여러 나라에서는 보건, 의료, 복지 등 사회적 서비스의 급부까지도 사회보장의 영역에 포함시키고 있는 것과는 차이가 있다. 소득보장만이 사회보장이라는 사고는 베버리지 보고서에도 뚜렷이 나타나 있다. 이 보고서에는 사회보장을 다음과 같이 정의하고 있다.

사회보장이란 ① 실업 · 질병 · 재해로 인해서 수입이 중단되는 상황, ② 노령으로 인한 퇴직, 본인 외 가족의 사망으로 부양받기 어려운 상황, ③ 출생 · 결혼 등으로 인해 특별한 지불이 발생하는 상황 등에 대비하기 위한 소득보장을 의미한다.

한편 사회보장 학자인 티트머스(Richard Morris Titmuss)는 사회보장의 범위를 직접적 현금급부에 국한하지 않고 세제상의 공제, 사회보험의 면제까지도 그 범위에 포함시켰다(Titmuss, 1958). 여기서 주목할 점은 티트머스와 같이 사회보장의 개념을 확대해석하는 학자들조차도 사회보장의 범위를 직 · 간접적 현금급부에 한정시키고 사회적 서비스는 사회보장의 범위에서 제외시키고 있다는 것이다. 이는 영국이 사회보장을 현금급부에 한정하고 있는 관습이 강력하게 뿌리내리고 있음을 의미한다.

4. 거듭되는 수정보완의 과정

영국 국민은 사회복지정책과 관련된 베버리지의 구상을 가장 이상적인 것으로 확신해 왔기 때문에 그 원형을 유지하려는 영국인의 애착 또한 무시할 수 없었다. 1951년에 집권한 보수당 정부는 베버리지의 보편성 원칙에 동의하지 않으면서도 빈민에 대한 잔여적 지원만을 하려고 하였다. 1954년 평소 베버리지에 대해 비판적이었던 필립스(Phillips)를 중심으로 정책입안을 위한 위원회를 구성하였다(Johnson, 2000). 이 위원회는 정부의 의도대로 모든 연금생활자에게 자산의 유무와 관계없이 생존에 필요한 기초연금을 제공하는 것은 자원의 낭비라는 결론을 내렸다. 그리고 연금의 지급조건을 대폭 수정함에 따라 보험급여는 적정한 수준에 이르지 못했고, 이로 인하여 한시적 조치로 평가받았던 공적부조의 수급자 규모는 점차 증가하였다(이영찬, 2000).

당시 야당이었던 노동당에서는 노인들의 일정한 생활수준을 유지하기 위해서 국가 주도의 직장연금제도의 도입이 필요하다고 주장하였으나, 보수당 정부의 연금보험부(Ministry of Pension and National Insurance)에서는 이 제도를 낭비적이고 인플레이션을 유발할 우려가 있다는 이유로 반대하였다. 그리고 1959년에는 재정적자 요인을 제거하기 위한 내용을 중심으로 하는 국민보험법 개정안을 통과시키면서 1961년부터 시행에 들어갔다. 개정된 국민보험법(National Insurance Act)에서는 베버리지의 동액체계(flat-rate system)를 포기하고 그 대신 소득비례에 의해서 급부하는 제도, 즉 누진연금(graduated retirement pension)방식을 채택하였다. 이는 소득이 많은 사람, 즉 기여금을 많이 부담한 사람은 연금혜택을 더 많이 받을 수 있도록 기여금을 계층화 · 등급화하는 방식이다.

1964년에 집권한 노동당도 선별적 급여의 필요성은 인정하였다. 보편주의의 포기는 보수당의 기본입장이었으므로 노동당으로서는 내키지 않았지만 현실적으로 인정하지 않을 수 없었다. 그래서 이와 같이 계층화된 기여율과 급여율은 1966년부터 실업보험, 질병보험 그리고 미망인 수당에까지 확대되었다. 또한 1975년에 제정된 사회보장연금법(Social Security Pensions Act)에서는 '고소득자는 고부담, 저소득자는 저부담'의 새로운 연금체계가 동액체계와 병행하여 실시되었다.

당시 영국의 재정은 급격히 악화된 상태였으므로 공공지출의 삭감은 불가피한 상황이었다. 국제무역에서는 적자 요인이 가중되고, 인구학적인 측면에서는 출생률의 감소, 노령인구 증가속도의 가속화로 경제활동인구는 더욱 많은 부양인구의 생활을 책임져야 했다. 따라서 노동당으로서는 소득정책에 있어서 보수당의 기본입장인 '보편주의의 포기'에 찬성하는 것이 내키지는 않았지만, 부분적으로 선별적 급여정책을 채택하지 않을 수 없었다. 이러한 변화과정에서 스미스(Brain A. Smith)와 같이 페이비언 사회주의자들까지도 '요람에서 무덤까지'의 이상향은 현실적으로 존재할 수 없다면서 어느 정도의 선별주의는 허용되어야 함을 인정하였다.

이 시기에 소득보장 부문에 대한 많은 개혁이 이루어졌다. 1975년에는 국가소득비례연금(State Earning Related Pension: SERP)제도가 마련되어 1978년부터 시행되기 시작했고, 노인 및 장애자를 돌보기 위해서 직장에 나가지 못하고 집에서 지내야 하는 사람에 대해서는 연금에 기여금을 납부한 것으로 간주하는 가정보호(home protection) 규정을 신설하기도 하였다. 그리고 연금을 수급받고는 있지만 그 수급액이 적어 생활에 어려움을 느끼는 대상자에게는 보충수당(supplementary allowance)을 지급하는 제도도 마련하였으며, 주택정책에 있어서는 보충급여나 보충수당을 받고 있는 대상자에게는 주택임차료 전액을 지원하는 주택수당(housing allowance)제도를 마련하였다. 또한 일반 저소득 노인에 대해서는 지방세를 감면해 줌으로써 주택임차료의 부담을 감소시켜 주는 정책을 펴기도 하였다. 또한 노인이나 장애인이 가정에서 가족이나 친지들에 의해서 보살핌을 받고 있는 경우에는 보살펴 주는 사람에게 수발수당(attendance allowance)을 지급하고, 장기 폐질환자를 위한 폐질급여(invalidity benefits)제도도 이 시기에 도입하였다.

제2절 대처 정부와 사회복지정책

1. 대처리즘의 형성과정

역사적으로 볼 때 영국에서 사회복지가 가장 발달한 시기는 1945~1975년까지의 30년간이다. 그래서 1945년 이전 단계를 복지국가의 터를 닦는 단계(consolidation)라고 부르고, 1975년 석유파동이 일어나기 이전까지의 시기를 복지국가의 황금기(golden age)라 부르기도 한다(Pierson, 2006).

이 시기에는 ① 시민권에 기반을 둔 포괄적이고 보편적인 복지국가로의 이행, ② 사회보험제도 급여수준의 향상과 대상범위의 확대, ③ 경제성장과 완전고용 등이 성공적으로 이루어진 시기였다. 또한 이 시기는 복지분야에 대한 정부 예산도 늘어나, 1950년대 초반에는 GDP의 10%에서 1975년경에는 GDP의 25% 이상을 사회복지 분야에 투입하기에 이르렀다(Pierson, 1991).

이와 같이 사회복지지출이 증가한 원인 중에는 당시 중산층까지 사회복지의 대상에 포함된 점이 한몫을 하였다. 즉, 사회보장급부가 보편화되면서 중산층까지를 포함한 모든 소득계층이 공공복지의 대상이 되었다. 사회복지지출이 증가한 또 하나의 원인은 빈민, 소외계층, 여성들을 대상으로 하는 새로운 사회복지프로그램의 도입과 노인인구의 증가로 인한 사회보장제의 확대에 있었다.

제2차세계대전 이후 계속되었던 경제호황과 복지국가로서의 발전은 1973년의 석유파동으로 위축되기 시작하였다. 석유가격의 인상과 함께 찾아온 전 세계적인 경제침체는 1930년대 대공황 이후 처음으로 경험하게 된 난제였다. 저성장과 물가상승을 동반한 스태그플레이션은 일자리를 감소시키고 빈곤을 증가시켰다. 1977년에는 인플레율이 24%를 상회하여 파운드화의 위기를 맞게 되고, 실업률은 100만 명을 초과함으로써 국가비상사태선언을 반복하는 최악의 상태에 직면하게 된다(Freeman, 1998). 1978년에서 1979년으로 넘어가는 유난히도 추웠던 겨울, 노사분규와 파업의 속출 등으로 사회는 극도의 혼란에 빠졌고, 장기적인 경제침체가 가속화되면서 공공사회복지 지출을 줄이고 복지에 대한 정부의 역할을 재점검해야 한다는 목소리가 커졌다.

이러한 상황하에서 1979년에 집권한 대처(Margaret Thatcher) 수상 주도의 보수당 정부가 가진 생각은 점차 대처리즘(Thatcherism)으로 형성되어 갔는데, 이는 정부의 역할을 축소시키고 개인의 책임을 강조하는 자유주의 사상으로 복귀하려는 경향을 나타냈다. 즉, 국가의 공공지출을 줄이고, 직접세를 감면하고 간접세를 확대하며, 지방정부의 소유주택을 매각하고, 공유재산을 민영화하는 것 등이다.

또한 대처리즘 중 사회복지 부문에서의 공공서비스 분야는 최소한의 범위에서만 정부가 개입해야 하는 것으로 간주되었다. 사회적 서비스의 공급주체는 국가 이외에도 가족, 친척, 이웃, 교회, 기타 민간단체 등이 있으므로 국가는 이와 같은 비공식적인 자원 활용에 보다 많은 관심을 가지고 이들의 자원개발을 위한 적극적인 노력이 있어야 한다는 것이며, 이는 다원주의 복지정책으로의 전환을 의미하였다.[3)]

3) 다원주의 복지정책이란 행정 섹터 중심의 서비스 시스템에서 벗어나 볼런터리(voluntary) 섹터나 시장기능의 개입을 적극적으로 추진하고 제도화한 정책을 말한다. 이것은 고령화의 진전이나 가족부양 태도의 저하로 인한 국민의 복지욕구가 보편화 · 고도화되었다는 점, 행정에 의한 서비스 공급의 비효율성에 대한 비판에 따른 시장원리의 도입을 배경으로 한다. 이러한 경우에도 행정에 의한 소득재분배제도는 유지되지만 행정에 의한 복지서비스의 제공은 감소된다. 그 대신 시장 메커니즘에 의한 경제 원리를 장려함으로써 기업이 복지서비스에 참여하고, 지금까지 경쟁이라는 것을 몰랐던 민간비영리 섹터와 영리기업 간에는 경쟁이 일어난다. 또한 서비스 공급에 있어서의 경쟁은 서비스의 질적 향상, 효율성 등에 기여한다.

2. 정책개발을 위한 각 위원회 활동

대처리즘의 정책을 구현하기 위해서 보수당 정부는 집권과 동시에 기존의 복지정책을 재점검하기 위한 방편으로 전문가집단으로 구성된 각종 위원회로 하여금 정책대안을 마련하도록 하는 일에 매진하였다. 이러한 노력의 결과는 1985년 파울러(Norman Fowler)의 사회보장개혁(Reform of Social Security)에 관한 보고서, 1986년의 보건성(Department of Health)의 정책보고서, 1988년의 그리피스(Roy Griffiths)와 와그너 위원회(Wagner Committee)의 보고서, 그리고 1989년의 노인관련 정책보고서 등의 형태로 나타났다.

1985년 보건성이 발표한 정책보고서 「효율적인 노인서비스 관리(Managing services for the elderly more effective)」는 주로 기존의 노인복지정책의 문제점들을 지적하는 데 초점을 맞추었다. 주요 골자로는 ① 효율적인 서비스 제공에 저해요인이 되고 있는 서비스 제공 기관들의 문제점, ② 서비스 실시 기관이 서비스 대상자를 선정하는 과정에서의 문제점, ③ 서비스 운영을 위한 가이드라인이 명확하게 제시되지 않았다는 등의 문제점을 지적하고 정책적 대안을 마련할 필요성이 있음을 제언하는 내용이다.

뒤이어 다음 해인 1986년 보건성이 내놓은 정책보고서 「지역사회보호의 현실화방안(Making a reality of community care)」에서는 상기한 문제들을 해결하기 위해서는 노인들에게 제공되는 공식적 · 비공식적 서비스의 통합화 및 서비스 수준 등과 관련된 모든 결정을 지방자치단체가 행사해야 한다고 제언하였다.[4)]

4) 정부는 지자체에 대해서 케어비용의 효과라는 측면에서 보다 바람직하다고 판단되는 방법으로 영리 또는 비영리부문을 막론하고 자원봉사 영역을 활용할 것을 권장하였다. 이와 같은 커뮤니티 케어 정책의 근저에 흐르는 이데올로기에 대하여 민간비영리조직의 대표적 기능을 수행하고 있는 NCVO(National Council for Voluntary Organization)는 자원봉사 영역의 필요성에 대해 다

또한 이 보고서에서는 서비스 자원의 효율적인 운용을 위하여 보건 · 의료 분야와 같은 서비스의 패키지화를 주장하였다. 그리고 클라이언트의 다양한 욕구 충족과 클라이언트 중심의 서비스 제공을 위해 민간 영역의 사회적 서비스 개발도 중요함을 강조하였다.

1988년 와그너 위원회의 보고서에서는 시설보호를 받고 있는 노인들 중 재가에서 보호를 받아야 된다고 판단되는 대상자는 재가복지대상으로 전환하되, 이 경우 보다 합리적으로 서비스를 패키지화할 것을 권고하였다. 그리고 이러한 패키지는 재정적인 지원과 관련된 사항에도 직접 관여할 수 있도록 특별훈련을 받은 사회복지사에 의해서 수행해야 한다고 제언하였다.

와그너의 보고서가 발표된 직후 그리피스는 『커뮤니티케어: 행동지침(Community care: Agenda for action)』이라는 정책보고서를 내놓았다. 노인복지서비스 분야에 있어서 하나의 전환점을 가져오게 한 이 보고서는 ① 사회적 서비스를 포함하는 지역사회보호의 모든 영역은 지방정부에서 관장할 것, ② 지방정부의 사회적 서비스국은 클라이언트 욕구 중심의 서비스를 제공하기 위하여 그들 개개인에게 사례관리자(care manager)를 배정할 것, ③ 사례관리자는 클라이언트의 욕구를 파악하고 그 욕구에 따른 서비스를 패키지화하여 서비스를 제공할 것, ④ 지방정부는 서비스기관 간의 경쟁을 유도할 것, ⑤ 서비스를 제공함에 있어서 구매자와 공급자를 분리시키는 케어매니지먼트를 도입할 것을 권고하였다(Victor, 1997).

보건성은 1989년 「노인을 위한 보호(Caring for people: Community care in the next decade and beyond)」라는 제목의 백서(white paper)를 발표하

음과 같이 지적하고 있다. 첫째, 공공서비스의 공급이 부족하다. 둘째, 서비스의 공급은 생산자 주도에서 소비자 주도로의 전환이 필요하다. 셋째, 시장경제에 의한 경쟁은 비용의 경감과 질적 향상이라는 측면에서 매우 효과적인 메커니즘이다. 넷째, 비공식적인 관계보다는 계약에 의한 자금공급관계가 더욱 바람직하다. 다섯째, 서비스 공급의 다양화 · 다원화는 국가나 지자체에 의한 일반적 공급보다는 더욱 폭넓은 선택을 제공할 수 있다.

였는데, 이 보고서에서는 노인에 대한 사회적 서비스를 포함한 복지서비스 분야 전반에 걸쳐 소비자중심주의(consummerism) 도입을 통하여 클라이언트의 서비스 선택권이 대폭 확대되어야 한다고 하였다.

'자유경제와 강한 국가(the free economy and the strong state)' 로 상징되는 대처 정부는 국가의 과도한 경제개입을 경제성장의 저해요인이 된다는 판단하에 그 대안으로 자유시장적 경제원리의 도입을 정책 대안으로 제시하였다. 이는 결국 케인스+베버리지로 요약되는 전후 정치경제질서의 전면적인 부정으로 경제구조뿐만 아니라 사회체제 전반에 걸쳐 총체적인 재조직화를 의미하는 것이다.

영국은 제2차세계대전 후 계속된 국유화 정책으로 인해서 1970년대 말경에는 국유산업 부문이 GDP의 10%, 공공부문 고용률은 8%까지 이르렀다. 이들 기업 중에는 경영상태가 부진한 곳도 적지 않았다.

그래서 보수당 정부는 1980년대 초부터 국유산업의 민영화 정책을 강력히 추진했다. 그 결과 1988년까지 국유기업체의 40%가 민영화되었고, 그 당시 150만 명 이상이었던 공공부문의 노동자 가운데 65만 명은 민영부문으로 일자리를 전환하였다(Barr & Hills, 1999). 또한 대처 정부는 공적연금, 공적부조 그리고 의료보장 등 공공부문의 비대화가 국민들의 국가에 대한 의존성을 심화시킨다는 이유로 공공지출의 삭감을 단행하는 조치를 취했다.

3. 파울러에 의한 사회보장제도의 개혁

대처는 정부출범 직후인 1979년 6월 전임 노동당 정부가 시행하고 있던 1979년과 1980년의 회계연도 예산을 대폭 삭감하였다. 그리고 경제에 대한 국가의 규제가 민간경제의 역할을 떨어뜨린다는 이유로 투자제한조치, 고용보호를 위한 규제, 노동조건과 저임금에 대한 규제 등을 완화하는 방향으로 정책을 추진해 갔다.

대처 정부는 국가비례연금제도를 폐지하고 사적연금제도의 전면적 도입을 통해서 소득의 공백을 메우는 정책안을 내놓았으나, 이 안에 대해서는 노인뿐 아니라 노동조합, 고용자 측의 단체, 사적금융회사 등 모두의 반대에 부딪혀 국가비례연금제도를 폐지하지는 못하고 급여액에 대한 국가부담을 축소시키는 다음과 같은 방안을 취하게 되었다. 그중의 하나가 1983년부터 2년간에 걸쳐 전문가집단에 의뢰해서 다듬어진 내용을 백서 형식으로 내놓은 「파울러의 개혁에 관한 보고서(Fowler' s Benefits Work)」다.[5)]

보고서에 의하면, 공공부문의 비대화가 국민들의 국가에 대한 의존성을 심화시킨다고 보고 공공지출의 삭감을 주장하였고, 복지정책에서는 국민에 대한 복지가 국가의 책임이라는 베버리지의 원칙에서 벗어나 자조와 개인의 책임을 강조하였다. 즉, 시민권 형태로 주어지는 국가주도의 복지 대신 각자 능력에 따른 시장원리의 의존을 고무함으로써 작은 정부를 지향해야 한다는 것이다.

또한 보고서에서는 베버리지의 보편주의 원칙에서 벗어나 선별주의 원칙을 택할 것을 권고하였다. 선별주의는 엄격한 자산조사를 통해 도움을 받을 가치가 있는 자에게만 수급권을 부여하는 것이다. 이는 보편주의가 도움을 필요로 하지 않는 사람들에게까지 수급권을 줌으로써 자조의 노력을 포기하고 국가에 대한 의존을 심화시킨다는 비판에 근거하고 있다.

그리고 파울러 보고서에서는 열등처우(less eligibility) 원칙에 대한 채택을 권고하였다. 이것은 전체 국민의 최저생계를 보장한다는 베버리지 원칙

5) 대처 정부는 1983년 사회서비스 담당관(Secretary of state for social services)인 파울러(Norman Powler)를 위원장으로 하는 연금개혁위원회를 구성하고, 이듬해에는 연금 이외의 사회보장제도를 담당할 4개의 위원회를 추가로 구성한다. 그리고 이 위원회에 위임하여 베버리지 보고서가 나온 이후 가장 근본적인 사회보장제도의 개혁이라 평가받는 이른바 파울러 개혁안이 마련된다. 이 개혁안은 1985년 사회보장개혁(Reform of social security)이라는 녹서로 출판되었고, 여론 수렴과정을 거쳐 다시 백서(white paper)로 출판되었으며, 1986년 의회의 통과를 거쳐 1988년부터 시행에 들어갔다.

에 대치되는 입장이다. 이 원칙은 빈곤층에게 주어지는 국가복지의 급여수준이 가장 저임금을 받는 근로자의 소득보다 높아서는 안 된다는 것이다. 이는 일할 능력이 있는 사람들이 국가에서 제공하는 복지에 의존한 나머지, 자구노력을 게을리 할 수도 있다는 것을 전제로 이들에게 노동유인을 강화하기 위해서다.

대처 수상이 이끄는 영국 정부는 그 내용의 타당성을 인정, 이를 1986년 사회보장법(The Social Security Act)이라는 명칭으로 기존의 사회보장법에 대한 대대적인 수정작업을 단행하였다. 이 법은 베버리지 구상을 주축으로 했던 기존의 정책에 대한 근본적인 개혁을 의미하는 것인데, 그중 일부는 1987년부터 시작되었고, 핵심내용을 포함한 나머지는 1988년부터 실시되었다.

이 법은 제1부 연금과 관련된 사항, 제2부 주택급여(housing benefits)와 가족 크레디트, 제3부 사회기금, 제4부 비자산조사 급여, 제5부 출산수당 등으로 구성되어 있으며, 이 중 연금제도와 관련된 제도개혁의 내용은 다음의 두 가지로 요약된다. 그중 하나는 소득비례국가연금(state earning related pension)의 장기적인 재정안정을 위한 급부액의 삭감 등을 포함하는 조치이고, 다른 하나는 사적연금의 장려를 목적으로 하는 일련의 조치다.

소득비례국가연금에서는 기존의 급여액 산출방식에서 과거 20년간의 평균수입 25%를 수급받을 수 있었다면, 개혁안에서는 전 가입기간의 연간 평균수입의 20%로 대폭 낮추었다. 그리고 기존의 법에서는 연금급부에서 물가연동제(sliding system)를 폐지하여 물가가 상승해도 급여액이 더 오르지 않도록 하였다. 단, 1999년부터 2009년까지의 기간 중의 퇴직자에 대해서는 그들을 보호하기 위해 약간의 유예 조치를 취했고, 아울러 배우자의 사망에 의해서 상속되는 급여액도 50%를 감액하였다.

당시 연금부문의 개혁은 소득비례국가연금제도의 개혁과 더불어 사적연금을 장려하는 내용도 포함되었다. 사적연금을 장려하게 된 이유는 사회보

장과 관련된 국가 재정을 감축해야 하는 필요성 때문이었다(Curry, 1996).[6]

파울러 개혁을 단행한 이론적 근거로는 두 가지를 예시할 수 있다.

첫째, 공적연금의 존재로 인해 ① 저축률의 저하 또는 투자활동의 위축, ② 젊은이뿐만 아니라 중고령 근로자들의 노동의욕 감퇴, ③ 사업주의 경우 과대한 사회보험료 부담 때문에 고용창출의 의욕상실 현상 등이 나타난다. 이러한 측면에서 공적연금이 시장 메커니즘 활성화의 저해요인이 되기 때문에 그러한 폐해를 제거하기 위해 공공부문의 규모를 축소할 필요가 있다. 둘째, 공적연금에 대한 국가재정의 부담을 경감시키기 위해서는 민영화정책의 강화를 통해 공적연금의 규모를 축소시킬 필요가 있다. 국가재정 대비 사회보장비는 1980년대 전반에는 이미 상당한 규모에 도달하였는데, 이것만으로도 작은 정부를 지향하지 않을 수 없다는 것이 그 이론적 근거다.

연금의 민영화는 국영기업이나 공영주택의 매각과는 달라서 정부에 직접적인 수입을 가져다주지 않는다. 그러나 정부의 최대지출 항목의 하나인 사회보장비 지출 규모를 축소하는 것은 국가재정을 호전시키는 효과를 가져온다.

대처 수상이 이끄는 보수당 정부는 집권기간 동안 사회보장제도 개혁을 위한 다각적인 노력을 해 왔음에도 불구하고 국민 간의 불평등 또는 빈곤 문제를 완전히 해결하지 못한 상태에서 막을 내리게 되었다.

6) 사적연금의 장려정책이란 연금제도의 민영화를 의미한다. 공적연금과 사적연금이 병존하는 이층 구조 중에서 공공부문의 역할을 축소하고 민간부문의 역할을 확대하는 것이 연금의 민영화 정책이다. 경제정책에서의 민영화 정책은 ① 시장 메커니즘의 활성화, ② 국가재정의 호전, ③ 신보수주의 이데올로기의 강화라는 점에서 정당화되고 있으나, 연금정책에서도 동일한 논리에 의해 민영화가 정당화되었다.

4. 메이저 정부의 정책

대처 수상의 뒤를 이어 1990년에 수상이 된 존 메이저(John Major)의 보수당 정부는 다시 한 번 집권에 성공하지만, 이 시기에는 커다란 제도적 변화를 추구하기보다는 대처 정부가 실시하던 정책을 충실히 집행하는 데 역점을 두었다고 평가하는 것이 옳을 것이다.

이 시기의 특징은 사회복지예산의 감축을 위해서 모든 정책적인 노력을 집중하였다는 것이다. 이러한 노력의 일환으로 사립병원에 대한 규제완화, 사적 진료의 확대, 경쟁입찰과 외부입찰의 권장 등의 정책을 추진함으로써 NHS 운영의 재정절감에 따른 의료의 질적 저하와 관련된 문제를 해결하려고 노력하였다.

특히 노인에 대한 보건의료정책으로는 가능한 한 병원 입원을 줄이고, 일단 입원한 노인에 대해서는 조기퇴원을 촉진시켜 지역사회 내에서 간병서비스를 제공받을 수 있도록 하여 보건당국과 시회서비스국 사이의 연계와 협력을 강화하는 조치를 취하기도 했다. 또한 노인들을 대상으로 건강악화를 미연에 방지하는 각종 프로그램 개발, 회복과 재활서비스 강화를 위한 정책을 추진하기도 하였는데, 이러한 정책은 모두가 보건복지예산을 절감하려는 노력의 일환이었다.

메이저 정부가 이룩한 또 하나의 성과는 행정서비스 개선을 위한 노력이다. 메이저 정부는 행정서비스의 수준을 향상시키는 노력의 하나로 시민헌장(Citizen' s Charter)을 제정하고 모든 국가공무원이 이를 철저히 준수하도록 했다.

시민헌장에는 공공서비스와 관련해서 다음과 같은 원칙을 제시하고 있다. 첫째, 행정기관은 서비스와 관련된 세부적인 기준을 설정하고 이를 실천에 옮겨야 하며, 시민들은 이 기준에 의하여 행정서비스에 관한 사항을 감시한다. 둘째, 행정기관은 소관업무와 관련된 정보를 모두 시민에게 공개한다. 행정의 방법과 예산, 실적 등에 관한 구체적인 정보를 신속하고 정확히 공개한다. 셋째, 행정기관은 시민들에게 선택의 기회, 상담을 받을 권리를 부여하여야 한다. 시민들은 시장에서 상품을 선택하는 것처럼 행정서비스를 선택할 수는 없으나, 가능한 한 시민에게 시장기능에 가까운 선택의 기회를 제공한다. 넷째, 공무원은 시민에 대하여 최대한 예의를 지켜야 하며, 도움을 준다는 정신으로 서비스를 제공하여야 한다. 공무원은 행정업무를 수행함에 반드시 명찰을 착용해야 하고 모든 사람에게 서비스를 공평하게 제공해야 한다. 다섯째, 행정업무를 수행하면서 착오가 발생했을 경우는 해당 공무원이 정중히 사과함과 동시에 신속하고 효과적으로 과오를 시정한다.

제3절 블레어 정부의 개혁정책

1. 사회보장제도의 개혁

1997년 총선에서 보수당 정부를 물리치고 집권에 성공한 신노동당의 블레어(Tony Blair) 정부는 취임과 동시에 기존의 사회보장정책에는 많은 문제점이 있음을 지적하며 1998년 이에 대한 전반적 개혁안을 제시했다.

이는 「국가를 위한 새로운 야망: 복지를 위한 새로운 계약(New ambitions for our country: A new contract for welfare)」이라는 녹서의 형태로 나타났다. 이 녹서에는 사회보장제도에 대한 진단과 대안이 제시되었는데, 여기서 지적한 사항들을 살펴보면 첫째, 지난 50년간 사회보장비를 실질가치로 환산하면 8배나 증가하였음에도 불구하고 불평등 현상은 더욱 심해져

양극화 현상이 나타나고 있다. 노인들 중에는 경제적으로 부유한 생활을 하는 자들도 있지만 기초퇴직국가연금 또는 공적부조에 의존함으로써 빈곤을 면치 못하는 자들도 많다. 이러한 양극화 현상은 보수당 정부 18년 동안에 더욱 증가하였다. 둘째, 사회가 많이 변하고 있으므로 사회보장정책도 시대의 흐름에 따라 변해야 한다. 베버리지는 한 명의 가장이 평생직장을 가진 경우를 상정하였으나 오늘날에는 평생직장의 개념이 많이 퇴색되었으며, 시간제 근로자까지도 보호할 수 있도록 사회보장제도가 변화해야 할 때가 되었다. 직업도 육체노동보다는 서비스 업종이 증가했고, 노동시장에서는 여성의 노동력을 필요로 하는 사회로 접어들었다. 가족의 해체도 더욱 심각해져 이혼율은 스웨덴에 이어 두 번째로 많으며, 10대 임신율은 유럽에서 가장 높은 비율을 차지한다. 이와 같은 상황변화에 대처하기 위해 블레어 정부는 베버리지 이후 가장 근본적인 이념의 재정립이라 자평하는 개혁방안을 녹서로 제시한 것이다. 녹서에 의하면, 정부는 2020년까지를 목표로 하는 개혁안에서 다음과 같은 원칙을 밝히고 있다.

첫째, 일할 수 있는 자에게는 일을 할 수 있도록 지원한다. 둘째, 국가와 민간부문은 가능한 한 은퇴 및 각종 위험에 대비한 사회보장 영역에서 협력관계를 이루어야 한다. 셋째, 새로운 복지국가는 현금급여뿐 아니라 지역사회서비스도 높은 수준으로 제공할 수 있어야 한다. 넷째, 노인이나 장애인이 품위 있는 생활을 유지하기 위해 필요한 지원을 받아야 한다. 다섯째, 사회적 소외를 해소하고 빈곤한 사람들을 지원하는 구체적인 조치를 취해야 한다. 여섯째, 복지체계는 투명성을 가져야 하며, 급여수급 방법은 명확하고 법적으로 강제될 수 있어야 한다.

2. 근로연계복지정책

근로연계복지 프로그램(New Deal Program)은 블레어 정부가 집권기간 중·추진한 핵심정책 중 하나다. 블레어 정부가 추진하는 근로연계복지를 한마디로 표현하면 일할 능력이 있는 사람에게는 일자리를 제공하고 일할 능력이 없는 사람에게는 사회보장을 제공하는 것이다.

따라서 복지이념에 입각하여 노동당 정부가 도입한 대표적인 근로연계복지 프로그램은 기존의 구직등록 의무화의 수준을 넘어서, 수급자가 직접 새로이 실시하는 근로연계복지 프로그램에 참가해야 급여를 받을 수 있도록 강도 높은 조건을 부과하고 있다. 이것은 모든 사람에게 사회보장을 제공한다는 베버리지의 보편주의 원칙과는 달리, 일할 수 없는 사람에게만 사회보장을 제공한다는 선별주의 원칙을 강화하는 방향으로의 전환을 의미한다.

신노동당 정부는 저소득자와 실업자에게는 직업훈련과 교육, 그리고 구직서비스 등을 제공하고 이를 통해서 다시 노동시장에 참여할 수 있도록 하는 정책을 폈다. 이는 실업자들에게는 일자리나 재취업에 도움이 되는 교육훈련의 기회를 제공하되, 이를 거부하는 자에 대하여는 실업급여의 제공을 중단함으로써 저소득자와 실업자들이 노동시장으로 복귀하는 것을 유도하는 정책이다(Department for Education and Employment, 1998).

뉴딜(New Deal)은 신노동당 정부의 가장 대표적인 사회정책이며 각 대상별로 다른 서비스를 제공하는 것이 특징이다. 청년실업자를 대상으로 하는 뉴딜(New Deal for young people), 50세 이상 고령자를 대상으로 하는 뉴딜(New Deal for 50 plus) 그리고 2004년부터는 자영업자를 대상으로 하는 뉴딜(New Deal for self-employment), 심지어 예술가를 대상으로 하는 뉴딜정책 등도 있다.

3. 사회적 서비스 분야의 개혁

신노동당은 메이저 정부의 사회적 서비스 정책에 대한 문제점을 지적하고 그러한 문제들을 해결하기 위한 정책의 일환으로 1998년 11월 「사회서비스의 현대화: 독립성 증진, 보호의 강화 및 보호수준의 향상(Modernizing social services: Promoting independence, improving protection, rasing standards)」이라는 백서를 발표하였다.

당시 사회적 서비스 부문에서 문제점으로 지적되었던 사항은, 첫째 보호수준의 미흡이다. 취약한 노인이나 어린이에 대한 보호가 제대로 이루어지지 않아 방임현상이 나타났다. 둘째, 서비스 유형 간의 협력 부족으로 입원한 노인들이 가정으로 복귀하려 해도 지역보호가 제대로 이루어지지 않아 불필요하게 병상을 차지하고 있는 경향이 있다. 셋째, 노인에게 제공되는 서비스가 이용자 중심이 아니라 공급자에게 편리하도록 제공되는 등 비탄력성(inflexibility)의 문제가 있다.

따라서 블레어 수상이 이끄는 신노동당 정부는 이러한 문제점에 대한 개선방안으로 장기보호헌장(Long-term Care Charter)을 제정하여 이용자들에게 편리한 서비스를 제공하는 정책을 폈다. 장기보호헌장의 주요 내용은 다음과 같다. 첫째, 노인에 대한 서비스는 예방서비스와 재활서비스에 중점을 둔다. 이 경우 현물서비스를 하는 것이 아니라 이에 상응하는 현금을 주어 이용자로 하여금 직접 서비스를 구입할 수 있도록 한다. 둘째, 서비스의 일관성을 유지하기 위하여 서비스 모델을 만들어, 제공되는 서비스가 공평하게 모든 노인에게 적용될 수 있도록 한다.

그리고 2004년에는 또다시 기존의 연금관련법에 대한 큰 폭의 개혁작업을 단행하였는데, 주요 내용은 다음과 같다. 첫째, 기업연금제도의 안전성을 확보하기 위하여 연금보호기금(Pension Protection Fund)을 마련하여 기업이 파산할 경우라 하더라도 연금가입자에게는 피해가 가지 않도록 한다. 둘째, 단기간 직장근무를 한 근로자라 하더라도 연금수급권을 주도록 한다. 셋째, 근로자들이 정년퇴직 후 연금을 받으면서 계속 일을 할 수 있도록 하는 제도를 마련한다. 넷째, 고용주와 연금공급자가 연금서비스를 보다 용이하게 제공할 수 있도록 연금업무를 간소화한다.

노동당 정부는 2004년 새로운 연금법의 토대를 마련하였는데, 이것은 연금제도의 단순성, 안전성 그리고 선택을 보장하는 정책을 추진하기 위하여 2002년에 발표한 연금녹서 「단순성, 안정성 그리고 선택의 자유(Simplicity, Security and Choice: Working and Saving for Retirement)」와 그 후속문서 「퇴직연금조치(Action on Occupational Pensions)」에 근거하고 있다. 이 연금법은 정부, 개인, 고용주 그리고 재정서비스 기관 간의 협력체제를 구축함으로써 보다 효율적인 행정이 가능하도록 하였다는 점과 고용주와 근로자를 위한 세제혜택이 주어졌다는 점이 특징이다.

블레어 정부의 업적을 평가해 보면 ① 예방과 재활의 우선화, ② 서비스의 법적 규제 확대, ③ NHS와 지자체의 협조관계의 개선, ④ 서비스 제공에 있어서의 효율성 제고, ⑤ 서비스 제공부문에 있어서는 행정과 민간부문의 협력관계 강화 등을 들 수 있다.

블레어 정부가 갖고 있던 지방개혁의 기본방향은 보수당 정권이 추구했던 과도한 중앙집권정책을 시정하고, 지방자치단체의 권한을 강화하여 지자체의 자립성을 제고하는 것이었다. 복지 분야의 기본정책에서는 복지서비스는 선별적이어야 하며 사회적 약자를 집중적으로 지원해야 한다고 표명하였는데, 이 노선은 보수당 정부의 정책을 계승한 것이었다. 다만 보수당 정부와 다른 점이 있다면 보수당 정부는 시장원리에 의한 서비스 제공, 행정과 민간부문의 경쟁을 강조한 데 비하여, 노동당 정부는 공적 조직과 사적 조직의 파트너십을 주장하고 있는 점이라 할 수 있다.

4. 기든스의 '제3의 길'

블레어 수상이 이끄는 신노동당 정부는 집권과 동시에 기든스(Anthony Giddens)의 '제3의 길'을 바탕으로 복지개혁을 추진하였다. 기든스는 평소 사회민주주의 정당의 개혁을 주장해 왔으며, 1997년 블레어 정부가 집권하기 이전부터 신노동당의 정책자문을 담당하고 있었다. 그의 이론적 주장과 신노동당의 정책이 반드시 일치하는 것은 아니었지만, 신노동당 사회정책의 많은 부분이 기든스의 주장을 바탕으로 하고 있었다는 점에서 '제3의 길'이 제시하는 주장을 살펴볼 필요가 있다.

기든스가 제시하는 케인스주의 복지국가가 안고 있는 대표적인 문제는 다음과 같다. 첫째, 세계화가 진전됨에 따라 사회민주주의 국가의 성격은 약화될 것이고, 그 결과 경제 자유화와 민영화의 논리가 고개를 들 수밖에 없을 것이다. 둘째, 세계화의 진전과 사회환경의 변화로 인해 새로운 형태의 개인주의가 부상하고 있으며, 집단주의는 점진적으로 약화될 것이다. 셋째, 정치적인 면에서 좌파와 우파는 선거에서의 승리를 위해 자신들의 이데올로기와는 상관없이 상대방의 정책을 수용하게 될 것이고, 이에 따라 양자의 구분이 모호하게 될 것이다(Giddens, 1994).

기든스에 따르면, 사회민주주의 정당이 과거와 같이 계급주의 정당의 모습을 그대로 유지하는 것은 정치적 자살행위나 다름없으며, 따라서 앞으로 사회민주주의 정당은 새롭게 변화하는 환경에 순응하는 정책들을 내놓아야 집권이 가능하다. 그는 사회민주주의의 전통적 가치는 고수하되, 그 실현방법은 현대적 상황에 부합되게 개선하는 대안으로 '제3의 길'을 제시하였다.

기든스의 주장은 케인스주의 복지국가의 근본적 개혁에 있다. 기든스는 그 이유를 다음과 같이 제시하고 있다. 첫째, 사회환경의 변화로 인해 전통적 복지국가는 더 이상 원형을 그대로 유지할 수 없게 되었다. 둘째, 전통적 복지국가는 빈곤구제나 불평등의 해소를 위하여 그다지 효과적이지 못하다. 왜냐하면 사회서비스에 대한 공공지출이 빈곤층보다 중산층에게 보다 집중적으로 분배되기도 하였으며, 수급자들에게는 복지의존적 태도와 가치관을 조성함으로써 오히려 사회적 빈곤의 영속화에 기여하고 있기 때문이다(Giddens, 1994).

그에 의하면, 새로운 복지국가에서는 전통적 의미의 평등, 즉 결과의 평등보다는 기회의 평등이 강조되어야 한다. 전통적 의미의 평등을 지나치게 추구하는 것은 시장과 시민 사이의 역동성을 저해하고 복지의존을 지속시키는 반면에, 기회의 평등을 보장하는 것은 사회적으로 배제된 사람들을 포용하고 스스로 자신의 생활을 책임지도록 하게 할 뿐만 아니라 빈곤탈출과 계층이동의 여지를 제공하기 때문이라고 하였다.

제3장 | 소득보장체계와 급부내용

제1절 소득보장의 목적 및 체계

소득보장제도는 기본적으로 사람이 일생을 살아가는 과정에서 제기될 수도 있는 위험을 관리해 주는 것이지만, 구체적으로는 수급자 및 청구자에 따라 여러 가지 목적을 충족시켜 주고 있다. 영국의 경우 소득보장제도를 실시하는 목적은 대략 다음의 세 가지로 구분될 수 있다.

첫째, 예기치 못한 금전적 수요에 대처한다. 가장의 죽음, 실업 및 산업재해 등 예기치 못한 사태가 발생하였을 때 사회가 공동으로 대처하는 것이 소득보장제도의 중요한 목적이다. 둘째, 부가적 비용의 충당이다. 정상적인 사람들보다는 추가비용이 소요되는 장애인이나 수발을 필요로 하는 고령후기 노인에게 그 소요비용을 충당해 줌으로써 사회적 형평을 도모한다. 셋째, 빈곤의 구제 및 경감을 목적으로 한다. 급여의 지원이 없으면 절대빈곤의 위험에 처할 사람들을 급여를 통해 구제하자는 것이다.

영국은 이와 같은 소득보장의 목적을 달성하기 위하여 다섯 가지 원칙을 세워 놓고 있다. 첫째, 급부는 적정선(adequate)을 유지해야 한다는 원칙이다. 적정선을 유지한다는 것은 그 방법 또는 기술적인 해결을 모색하는 것이 어려운 문제일 뿐만 아니라 정치적으로도 매우 민감한 사안이다. 둘째, 급부는 포괄적(comprehensive)이어야 한다는 원칙이다. 급부는 기여 및 무기여에 의한 것 이외에도 자산조사제도를 통하여 모든 경우에 대비할 수 있도록 하여야 한다는 것이다. 셋째, 일관성(compatibility)이 있어야 한다는 원칙이다. 여러 가지 다른 사회정책체계와 양립할 수 있어야 함과 동시에, 유사한 입장에 놓여 있는 사람들은 유사한 수준 및 방법으로 보호를 받도록 해야 한다는 것이다. 넷째, 단순성(simplicity) 유지의 원칙이다. 이는 소득보장제도의 성공적 운영을 위해 필수적인 요소로 보고 있다. 복잡한 제도는 행정비용의 과다지출의 소지가 많고, 급여사기 등이 개입할 여지가 있으며, 결국 이것은 급여율이 낮아지는 요인이 될 수도 있다. 다섯째, 소득보장급여와 전달체계는 비차별적(non-discriminatory)이어야 한다는 원칙이다. 성별, 연령, 종교, 장애 등 유형에 따라 급여수준이 다르게 취급되어서는 안 된다는 것이다.

영국의 사회보장체계는 소득보장(income maintenance)을 중심으로 구축되어 있다. 영국에는 사회보장법(Social Security Act)이 있고, 이와 관련된 행정부서로 사회보장성(Department of Social Security: DSS)이 있다.[1] 영국의 사회보장제도는 다른 나라에 비해서 매우 간소화되어 있다. 사회보장의 중추적 역할을 하는 사회보험으로 국민보험(National Insurance)제도

1) 사회보장성은 기능별로 업무를 담당하는 5개청으로 구성된다. 사회보장성은 납세자의 세금을 가장 효율적으로 사용하면서 수급자와 여러 유형의 고객을 돕기 위하여 공평하고 효율적인 사회보장업무를 계획하고 집행한다. 수급자에게 제공되는 서비스의 수준을 지속적으로 향상시키기 위하여 매년 구체적 목표가 명시된 보고서를 발간한다.

가 존재한다. 각 나라마다 사회보험은 대부분 직업별로 구성되어 있는 경우가 많으나 영국의 국민보험구조는 포괄적인 단일제도다.

영국은 민간부문의 피고용자뿐만 아니라 공무원, 자영업자 할 것 없이 국민 모두가 단일연금체계의 강제 적용을 받는다. 영국의 국민보험은 노령, 유족, 장애, 질병, 실업, 노동재해 등 사회보장상의 보험사고 모두를 맡고 있다.

사회보장의 재원은 국민보험의 보험료와 조세부담에 의한 정부의 일반재원에 의존한다. 국민보험 보험료의 대부분은 국민보험이 맡고 있는 급부를 위해 사용되지만 그중 일부는 보건의료서비스를 위해 사용되기도 한다. 영국에 거주하는 16세 이상자로서 일정액 이상의 소득이 있는 자는 국민보험료를 납부할 의무가 있다. 국민이 부담하는 보험료는 각 개인의 소득에 의해서 누진율을 적용하고 있다. 이러한 누진율은 자영업자에게도 적용되는 만큼 고소득자인 경우는 매우 높은 비율의 보험료를 부담하게 된다. 사회보험은 일반적으로 소득재분배의 기능을 수행하고 있기는 하지만 영국의 경우는 소득재분배의 기능이 더욱 뚜렷이 나타난다.

영국의 국민보험체계는 공적연금, 사적연금 그리고 공적부조 등으로 구분할 수 있다. 공적연금제도로는 기초퇴직국가연금과 소득비례국가연금이 있고 사적연금에는 기업연금, 개인연금, 지주연금 등이 있다. 그리고 공적부조로는 80세 이상 고령자 급부, 수발수당, 사회기금보조금, 사별급여 등 그 유형은 다양하다.

현재 실시되고 있는 공적연금은 1992년에 사회보장 기여금 및 급부에 관한 법률(Social Security Contributions and Benefits Act)과 사회보장관리법(Social Security Administration Act)에 법적 근거를 두고 있다. 공적연금의 주관부서는 사회보장성(Department of Social Security)이지만 보험료의 징수업무는 연금사업부(Department of Work and Pension) 산하의 보험료 징수청(Contributions Agency)이 담당하고, 연금의 급부업무는 연금급부청(Benefits Agency)이 담당한다.

연금의 급부 및 보험료의 징수업무를 수행하기 위해 전국 125개 지역구(Districts)에 500여 개소의 지방사무소가 설치되었다. 한편 지방정부소속 사회복지사무소는 급여 대상자가 처해 있는 사정에 대한 정보를 연금급부청에 제공한다. 피보험자 및 연금수급자의 관리는 개인에게 부여된 국민보험번호에 의해서 이루어지고 있다. 직장연금을 관리하기 위해서는 별도로 직장연금관리위원회(Occupational Pension Regulatory Authority: OPRA)가 설치되어 업무를 담당하고 있다(Lewis & Glennerster, 1996).

제2절 공적연금제도

1. 기초퇴직국가연금

기초퇴직국가연금(Basic State Retirement Pension)은 1948년에 도입되었으나, 그 후 수차례의 개정작업을 거쳐 오늘에 이르렀다. 영국 국민으로서 일정소득 이상의 사람은 누구를 막론하고 이 연금에 의무적으로 가입하여야 한다. 연금가입자는 기여금을 정기적으로 납부하여야 하고 직장 근로자인 경우는 고용주도 그에 상응하는 부담금을 납부하도록 하고 있다.

저소득 자영업자는 당사자가 소정의 기여금 중 일부만을 납부하고 국가가 나머지 금액을 지원한다. 또한 연간소득이 법에서 정한 최저한계소득(lower earning limit) 이하인 저소득층은 기여금을 납부하지 않아도 납부한 것으로 간주하는데, 이는 정부가 그들을 대신해서 소정의 부담금을 납부하기 때문이다.

2005년 현재 기초퇴직국가연금의 수급개시연령은 남성의 경우 65세, 여성의 경우는 60세다. 그러나 여성의 경우는 2010~2020년까지의 10년간 연금수급 개시연령이 60세에서 65세로 점진적으로 연장되도록 계획되고 있다. 따라서 1950년 이전에 출생한 여성이라면 현행과 같이 60세부터 연금을 수급받을 수 있지만 그 이후에 출생한 여성은 65세부터 기초연금을 수급받을 수 있다.

기초퇴직국가연금 급부액은 퇴직연령에 도달하기 전까지 기여한 연수에 비례하며 연금 수급액은 매년 4월 물가연동제에 의해 재조정된다. 남성일 경우 100%의 연금수급액을 받기 위해서는 44년간 기여금을 납부하여야 한다. 44년간의 만기를 채우지 못한 자는 수급액이 감액 지급된다. 여성인 경우 2010년 이전에 60세에 도달하는 경우 39년간 기여금을 납부하면 되지만, 새로운 연금수급 개시연령이 발효되는 2020년부터는 남성과 동일하게 44년간 기여금을 납부하여야 한다.

또한 60~65세 노인의 경우 소득이 발생하는 일에 종사하지 못해서 기초퇴직국가연금제도에 기여금을 납부하지 못한 자에 대하여는 그들의 수급혜택을 보장하기 위해서 기여금을 납부한 것으로 인정해 주는 제도도 있다.

장기질환자, 장애인 또는 16세 이하 자녀에 대한 보호나 수발 때문에 직장생활을 포기하였거나 시간제 근무에 종사하여 소득이 낮은 이유로 기여금을 제대로 납부하지 못했을 경우, 정부는 그 기간에 대해서는 기여금을 납부한 것으로 인정하는 제도도 있는데, 이것을 가정책임보호(Home Responsibility Protection)제도라고 한다. 직업을 갖지 못하여 실업급여를 받는 기간과 장기질환 및 장애인을 보살피는 기간에는 해당연금을 받기 위해 필요한 기여금 납부기간에서 제외된다. 그러나 가정책임 보호기간을 제외하고라도 100%의 연금액 수급자가 되기 위해서는 최소 20년 이상 기여금을 납부하여야 한다. 따라서 이 제도는 여성들에게 많은 혜택을 제공한다고 볼 수 있다. 여성은 자녀 또는 노부모를 보살피면서 직업에 종사하거나 직장을 아주 포기하고 가족들을 보살피는 경우가 적지 않기 때문이다.

또한 결혼한 여성의 경우 기초퇴직국가연금 수급에 요구되는 최저기간을 채우지 못해서 연금을 받을 수 없는 경우 남편이 연금을 납부한 실적을 기준으로 연금을 수급할 수 있는 제도도 있다.

그리고 기초퇴직국가연금의 납부기간이 짧아서 소정의 수급액 중 60% 미만을 받게 되었거나 연금의 혜택을 전혀 받지 못하는 80세 이상 노인은 비기여금을 수급받을 수 있도록 하고 있다. 그러나 이 연금제도는 1980년대 후반 이후 완전기초퇴직국가연금 수급액이 최저생계비 수준 이하로 하락함에 따라 노후소득보장제도로서의 기능을 제대로 수행하지 못하고 있다는 평을 받고 있기도 하다.

2. 소득비례국가연금

기초퇴직국가연금의 수급만으로는 급여액이 적기 때문에 노후생계를 꾸려 나가는 데 많은 어려움에 봉착할 수 있다. 따라서 영국은 기초퇴직국가연금의 기능을 보충할 목적으로 1978년에 소득비례국가연금제도(State Earning Related Pension Scheme)를 도입하였다. 이 연금제도는 월급을 받는 직장인에 한해서 적용되는데, 기여기간과 기여액에 비례해서 급부액이 결정되는 연금제도다.

영국 국민이라면 누구나 기초퇴직국가연금에 의무적으로 가입해야 하지만 소득비례국가연금의 경우 그 연금의 가입여부는 선택사항에 속한다. 소득비례국가연금의 경우 배우자가 사망하였을 때에는 생존한 배우자가 최고 100%까지 상속받을 수 있지만 앞으로는 그 비율이 다소 감소될 전망이다. 영국정부는 2002년도부터 저소득자, 장기질환자에게 보다 관대한 급여혜택을 제공하기 위하여 소득비례국가연금을 제2국가연금(State Second Pension)으로 대체하였다.

제2국가연금으로 제도가 변경된 2002년 10월부터 2010년 10월 사이에 법적인 연금수급연령에 도달하고 사망하는 경우, 생존한 배우자는 소득비례국가연금액을 최저 60%에서 최고 90%까지 상속받게 된다. 그리고 2010년 10월 이후 소득비례국가연금 수급연령에 도달하고 수급자가 사망하는 경우, 생존한 배우자는 사망한 배우자의 연금 50%까지만 상속받게 된다.

제3절 공적부조제도

1. 공적부조제도의 변천과정

영국의 공적부조제도는 공적연금과 더불어 매우 중요한 소득보장 장치 중의 하나다. 2000년 현재 전체인구의 18%가 공적부조제도의 대상이 되고 있으며, 전체 사회보장비 중 공적부조급부가 차지하는 비율은 15% 수준을 상회한다(Pierson, 2006). 공적부조는 국민보험료(National Insurance Fee)를 지불하지 않았을 경우에도 수급이 가능하지만 이는 반드시 자산조사를 받아야 한다.

영국에서 공적부조제도가 실시되기 시작한 것은 1911년 사회보험법의 제정 이후부터이며, 그 후 서서히 근대화하기 시작하였다. 현대적 공적부조는 베버리지 보고에 의해 1948년에 제정된 국민부조법(National Assistance Act) 이후부터라고 할 수 있다. 이 법은 베버리지 보고서에서 건의한 내용을 구체화한 것으로서 공적연금제도에 의한 혜택을 받지 못하거나 또는 받고 있기는 하더라도 그 급여액이 보충급여위원회(Supplementary Benefits

Commission)가 정하는 일정수준 이하인 저소득자에게 조세부담에 의한 급여를 함으로써 최저수준의 소득을 보장해 주는 안전망(safety net)의 역할을 하도록 한 것이다(주은선, 2001).

이 국민부조법에 의한 급여는 보충급여위원회에서 정한 수준 이하의 소득을 가진 사람 혹은 상시고용(full-time employment)이 되어 있지 못한 사람이면 누구나 청구할 수 있다. 다만 다음의 범주에 속하는 자는 급여 신청권이 없다. ① 현재 노동시장에서 일을 하고 있는 자, ② 초 · 중등학교에서 교육을 받고 있는 자, ③ 산업쟁의 중에 있는 자 등이다. 그럼에도 불구하고 이러한 예외조항 때문에 그들의 생계가 위협을 받을 때는 국민부조의 급여를 받을 수 있도록 하는 규정도 마련되어 있다. 국민부조법에 의한 급여액은 이를 청구하는 자의 자산(resources) 소유 정도와 생계에 필요한 지출(requirements) 간의 차액에 따라 결정된다. 예를 들어, 해당자가 최저생활을 하는 데 필요로 하는 금액이 월 50만 원인데 본인의 소득은 20만 원밖에 되지 않는 경우 국가는 그에게 월 30만 원씩만 급부하도록 하는 것이다.

또한 국민부조금의 청구자가 임대주택에서 집세를 물면서 살고 있다면 집세까지도 부조받을 수 있고, 자기소유의 가옥에서 생활하는 경우는 재산세와 가옥보수에 소요되는 금액까지도 급부액에 포함된다. 청구자가 급부액을 얼마나 받을 수 있는지와 관련된 사항은 국민부조법에 의해서 설치된 보충급여위원회에 의한 자산조사(means test)에 의해서 결정된다.

1948년에 제정되었던 국민부조법은 1966년에 사회보장법(Social Security Act)으로 개칭되면서 급여의 명칭도 국민부조(national assistance)에서 보충급여(supplementary benefits)로 개칭하게 되었다. 이 법은 1980년, 1983년, 1986년 총 세 차례에 걸쳐 내용 중 많은 부분이 개정되었는데, 그 내용은 최저생계수준 이하의 노인들의 삶의 질을 높여 주는 데 있었다.

공적부조는 사회보장성에 의해서 운영되는 법정급부(Statutory Benefits) 제도다. 수급자격으로는 ① 16세 이상의 연령으로서 영국에 상주하고 있어야 하고, ② 자산액은 8,000파운드 이하여야 하며, ③ 소득이 있는 일을 주당 24시간 이상 하지 못하는 등의 조건을 갖추고 있어야 하며, ④ 60세 이상 노인으로서 생계를 꾸려 나가는 데 문제가 있다고 판단될 때 공적 부조의 대상이 된다. 공적부조를 받을 수 있는 자격은 이외에도 많다. 그 구체적인 내용은 다음과 같다.

2. 고령자급부와 수발수당

일생 동안 소득이 전혀 없거나 수입액이 최저한계 미만일 경우 또는 기초퇴직국가연금에 기여금을 납부한 실적이 없을 경우에는 연금수급연령에 도달하였다 하더라도 기초퇴직국가연금의 수급자가 될 수 없다. 80세 이상 노인으로서 기초퇴직국가연금을 받지 못하는 경우 영국정부는 비기여급부(Non-contributory Pension)제도를 실시하고 있는데, 이는 다음과 같은 조건을 갖추어야 한다. ① 비기여급부 신청 시 영국에 거주하고 있어야 하고, ② 80세 이상이어야 하며, ③ 60세 이후 20년간 영국에 계속 거주했어야 한다. 따라서 영국의 80세 이상 고령자는 국가보험에 기여금 납부실적 유무와는 상관없이 이러한 조건만 구비된다면 누구나 연금혜택을 받을 수 있다.

수발수당(Attendance Allowance)제도는 심신장애 또는 만성질환 등으로 최소한 6개월 이상 병상에 누워 있거나 목욕, 화장실 출입, 식사 등을 스스로 해결할 수 없어 타인의 도움을 필요로 하는 65세 이상 노인에게 지급되는 비과세 대상 급여제도다. 지급액은 다른 사람으로부터 어느 정도의 도움을 필요로 하는지에 따라 차등 지급된다. 수발수당은 공적연금 가입여부, 소득여부, 수발자의 존재여부와 관계없이 지급된다. 다만 병원이나 시설에서 이미 보살핌을 받고 있는 경우라면 수발수당은 지급되지 않는다. 수발수당의 수급기준은 다음과 같다.

- **거주상태**: 수발수당을 신청하기 전 12개월 동안 적어도 26주는 영국에 거주하고 있어야 한다. 그러나 신청자가 앞으로 6개월 이상 생존할 가능성이 없는 경우는 거주기간 자격조건에서 제외된다고 하더라도 수급을 받을 수 있다.
- **심신의 건강상태**: 질병 또는 심신장애 등으로 적어도 6개월 이상 타인의 도움(간병 또는 수발)을 필요로 해야 한다. 낮과 밤 중 어느 한 시간대에만 수발을 필요로 하는 경우보다는 하루 24시간 계속 도움을 필요로 하는 경우, 수발수당을 더 많이 받게 된다. 또한 6개월 이상 생존할 가능성이 없는 노인에게는 더욱 많은 수발수당이 지급된다.

3. 사회기금보조금과 의료비용 보조

사회기금보조금(Social Fund Grants)이란 특수한 사정으로 인하여 통상적인 소득으로는 생계를 꾸려 나가기 어렵게 되었거나 지불해야 할 돈을 지불할 수 없는 사정이 발생했을 경우 영국정부가 공적연금 가입여부와 관계없이 사회기금보조금을 지급하는 제도다. 저소득층 노인을 포함한 모든 영국인은 비상상태나 재난 등을 당했을 때 지역사회보호보조금(Community Care Grant), 가계자금대여(Budgeting Loan), 비상자금대여(Crisis Loan)를 신청할 수 있다.

국가에서 지불하는 각종 보조금과 가계자금대여는 소득지원수당(Income Support Allowance)이나 구직자수당(Jobseeker' s Allowance)을 받고 있을 경우에 한하여 신청할 수 있다. 그러나 비상사태에 대처하기 위한 자금대여는 자격조건 없이 누구나 신청할 수 있으며, 가계자금대여와 비상자금대여는 무이자로 대출해 주지만 나중에 반드시 반환해야 하는 조건이 있다.

영국에는 의료비용보조(Help with Health Costs)제도라는 것이 있다. 60세 이상 저소득층 노인은 의료비용보조제도에 의해서 처방약, 치과처방, 시력검사, 안경이나 콘택트렌즈를 무료로 받을 수 있으며, 병원통원에 대한 비용에 대해서는 선불 후 나중에 환불받을 수 있다. 또한 65세 이상 여성노인의 경우 유방암검사를 3년마다 1회분에 한하여 무료검진 혜택을 받는다.

4. 사별급여와 기타 제도

사별급여(Bereavement Benefits)는 노인과 젊은 연령층 모두를 포함하기 때문에 노인만을 위한 사회보장제도(Social Security System)는 아니지만, 현재 높은 비율의 여성노인이 사별급여의 혜택을 받고 있다. 사별급여는 사망한 배우자와의 법적인 혼인관계를 전제로 지급되지만, 사망한 배우자와 전에 이혼하였거나 재혼한 경우, 그리고 법적으로 혼인관계를 형성하지 아니한 동거인의 경우에도 사별급여의 혜택을 받는다.

사별급여는 과거 미망인급여(Widows Benefits)의 명칭이 변경된 것으로 이는 2001년부터 시행되기 시작하였다. 과거 미망인급여제도하에서는 60세 이하의 여성만이 배우자 사망 시 급여를 받을 수 있었으나, 사별급여로 변경된 이후부터는 연령제한이 철폐되었다. 사별급여 신청자격의 전제조건으로는 사망한 배우자의 연금에 대한 기여금의 납부실적이다. 배우자인 신청자의 기여금 납부실적은 신청자격 조건의 대상이 아니다. 사별급여에는 다음과 같은 유형이 있다.

- **사별보상**(Bereavement Payment): 사별보상은 배우자 사망 시 1회에 한해서 지급되는 급여제도다. 2001년 기준으로 2,000파운드 내외의 금액이다. 사별보상을 받기 위해서는 다음과 같은 조건이 충족되어야 한다. 첫째, 사망한 배우자가 사망 시 연금에 기여금을 납부하고 있었어야 한다. 둘째, 사망한 배우자가 연금수급자가 아니어야 한다. 셋째,

사망한 배우자가 연금수급 개시연령에 도달하지 않아야 한다. 이러한 조건들은 보상금이 중복 지급되는 것을 방지하기 위해서다.

- **사별수당**(Bereavement Allowance): 사별수당은 과거 미망인연금(Widows Pension)을 수정 보완한 것이다. 남편 또는 부인의 사망 당시 그 배우자의 연령이 45세 이상이고 사별부모수당의 수급대상자가 아닐 경우 52주간에 걸쳐 매주 일정금액을 지급하는 수당이다. 사별수당의 지급액은 수급자의 연령에 비례하며 이는 과세대상이다. 즉, 55세 이상일 경우 매주 완전사별수당(Full Rate of Bereavement Allowance)인 72.50파운드(2001년 기준)를 받는다.

영국의 공적기금에 의한 급부제도 중에는 앞서 열거한 것 외에도 80세 이상 고령자에게 지급되는 크리스마스 보너스(Christmas Bonus)제도가 있고, 60세 이상 노인에게 지급되는 혹한기 보상(Cold Weather Payment)제도와 동절기 연료보상(Winter Fuel Payments)제도, 그리고 주택임대급여(Housing Benefits)와 지방세급여(Council Tax Benefits) 등이 있다.

제4절 사적연금제도

1. 직장연금과 개인연금

직장연금은 기업의 고용주가 정년이 되어 퇴직하는 근로자를 위해서 마련한 연금제도다.[2] 직장연금의 유형으로는 고용주 단독으로 운영하는 것도 있고, 여러 고용주들이 함께 결성한 협회 또는 조합의 형식으로 운영하는 것도 있다. 이러한 유형은 집단개인연금(Group Personal Pensions)으로 불리기도 한다.

직장연금의 재정 마련은 근로자가 매주 일정액의 기여금을 납부하고, 고용주도 근로자의 납부액에 비례하는 부담금을 납부하는 방법이 있다. 만일 근로자가 퇴직 후 더 많은 연금혜택을 받고 싶다면 정해진 기여금 외에 더 많은 기여금을 납부해야 하는 추가임의기여(Additional Voluntary Contribution)제도를 이용할 수 있다.

직장연금은 영국의 신탁법(Trust Law)에 의해서 해당기금이 안전하게 운영되도록 보장되고 있다. 신탁법에 의해서 고용주는 신탁증서와 규정, 연금과 관련된 제반 법규를 준수하고 가입자의 이익을 위하여 기금을 안전하게 운영하여야 한다. 직장연금조정위원회(Occupational Pensions Regulatory Authority)는 직역연금제도의 조정책임을 맡고, 직역연금과 관련된 규정과 의무사항을 준수하지 않을 경우에는 가입자인 근로자의 이익을 보호하기 위해 신속히 대처하도록 하고 있다. 대부분의 고용주는 그들의 근로자를 위해서 직장연금제도를 운영하고 있다.

앞에서도 언급한 바와 같이 모든 근로자는 기초퇴직국가연금의 가입은 의무적이지만 소득비례국가연금의 가입은 선택사항이다. 만약 근로자가 직장연금에 가입하기 위해 소득비례국가연금의 가입을 취소한다면 이를

2) 영국의 연금제도와 관련해서 알아두어야 할 특징 중의 하나는 전 국민을 대상으로 하는 보편적 국민보험이라는 공적연금제도가 존재하는 것과 더불어 이러한 제도에서 제외된 많은 직역연금이 존재한다는 점이다. 따라서 영국의 사회보장제도는 공적연금과 사적연금의 혼합에 의해서 이루어지고 있다. 이와 같이 공적연금과 사적연금이 병존하는 이층구조의 연금시스템 중 공적부문의 역할을 축소하고 민간부문의 역할을 확대시키려는 정책이 연금의 민영화가 의도하는 바라고 할 수 있다. 연금정책의 민영화는 시장 메커니즘의 발휘, 국가재정의 호전, 신보수주의(new right) 이데올로기의 강화라는 점에서 정당화된다. 신보수주의자들의 주장에 의하면, 공적연금으로 인한 국가재정의 부담을 경감시키기 위해서는 민영화를 통해서 공적연금의 규모를 줄일 필요가 있다는 것이다. 연금의 민영화 정책을 강력히 추진한 바 있는 1980년대의 대처 정부는 국가재정에서 커다란 비율을 차지하는 지출항목인 사회보장비를 감축시킴으로써 국가재정을 호전시킨 바 있다.

약정취소조치(contracting-out scheme)라고 한다. 현재 영국 근로자들은 소득비례국가연금의 가입을 취소하고 직장연금에 가입하는 경향을 보이고 있다. 그 이유는 민간기업의 경우 고용주가 제공하는 직장연금의 혜택이 소득비례국가연금의 혜택보다 좋은 조건이기 때문이다. 직장연금의 경우 요즈음 많은 기업이 근로자가 납부하는 기여금보다 더욱 많은 부담금을 지불하고 있고, 경우에 따라서는 근로자에게 한 푼의 기여금도 요구하지 않고 고용주의 부담금만으로 운영되는 사례도 적지 않다.

직장연금은 다음의 세 가지 유형이 있는데, ① 급여관련 방식의 확정급여형 연금(contracted-out salary related schemes), ② 확정기여형 연금(contracted-out money purchase schemes), ③ 혼합형 연금(contracted-out mixed schemes)으로서 확정급여형 연금과 확정기여형 연금의 두 가지를 적절히 혼합한 것이다. 따라서 직장연금 가입자는 이 세 가지 중 하나를 택하게 된다. 직장연금의 경우 근로자가 사망했을 때 그의 배우자에게 연금을 지급한다.

개인연금이란 보험회사나 은행과 같은 금융서비스회사와 개인이 계약을 맺어서 운영하는 연금인 사적보험을 말한다. 따라서 이는 직장근로자뿐만 아니라 고용주도 가입대상이 된다. 개인연금에 가입하면 가입자는 정해진 일정 기간 동안 금융서비스회사에 기여금을 납부하고 그 회사는 납부된 금액으로 다른 곳에 투자하게 된다. 그리고 개인연금 가입자는 자신이 납부한 적립금에서 발생한 이익금에 의해서 연금을 받게 된다.

개인연금제도 운영의 가장 큰 문제는 가입자의 1/3 정도가 연금에 가입한 지 3년 이내에 해약하고 있다는 점이다. 개인연금을 중도에 해약할 경우 이미 납부한 적립금의 전액을 반환받지 못하는 경우가 많다. 개인연금에 지급되는 금액에 대해서 정부는 세금공제를 해 준다. 개인연금 가입자는 퇴직 시 연금으로 받을 수도 있고 세금이 공제되는 일시금으로 받을 수도 있다.

2. 주식형연금

주식형연금(Stakeholder Pensions)은 2001년부터 새로이 창설된 연금제도다. 이는 개인연금의 단점을 최대한 보완하여 융통성과 안정성을 보장하는 개혁적인 사적연금이다. 가입대상자는 직장 근로자와 고용주 모두 포함된다. 주식형연금에 가입하고자 하는 사람은 매년 최고 3,600파운드까지 투자할 수 있다.

주식형연금제도에서 운영주체는 가입자가 기여한 돈을 주식이나 증권에 투자한다. 이러한 방식으로 조성된 자금으로 가입자가 퇴직할 때 연금을 지급한다. 주식형연금의 운영주체는 일반적으로 은행 또는 보험회사다. 노동조합과 같은 단체에서도 산하 회원들을 위해 주식형연금을 운영하기도 한다. 따라서 주식형연금은 가입자의 이익을 한층 더 확대시킨 사적연금이라 할 수 있다.

주식형연금은 개인연금의 단점을 보완하고 가입자의 이익을 한층 더 확대한 사적연금이라 말할 수 있다. 주식형연금의 문제점으로는 퇴직연령에 도달하기 전까지 가입자는 납부한 금액의 일부를 찾을 수가 없다는 점을 들 수 있다(유성호, 2001).

제5절 소득보장 관련 정부지출 현황

21세기에 접어들면서 영국정부는 노인의 소득보장과 관련된 많은 법률을 개정 · 보완하기에 이르렀다. 종전의 미망인연금(Widows Benefits)은

2001년부터는 사별연금으로 그 명칭과 내용이 변경되었고, 공적연금제도에 있어서는 여성의 연금지급 개시연령을 60세에서 2020년부터 남성과 동일하게 65세로 연장하는 등 개혁의 고삐를 늦추지 않고 있다.

앞에서도 언급한 바와 같이 기초퇴직국가연금은 전 국민을 대상으로 하는 제도이기 때문에 노인은 누구나 그 수급자가 된다. 기초퇴직국가연금의 납부실적이 없거나 납부실적은 있어도 연금수급액만으로는 생활에 어려움이 있는 노인을 위한 급여제도가 별도로 마련되어 있기도 하다.

60세 이상 저소득층 노인 가운데 공적연금 기여실적 여부와는 관계없이 지급되는 최저소득보장수당(Minimum Income Guarantee), 임대주택급여(Housing Benefits), 사회기금보조금(Social Fund Grants)과 같은 소득관련 급여를 받고 있는 노인들은 전체노인 중 34%에 이른다. 그리고 소득비례국가연금 또는 기타 직장연금에 의해서 급부를 받고 있는 비율은 59% 내외다.

1998년을 기준으로 전체 연금수급자의 주당 평균소득은 235파운드였으며, 이는 지난 6년간 지속적으로 증가하는 추세다. 연금수급 노인에게는 공적연금이 가장 중요한 소득원천으로 자리 잡고 있다. 전체소득 중 공적연금이 가장 중요한 소득원인 노인비율은 52%, 직장연금이나 투자소득, 기타 등이 가장 중요한 소득원인 노인은 48%였다(Office for National Statistics, 2001).

소득원은 혼인상태에 따라 차이를 나타냈는데, 부부동거노인의 경우 독거노인에 비하여 전체소득 중 공적연금이 차지하는 비율이 44%로 독거노인 62%보다 18%가 낮은 반면에, 직장연금의 경우는 부부동거형 노인이 독거노인보다 7%가 높은 29%를 차지하였다.

연금수급 노인의 소득수준은 연령에 따라서도 차이점을 찾아볼 수 있다. 퇴직한 지 얼마 안 되는 노인은 그렇지 않은 노인보다 소득이 많다. 이는 연령이 낮을수록 평균소득이 높았음을 의미한다. 2000년을 기준으로 조사된 바에 의하면, 소득이 높은 집단은 최근에 퇴직한 부부동거노인으로 그

〈표 3-1〉 노인에 대한 사회보장비 지출 규모 (단위: 백만 파운드, %)

구분	1978~1979	1988~1989	1994~1995	1997~1998	1999~2000	2000~2001
노인(A)	8,752	23,652	37,274	42,553	47,418	48,928
총사회보장비(B)	15,873	47,332	84,848	93,346	100,777	105,510
A/B(%)	55.1	50.0	43.9	45.6	47.1	46.4

출처: Office for National Statistics(2001). Living in Britain. www.statistics.gov.uk/lib2001/index.html

들의 평균소득은 주당 384파운드였고, 소득이 가장 낮은 집단은 75세 이상 독거노인으로 그들의 평균소득은 158파운드에 불과하였다. 또한 성별에 따라서도 소득의 차이가 나타나고 있다. 2000년을 기준으로 여성독거노인의 주당 평균소득은 161파운드였는데, 이것은 남성독거노인 평균소득인 202파운드의 80% 수준에 불과하였다(Office for National Statistics, 2001).

영국에서 1998년과 1999년에 사회보장비로 지출한 금액은 95조 6천만 파운드로서, 이는 국가총생산(GDP)의 11.2%, 정부 전체예산의 28.9%에 해당한다(〈표 3-1〉 참조). 사회보장비 지출에 있어서 가장 많은 혜택을 입은 연령집단은 노인이다. 사회보장비 지출의 46% 또는 GDP의 5.2%가 기초퇴직국가연금, 최저소득보장수당, 임대주택급여의 명목으로 노인에게 지급되었다.

이 금액은 수발수당, 장애인생활수당(Disability Living Allowance)의 혜택을 받는 노인을 제외한 것으로 이들의 급여까지 포함하면 전체 사회보장

〈표 3-2〉 선진 각국의 사회보장재원의 구성 비율 (단위: %)

국가	피보험자기여	사업주기여	국고부담	자산수입	기타
영국	13.7	22.7	62.0	12.9	0.6
스웨덴	0.9	43.0	56.1	0.9	9.9
미국	21.6	28.4	36.5	12.9	0.6
독일	37.1	32.6	27.8	0.9	1.7
프랑스	36.5	39.0	13.7	0.9	9.9

출처: OECD(2002). *Social Security Spending*. The changing welfare state.

비의 50% 내외가 노인집단에게 지급된 것으로 볼 수 있다.

이를 더 세분화하면 1998~1999년 사회보장비 지출 가운데 가장 많은 37.2%가 공적연금에 충당되었고, 그 다음으로 12.3%가 소득지원수당(Income Support)이었다. 또한 1,080만 명의 연금수급연령에 있는 영국노인 중 99%가 기초퇴직국가연금 수급자였고, 그중 50% 이상이 소득비례국가연금의 수급자였다(Office for National Statistics, 2001).

2000년대에 들어오면서 영국정부는 연금제도의 단순성, 안전성 그리고 개인의 선택을 보장하는 새로운 개혁안(Working and saving for retirement: Simplicity, Security and Choice)을 발표하였는데, 이것은 2004년 연금법 제정의 토대를 마련하는 데 기여하였다. 이 법에 의한 연금개혁의 주된 내용은 다음과 같다.

첫째, 연금제도의 안정성을 향상시키기 위하여 연금보호기금(Pension Protection Fund)을 도입하여 기업이 파산했을 경우 직장연금 가입자에게는 최저임금을 보장하고, 근로자가 직장을 옮기는 것에 대비하여 연금수급권 조항을 보완하였으며, 단기체류 근로자에게도 연금수급권을 부여하였다.

둘째, 연금에 가입한 각 개인에게 연금수급권에 관한 정보를 제공할 것을 의무화하였다. 각 개인이 퇴직할 때 기대한 만큼의 연금을 받을 수 있도록 하기 위해 그들이 얼마나 더 저축을 하고 얼마 동안 더 일을 해야 하는지에 대한 선택을 할 수 있게 하는 것이다. 그리고 노령에 도달한 가입자들이라 하더라도 더 오랫동안 일할 수 있도록 지원하는 내용도 규정하고 있다.

셋째, 고용주와 연금공급자가 가입자에게 연금서비스를 보다 용이하게 제공할 수 있도록 연금업무를 대폭 간소화하였다. 그리고 정부, 개인, 고용주 그리고 재정서비스 기관 간의 협력체제를 구축하는 내용도 포함하였고, 고용주와 근로자를 위한 세제혜택의 규정도 마련하였다.

영국은 사회보장에 대한 책임을 국가의 의무로 인정한 최초의 복지국가로 사회보장이 일찍 발달한 국가이기는 하지만, 지난 30년간 인구고령화 현상의 심화와 경제성장의 둔화 등으로 공공부문의 지출을 억제하는 정책을 펴 오고 있다. 한편 고령인구의 지속적인 증가로 사회보장비 지출액의 50% 내외가 노인을 위해서 지출되고 있는데, 앞으로 그러한 현상은 더욱 두드러지게 나타날 것으로 전망한다.

제4장 | 노인에 대한 사회적 서비스

제1절 사회적 서비스의 발전과정

1. 초창기 서비스 관련정책

영국의 노인들은 소득보장정책에 의한 공적연금과 지역사회에서 제공하는 사회적 서비스를 중심으로 하는 지역사회보호를 받으며 주로 자신의 집에서 생활하고 있다. 사회적 서비스의 개발은 가족해체의 가속화와 여성의 사회진출 증가에 따른 가족부양체계 약화, 평균수명의 연장 등으로 보호서비스가 필요한 노인의 급격한 증가에 의해 영향을 받고 있다. 이와 같이 급격한 사회변화에 따라 노인보호문제는 정책입안자들로 하여금 하나의 사회문제로 인식되었고, 가족의 부담을 덜고 노인들의 다양한 욕구충족의 메커니즘으로 사회적 서비스의 개발을 강조하게 되었다(Lim, 1994).

그러나 이러한 사회적 서비스의 개발과 제공 방법은 정부의 정치적 이데올로기에 따라 많은 변화를 겪게 된다. 어느 시대나 사회적인 문제에 대한 국가의 역할은 항상 이념적, 철학적인 이슈와 관계가 있었다. 따라서 영국의 노인을 위한 사회적 서비스와 관련된 정책을 이해하기 위해서는 영국의 사회적, 경제적, 정치적 상황과 사회적 서비스 체계에 대한 포괄적 지식을 습득해야만 한다(Walker, 1987).

영국정부가 노인에게 사회적 서비스를 제공하기 위한 정책적 노력의 일환으로 마련하기 시작한 관련법은 1937년의 공공보건법(Public Health Act), 1946년의 국민보건법(National Health Service Act) 그리고 1948년의 국민부조법(National Assistance Act) 등이라고 할 수 있다.

1946년 제정된 국민보건법은 지방자치단체로 하여금 질병의 예방, 입원환자에 대한 보호, 퇴원 후의 병간호를 위한 지원 그리고 노약자라 하더라도 독립적으로 일상생활을 해 나갈 수 있도록 하는 내용 등을 규정하고 있다. 또한 1948년에 제정된 국민부조법은 공적부조를 중심으로 구성되기는 하였으나, 이 법의 제3부에는 사회적 서비스 관련규정들이 포함되어 있다. 따라서 지방정부는 이 법에 의해서 사회적 서비스를 필요로 하는 노인에게 숙식을 포함한 서비스 제공을 의무화하였고, 이러한 서비스를 행하고 있는 비영리단체에게는 지방정부가 재정적 또는 행정적 지원을 할 수 있는 규정도 마련하였다.

그 후 영국은 1950년대에 접어들면서 가족부양기능 감퇴현상의 심화, 고령화 현상의 가속화, 사회보장 · 사회복지비 지출의 급증 등 노인과 관련된 여러 가지 문제가 더욱 심각한 양상을 보이게 되었다. 1951년에 집권한 보수당 정부는 베버리지의 보편성 원칙(universal concept)에 입각한 제반 사회정책에 동의하지 않는 입장이라, 집권과 동시에 잔여적(residual) 복지정책에 더욱 많은 무게를 두기 시작하였다. 그래서 베버리지 이념에 대해서 비판적이었던 필립스(Phillips)를 중심으로 하는 위원회를 구성하여 대안을 마련하였는데, 이것이 소위 노인을 위한 서비스의 재정적인 문제(the economic and financial problems of the provision for the old age)를 다룬 「필립스 보고서(Phillips Committee' s Report)」다.

필립스 보고서는 자산의 유무와는 관계없이 노인들을 시설에 수용하기보다는 가급적 가족이나 이웃들과 더불어 생활하면서 필요로 하는 도움을 받을 수 있도록 해야 하며, 그러기 위해서는 그들이 지역사회에서 생활하기에 편리하도록 설계된 주택의 제공과 재가노인을 돕기 위한 사회적 서비스 프로그램의 개발이 필요하다는 점을 건의하였다.

이 보고서의 내용을 요약하면, 복지재정의 감축을 위해서 시설수용은 최소화하고 문제가 있는 노인들이라 하더라도 가급적이면 지역사회에서 생활할 수 있는 여건을 마련하도록 하여야 한다는 것이었다. 정부는 그 후 정책집행과정에서 이 보고서 대부분의 내용을 수용하였다.

보수당 정부는 사회복지정책의 후속적인 개발을 위해서 왕립위원회(Royal Commission)를 구성하여 정책대안을 마련토록 하였는데, 1957년에 발표된 동위원회의 보고서인 「정신장애와 정신병에 관한 법률(The law relating to mental illness and mental deficiency)」에서도 필립스 보고서와 맥을 같이하는 내용이 강조되었다. 이 보고서에서는 보건의료정책 면에서도 병원보호중심정책에서 벗어나 가급적이면 지역사회에서 제공하는 사회적 서비스 수단을 발굴 · 활용할 수 있는 지역보호 중심으로의 전환을 강조하였다.

보고서에 따르면, 많은 시설 수용자가 지역사회에서 가족이나 이웃과 어울리면서 생활하기를 원하고 있으므로 대상자들이 원하는 방향으로 정책을 추진하는 것은 지극히 당연한 일이라는 것이다. 만일 그들과 함께할 가족이 없는 경우라 하더라도 가급적 지역사회에 머물 수 있도록 보건과 거주, 그리고 사회적 서비스를 제공해야 한다는 것이다. 영국정부가 재가노인서비스에 관심을 가지기 시작한 것은 이 보고서의 영향 때문으로 볼 수 있다.

1960년대에 들어서면서 노인에 대한 사회적 서비스를 활성화시키기 위한 여러 보고서들이 발표되었다. 이것은 부분적으로 시설화에 대한 부정적인 인식과 정치적인 의도에서 비롯되었다고 볼 수 있다. 시설에서 발생하는 문제점들을 해결할 수 있는 방안으로 모든 사람들은 정상적인 생활환경에서 삶을 누려야 한다는 정상화이론을 내세웠다. 정치인들은 이러한 정상화이론을 주장함으로써 비용이 많이 드는 시설서비스를 억제하고 비교적 적은 비용으로 문제를 해결할 수 있는 재가복지사업 중심의 지역사회보호를 활성화시킬 수 있는 계기를 마련하였다(Raman, 1991).

2. 지방분권과 사회적 서비스

1960년대 후반에 들어서면서 영국은 사회복지서비스 분야에 있어서 서서히 지방분권화 정책을 추구하기 시작하였다. 1968년 보건서비스 및 공공보건법(Health Service & Public Health Act)이 제정되면서부터 영국은 노인을 위한 사회적 서비스 제공의 전반적인 역할을 중앙정부에서 지방정부로 이관하는 과정을 밟게 된다.

이 법에 근거하여 지방정부는 노인에게 식사 제공, 서비스와 관련된 정보 제공, 서비스를 받기 위해 이동할 때 교통편의 제공, 지역사회 내에서 생활하기에 편리하도록 설계된 주거 제공, 사회복지사의 방문서비스 등의 조치를 취함으로써 노인들이 재가에서 생활하는 데 불편함이 없도록 제반 편의가 제공되었다.

영국정부가 지방분권화 정책에 관심을 가지게 된 것은 1968년에 발표된 「시봄 보고서(Seebom Report)」의 영향이 크다고 할 수 있다. 보건서비스 및 공공보건법만으로는 사회적 서비스를 효율적으로 운영해 나가는 데 문제가 있으므로 이를 보완하기 위한 법이 필요하다는 사회적 요구에 의해 이 보고서가 작성되었을 것으로 보인다.

이 보고서는 지금까지 여러 기관에서 관장하던 사회적 서비스를 총괄하고, 합리적인 자원분배와 지역 불균형을 시정하기 위해서 지방정부 사회서비스법(Local Authority Social Service Act)의 재정이 필요하다는 점을 지적하고 있다.

1970년에는 시봄 보고서의 제안이 받아들여지면서 이 법이 통과되었으며, 1971년에는 모든 지방자치단체 내에 사회서비스국(Social Service Department)의 설치를 의무화하게 되었다. 그리고 노인을 위한 사회적 서비스는 전적으로 지방정부의 책임하에 그들의 재량에 의해서 수행되기에 이르렀다(Kay, 1974).

영국은 1950년대와 1960년대에 걸쳐 지속된 경제성장으로 완전고용과 노인복지의 증진에 엄청난 재원을 투입할 수 있는 여력을 갖고 있었다. 그러나 1970년대 중반 이후 오일쇼크가 유발한 세계적인 경제불황으로 전통적 사회복지국가였던 영국도 정치적 · 이념적 변화를 꾀할 수밖에 없었다.

이것이 바로 1979년에 등장한 대처 수상이 이끄는 보수당 정부의 신보수주의 이념에 입각한 일련의 개혁정책들이다. 대처 정부가 단행한 개혁 중에는 다음과 같은 것들이 있다. 첫째, 국가의 공공지출을 줄이고 간접세의 감면과 직접세의 확대, 그리고 공유재산 민영화 조치 등을 단행함으로써 정부의 기능을 축소하였다. 둘째, 사회복지 분야에서 사회적 서비스의 공급주체로 국가 이외에 시장기능, 가족, 친척, 이웃, 교회 등 비공식적인 자원을 활용하여 보다 적극적인 정책을 추진해 갔다.

3. 서비스 제공의 기본구조

영국의 사회적 서비스는 잉글랜드, 웨일스, 스코틀랜드 세 지역에서 각기 독자적인 전달체계를 형성하고 있다고는 하나, 모두 동일한 법체계하에서 행정이 이루어지고 있다는 점에서 유사하다.

영국에서 노인의 대인서비스를 행하는 법적 근거로는 1948년에 제정된 국민부조법(Public Assistance Act), 1968년에 제정된 보건서비스 및 공중위생법(The Health Service and Public Health Act), 1977년에 제정된 국민보건서비스법(National Health Service Act), 1983년에 제정된 보건사회서비스 및 사회보장법(Health and Services of Social Security Act) 그리고 1990년에 제정된 국민보건서비스 및 커뮤니티케어법(National Health Service and Community Care) 등이 있다.

노인을 위한 사회적 서비스는 공식적 서비스(formal services)와 비공식적 서비스(informal services)의 두 가지 형태로 구분할 수 있다. 공식적 서비스는 지방자치단체와 민간단체에 의해 제공되고 비공식적 서비스는 가족, 친척, 친구 또는 이웃에 의해 제공되는 서비스를 의미한다. 또한 노인을 위한 사회적 서비스는 서비스 제공 장소에 따라 재가보호, 주간보호, 시설보호로 나뉜다.

사회적 서비스는 지방자치단체 사회서비스부의 케어매니저가 그 필요성이 있는지 여부를 사정 또는 판정(assessment)하여, 서비스 제공을 위한 보호계획을 세우고 서비스의 내용을 결정한 후에 비로소 서비스가 실천에 옮겨진다. 그러나 서비스계획을 수립함에 있어서는 보호를 받아야 할 대상자 또는 보호자의 의견이 최대한 존중된다.

지방자치단체 내의 사회서비스부에는 서비스구입 담당부서와 서비스제공 담당부서가 있는데, 서비스구입 담당부서는 소비자의 입장에서 그들이 필요로 하는 서비스의 질과 양 등을 종합적으로 검토하여 그중 최선의 서비스를 선택하여 구입한다.

지방자치단체가 실시하는 케어매니지먼트에 대한 판정에서 서비스를 받기에는 부적격자로 판단된 노인이라 하더라도 본인이 소정의 비용을 별도로 지불하면 민간단체가 운영하는 서비스를 이용할 수 있다. 또한 노인들은 지자체가 직영하는 시설이나 서비스가 질과 양 등에 있어서 민간단체가 제공하는 서비스에 비해서 좋지 못하다고 판단되었을 때는 민간단체가 운영하는 서비스를 선택할 수 있다. 한편 영리 또는 비영리 민간단체들은 시설보호를 비롯해서 노인을 위한 다양한 서비스 프로그램을 독자적으로 운영한다. 그중 높은 비율의 민간단체들이 요보호노인을 지자체로부터 위탁받아 운영하고 있다. 예를 들면, 노인홈, 주간보호, 요양시설 등은 일정 비율의 노인들을 지자체와 위탁계약에 의해서 입소 · 보호해 주고 있다.

또한 노인 중 서비스를 받기는 원하지만 케어매니저로부터 자산조사 등에 의해서 입소 부적격자로 판정받은 노인의 경우, 해당 노인이 소요비용을 자부담하면 민간단체가 운영하는 시설에 입소할 수 있다. 다시 말해서, 수익자부담(commercial base) 원칙의 서비스도 권장되고 있음을 뜻한다.

제2절 커뮤니티케어의 개혁과 최근 동향

1990년에 입법화된 국민보건서비스 및 커뮤니티케어법(National Health and Community Care Act)에 의한 커뮤니티케어 개혁은 1991년도부터 실시되기 시작하였다. 커뮤니티케어 개혁은 영국 국민 모두를 대상으로 하는 대인서비스 전반을 규정하는 기본적인 제도이며, 특히 노인복지서비스에서 필수적으로 살펴보아야 할 부분이다. 따라서 여기서는 이 개혁의 배경과 내용, 그리고 성과에 대해서 언급해 보기로 한다.

1. 커뮤니티케어 개혁의 배경

커뮤니티케어의 추진은 1960년대 이후 영국정부가 추진하는 복지정책의 기본적인 정책목표라고 할 수 있다. 1970년대에는 지방자치단체에 의한 대인서비스 실행 체제가 정비되어 각종 재가복지서비스의 확충을 가져왔다. 그러나 1980년대에 들어서 그간 실시해 왔던 커뮤니티케어 정책에 많은 모순과 문제점이 드러나 기존의 제도를 개혁할 필요성이 지적되었다. 커뮤니티케어의 모순과 문제점은 그간 정부가 추진했던 정책이 재가복지에 역점을 두어 왔음에도 불구하고, 그 결과는 재가케어보다는 시설케어가 양적으로 더욱 확대되었다는 점에서도 더욱 명백해졌다. 특히, 1985년 이후 민간영리부문(private sector) 입소시설(residential home)의 정원은 빠른 속도로 증가하였다.[1] 그 입주자 수는 1980년에서 1990년까지 10년간 약 3만 5천 명에서 10만 명으로 약 3배의 증가율을 보였고, 같은 기간 동안 요양시설(nursing home)의 입주자 수도 현저한 증가추세를 나타냈다(Victor, 1997).

이와는 대조적으로 재가노인복지서비스는 양적으로나 질적으로 현저히 저하되는 현상을 보였다. 같은 기간 동안 75세 이상 재가노인을 대상으로 하는 홈헬프서비스(home help service)는 제공되는 시간이나 배식서비스의 횟수 등에서 오히려 과거보다도 양적인 면이나 질적인 면이 떨어지는 현상이 나타났다.

이러한 상황이 발생하게 된 배경에는 1970년대 후반 이후 고령후기 노인의 양적 증가현상으로 인해 노인복지 수요가 계속 증가하고 있었음에도 불구하고, 당시 영국은 석유파동으로 인해 재정 감축을 하지 않을 수 없었

1) 민간시설이 영리를 목적으로 운영하는 입소시설은 1975년까지만 하더라도 1만 9천 개소 미만이었던 것이 1990년에는 8만 8천 개소로 증가하였다. 이는 대처 정부의 민영화 정책에 따른 복지예산의 삭감과도 관계가 있지만, 중산층 노인들의 경우 지방자치단체가 운영하는 시설보다는 서비스의 질이 훨씬 좋은 영리시설을 선호하기 때문이다.

다. 즉, 노인복지 예산이 줄었고, 그에 따라 지방자치단체가 수행하던 재가노인을 돕기 위한 각종 서비스 프로그램 역시 양적으로나 질적으로 두드러지게 줄어들었다(Wistow, 1997).

따라서 지방자치단체가 실시하는 재가노인복지서비스에 의해서 만족할 만한 생활을 보장받을 수 없게 된 많은 노인은 중앙정부가 보충급여(Supplementary Benefits)제도의 일환으로 실시하는 식사 · 숙박수당(Board and Lodging Allowance) 프로그램을 통해 수급받은 돈으로 민간단체가 운영하는 시설(residential home)에 입주하는 경향을 보였다.

특히, 1983년부터는 식사 · 숙박수당제도의 개정으로 자산조사와 관련된 규정이 완화되어 이 제도를 이용하는 노인비율이 증가하였다. 이 수당은 전액 중앙정부의 재정에서 지출되었으므로 지방자치단체로서는 노인들을 재가서비스를 통해 지역 내에 머물도록 하는 메리트가 없어졌으며, 이로 인해서 커뮤니티케어의 기본이념을 구현하는 데 많은 어려움을 갖게 되었다.

1970, 1980년대에 걸쳐서 커뮤니티케어 사업을 수행하는 데 있어서는 앞에서 열거한 문제점 이외에도 ① 보건의료와 복지서비스의 조정 및 연대의 불충분, ② 노인의 개별적 욕구(need)에 대응하는 서비스의 획일화와 경직성, ③ 노인수발자(carer)에 대한 지원 부족, ④ 운영관리의 비효율성, ⑤ 보건의료제도 또는 지방재정제도에서 자원분배의 부적절성, ⑥ 권한 또는 책임의 분산으로 인한 상호 간 연계와 조정의 어려움 등의 문제점이 있었다(Baldock & Ungerson, 1994).

이러한 문제점들을 해결하기 위한 근본적인 제도개혁이 필요하다는 것을 절감한 정부는 1986년 12월 그리피스(Roy Griffiths)에게 커뮤니티케어와 관련된 정책과 제도에 대한 종합적인 재점검을 의뢰하였고, 그는 노인복지를 비롯한 사회복지서비스 분야 전반에 걸쳐서 하나의 커다란 전환점을 가져다준 유명한 보고서 「커뮤니티케어: 행동지침(Community Care: Agenda for Action)」을 발표했다.

정부는 이 보고서를 1년 동안 면밀히 검토한 후 1989년에는 「개혁백서

(Caring for People)」를 발표함과 동시에 국민보건서비스 및 커뮤니티케어 법안(National Health Service and Community Care)을 작성하여 이듬해인 1990년에 이 법을 제정하였다. 그리고 1991년부터 케어매니지먼트 제도 개혁을 단행하기 시작하였는데, 이에 관한 중요한 내용을 요약하면 다음과 같다. ① 시설케어와 재가복지서비스에 관련된 권한과 예산 일체를 지방자치단체에 일원화, ② 서비스 공급주체의 다원화, ③ 욕구평가(assessment)와 케어매니지먼트의 전면적 실시, ④ 커뮤니티케어 계획 수립의 의무화, ⑤ 입소시설에 대한 감사제도의 개선 등이다(Bornat, 1993).

2. 커뮤니티케어 개혁의 내용

1) 케어 권한의 일원화

커뮤니티케어 개혁에서 중요한 것은 케어의 권한을 일원화시켰다는 점이다. 첫째, 과거의 제도하에서는 자산조사에서 소득과 관련된 요건만 충족되면 건강상태와 관련된 조건은 크게 문제삼지 않았고 공적부조를 받아 민간시설에 들어갈 수가 있었다. 따라서 건강상태가 양호한 노인들까지도 이 제도를 이용함으로써 국가는 복지재정의 낭비라는 문제점을 지적받기도 하였다. 이는 공적부조는 사회보장성의 소관인 반면, 시설운영이나 재가서비스는 지방자치단체의 소관으로 되어 있었기 때문에 상호 간 연관에 문제가 있었기 때문이었다.

그러던 것을 커뮤니티케어 개혁에서는 노인들이 공적부조를 받아서 민간단체가 운영하는 시설에 입소하기를 희망할 경우, 공적부조 수급자격의 유무 또는 시설입소를 해야 할 사정이 있는지 여부 등에 대한 결정 일체를 지방자치단체가 단독으로 행사하도록 행정체계를 일원화시킴으로써 현실적으로 시설입소가 필요 없는 노인들의 입소를 억제하는 효과를 거두게 되었다.

둘째, 과거에는 민간시설에 입소하는 노인에게 사회보장성이 지급하던 기본생활비와 주택관리비 등을 공적부조에 포함하였으나, 개혁이 단행된 이후에는 기본생활비와 주택관리비를 제외한 케어에 소요되는 부분, 즉 수발 및 간병과 관련된 비용만을 지자체가 지급하는 형태로 변경되었다.

사회보장성이 그 재원을 지자체에 이관함에 있어서는 1993년부터 3년간에 한해서 특별이행보조금(Special Transitional Grant)이라는 형태로 지자체에 교부하고, 그 이후부터는 지자체의 일반회계에서 지출하도록 하였다(Dolt, 1990).

이와 같이 시설케어와 재가서비스 행정의 일원화, 재정의 지방자치단체로의 이관 그리고 입소자에 대한 급여액의 감축 등과 같은 일련의 조치를 취하게 된 이유는 시설케어보다 비용이 덜 소요되는 재가서비스의 확대라는 효과를 기대하였기 때문이다. 개혁 이전에도 재가서비스에 의해서 수발이 필요한 노인들을 보살피는 지자체가 적지 않았으나, 개혁을 통해 재정정책과 같은 측면에서 재가서비스 프로그램을 활성화시켰다는 데 의의가 있다.

2) 서비스 공급주체의 다원화

커뮤니티케어 개혁은 케어의 권한을 지방자치단체로 일원화시켰다는 의의도 있지만, 그것보다는 지방자치단체의 역할을 서비스 공급주체에서 서비스공급의 조건정비주체(enabler)로 전환시켰다는 데 더 큰 의의가 있다. 개혁 이전에는 노인복지를 비롯한 모든 서비스는 국가 또는 지방자치단체 등 공공기관이 독점적으로 공급해 왔던 것을 개혁조치 이후에는 서비스공급에서 공급주체가 반드시 공공기관이어야 할 필요는 없다고 규정을 변경하였다. 환언하면, 이것은 복지분야에서의 혼합경제(mixed economy of welfare)체제로의 전환을 의미한다.[2)]

좀 더 구체적으로 이 조치의 내용을 설명하면, 노인들은 영리단체나 비영리단체가 제공하는 서비스가 질적 · 양적 효과와 가격 면에서 공공기관이 직접 제공하는 서비스보다 좋을 경우에는 반드시 공공기관의 서비스를 이용하지 않아도 된다. 이 경우에는 지자체로부터 해당 서비스에 소요되는 비용을 현금으로 수급한다. 이는 서비스 제공 측면에서의 시장원리 도입을 의미하기도 한다.

그리고 소비자들이 비교평가를 공평하게 할 수 있도록 하기 위해서 지방자치단체는 서비스 구입을 담당하는 부서와 서비스 제공을 담당하는 부서를 분리시키는 조직개편을 단행하였다. 이것은 구입자와 공급자 간 분리(purchaser-provider split)의 원칙에 의거한다.

개혁조치에서는 서비스 공공주체의 다원화를 권장 또는 촉구하는 의미에서 앞에서 언급한 특별이행보조금의 지급액 중 85%는 민간부문으로부터 서비스를 구입하는 데 충당하도록 하는 조건도 설정하고 있다.

3) 욕구평가와 케어매니지먼트

지방자치단체가 서비스의 공급주체에서 조건정비주체로 그 성격이 전환됨에 따라 서비스의 계획, 조정 그리고 서비스의 질적 개선이라는 측면에서 지방자치단체의 역할은 더욱 강화되었다. 개혁이 단행됨에 따라 지방자치단체에는 욕구의 사정과 케어매니지먼트의 재정비가 이루어졌다. 국민

---

2) 커뮤니티케어 정책의 중심에는 비공식적 케어, 즉 가족에 의한 케어가 포함되어 있다는 점을 유의할 필요가 있다. 대처 수상이 이끄는 보수당 정부는 노인복지서비스 분야에서 국가의 역할을 감소시키고, 지역사회가 보다 적극적으로 참여하기를 강조하였다. 커뮤니티케어 서비스를 수행할 때, 민간부문과의 파트너십 강조에 의한 복지 혼합경제화 정책을 추구함으로써 국가의 책임을 감소시키고, 노인에 대한 케어의 많은 부분을 가족과 자원봉사활동 등 비공식적 부문에 의존하되 국가나 자방자치단체는 이러한 비공식적 케어를 측면에서 지원하는 정책을 추진해 나감으로써 국가재정의 감축을 위한 노력을 계속했다. 이러한 정책은 통칭 대처리즘으로 불리기도 하는 'in community' 에서 'by community' 로의 전환을 의미한다. 하지만 그 후 노동당 정부도 공통된 인식을 지녔다는 점에서 이를 대처리즘으로 명료화시킬 수만은 없다고 본다.

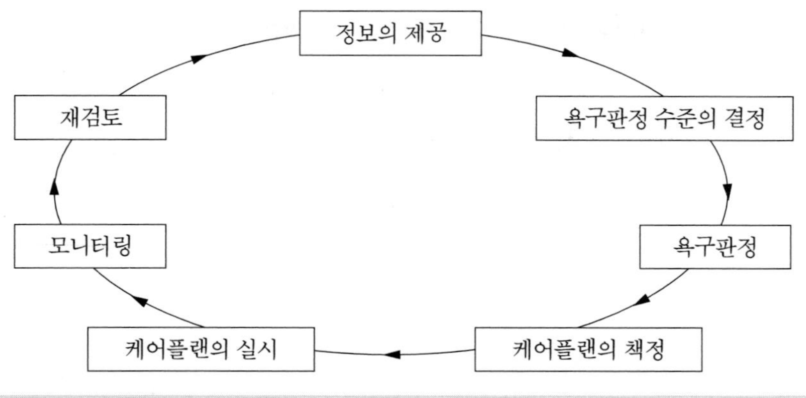

[그림 4-1] 케어매니지먼트의 실시 순서

보건서비스 및 커뮤니티케어법 제47조에 지방자치단체는 서비스를 제공받기를 요구하는 자에 대해서 서비스를 제공할 필요가 있는지 여부를 평가(사정)할 의무가 있다고 규정하고 있다. 여기서 욕구평가를 받는 것은 시민에게 부여된 권리이기도 하다.

사정한 결과에 따라 서비스를 받을 필요가 있다고 판정되면 지방자치단체는 그의 욕구가 충족되도록 조건정비를 할 의무가 있지만, 그것은 예산이 허락하는 범위 내에서 행할 수 있도록 규정하고 있다. 그러나 동법 시행령에서는 지방자치단체가 예산부족으로 필요로 하는 서비스를 제공하지 못하는 경우에는 그 사실을 기록하여 추가예산을 편성하도록 하고 있다.[3)]

케어매니지먼트의 기본원칙은 서비스의 제공은 어디까지나 욕구주도(needs-led)여야 한다는 점이다. 그러기 위해서는 개인이 필요로 하는 사항들이 어떤 것들인지, 관련이 있는 문제들은 무엇인지 전반적으로 면밀히

3) 커뮤니티케어법에서는 케어 욕구가 있는 노인에게는 지자체가 케어서비스를 제공할 의무가 있음을 규정하고 있다. 다시 말해서, 욕구에 대한 사정결과가 나오면 지자체는 그에게 필요한 서비스를 제공해야 한다. 지자체의 서비스 제공 의무 중에는 ① 입소시설 제공 의무(NAA, 1948, 제21조), ② 데이센터 및 데이케어 제공 의무(NAA, 1948, 제29조), ③ 홈헬프서비스 제공 의무(NHSA, 1977, 제8조) 등이 있다.

파악하고, 그 개인이 지닌 개별적인 욕구에 가장 부합되는 서비스가 제공될 수 있도록 세심한 배려를 함으로써 욕구와 제공할 서비스 간에 어긋나고 있는 점이 없는지 등에 관한 사항을 계속 모니터링하도록 한다.

일반적으로 케어매니지먼트 실시의 방법과 요령에는 다양한 형태가 있는데, 보건성의 정책지침에서는 특정한 모델을 제시하지 않고 있다. 케어매니지먼트 실시의 책임은 지방자치단체에 있지만, 케어매니저는 반드시 지자체의 직원이어야 할 필요는 없다. 민간단체가 설치 · 운영하는 사회복지시설의 사회복지사가 더욱더 효과적으로 케어매니지먼트의 역할을 수행할 수도 있기 때문이다.[4] 따라서 지자체는 전담 케어매니저를 지정하지 않고 복수의 케어매니저가 그 업무를 수행하도록 하고 있다. 또한 공급자와 구입자 분리원칙에 입각해서 본다면 케어매니저는 구입자 측에 속하기 때문에 직접서비스를 제공하거나 자금을 관리하는 입장이어서는 안 된다.

4) 커뮤니티케어 계획의 수립

커뮤니티케어 개혁에 따르면, 지방자치단체가 커뮤니티케어 계획을 세우도록 의무화하고 있다. 지자체가 커뮤니티케어 계획을 수립함에 있어서는 보건당국, 주택협회, 노인관련 단체 그리고 서비스를 공급하고 있는 민간단체의 대표 등과 반드시 협의하도록 규정하고 있다. 정책지침에 의하면, 커뮤니티케어와 관련된 계획은 지방자치단체와 보건당국이 공동으로 작성하도록 명시하고 있다. 그리고 커뮤니티케어 계획서에 포함될 사항들은 다음과 같이 정책지침에 포함되어 있다(DoH, 1990).

4) 케어매니저의 업무는 대부분 사회복지사에 의해서 수행되지만 지역간호사, 물리치료사 등도 케어매니저로 활동한다. 케어매니저는 학사(BA)나 석사(MA)학위 소지자로서 케어매니지먼트의 모든 과정을 책임진다. 케어매니저는 지방자치단체에 소속되어 있기는 하지만 민간단체가 운영하는 시설에 근무하는 사회복지사도 지방자치단체 소속의 케어매니저와 동등한 자격으로 케어매니지먼트의 모든 과정을 책임진다.

- 욕구평가: 지역주민 전체의 케어욕구, 개개인에 대한 욕구의 평가방법, 평가에 의해서 파악된 욕구를 계획에 포함시키는 방법
- 서비스 제공 방법: 서비스의 대상자, 우선순위 결정의 방법, 요보호자 지원의 방법, 재가복지서비스 개발의 방법
- 서비스의 질: 서비스의 질을 확보하는 방법
- 소비자의 선택: 소비자의 선택 폭을 넓히는 방법
- 자원: 계획을 실천에 옮기는 데 소요되는 예산, 인적자원 활용방법, 서비스의 비용대비 효과의 개선방법, 인사와 연수에 관한 전략
- 협의체 구성: 계획수립에 관계되는 관련기관, 민간단체, 소비자조직 등과 협의하는 방법
- 정보의 홍보: 이용자와 보호자에게 서비스와 관련된 정보를 제공하는 방법, 앞으로의 계획을 홍보하는 방법

위에 열거한 사항들이 커뮤니티케어 계획을 수립할 때 포함시켜야 할 정책지침이고, 그 구체적인 내용은 지자체의 결정에 위임하고 있다. 그러나 계획의 내용이 제도개혁의 목적에 합치되지 않을 경우, 국무성 장관은 법률에 의거해 계획을 다시 작성하도록 시정명령을 내릴 수 있다.

5) 시설에 대한 감사와 민원처리

1984년의 시설등록법(Registered Home Act)에서는 영리 또는 비영리단체 등 민간단체가 운영하는 노인입소시설에 대해서만 지방자치단체에 등록할 것을 의무화하였고, 등록한 시설에 대해서는 정규적인 감사를 실시하도록 규정하고 있었다. 그런데 커뮤니티케어법이 제정된 이후부터는 공립시설과 민간시설의 형평성을 유지함과 아울러 감사기능을 강화할 목적으로 공립시설까지도 감사대상에 포함시켰다.

또한 감사기능을 강화하기 위해서 지방자치단체 내에 감사반(Inspection

Unit)을 설치하도록 하였다. 이 감사반은 지자체 행정의 일부이기는 하지만 독자적으로 권리를 행사할 수 있었다. 따라서 이 감사반은 사회복지를 위해서 설치 · 운영되는 지자체 직영의 시설에 대해서도 민간시설에 대한 것과 동일한 기준에 의해서 감사를 하도록 규정하고 있다. 정책기준에는 감사실에서 실시한 감사 결과를 반드시 의회에 보고함과 동시에 주민에게도 공표하도록 규정하고 있다.

커뮤니티케어 개혁에는 민원처리절차도 명시되어 있는데, 그중에는 민원처리와 관련된 서비스의 내용과 방법, 케어매니저(사회복지사)의 행동, 태도, 판정의 방법 등도 포함되어 있다. 민원처리를 할 때 다음과 같은 사항을 반드시 포함하도록 규정하고 있다(DoH, 1990).

- 지방자치단체는 서비스 이용자가 민원에 관한 사항을 호소해 왔을 때 우선 비공식적인 해결책을 모색해 보지만 그 방법으로 해결이 불가능할 경우에는 공식적인 민원처리수속을 밟을 수 있도록 필요한 지원을 한다.
- 민원인이 지방자치단체에 정식문서로 민원신청을 하는 경우 지자체는 그 내용을 검토하여 늦어도 28일 이내에 해당 민원사항에 대한 처리내용을 민원인에게 문서로 회신하여야 한다.
- 민원신청인이 회신내용에 만족하지 못할 때는 심사기구(panel)에 민원사항의 재심을 요구할 수 있다. 그러면 심사기구는 회의를 소집하여 해당사항을 재심한 결과를 토대로 지자체에 그 처리를 권고하도록 규정하고 있다.

3. 커뮤니티케어의 최근 동향

영국은 보건서비스 또는 홈헬프서비스 등 지역복지서비스 분야에서 질적으로나 양적으로 일정수준에 올라 있다고 평가되고 있다. 특히, 최근 병원에서 퇴원하는 노인들이 지역사회에 잘 적응하도록 하기 위한 지원체제가 효과적으로 운행되고 있는 것 등은 케어매니지먼트 시스템 도입에 따른 성과라 할 수 있다.

과거에는 퇴원 이후의 노인에 대한 지역사회의 보호가 불충분하였고, 재가서비스와 시설서비스 간의 협력체제도 제대로 이루어지지 않아 커뮤니티케어의 실천에 문제가 발생하였다. 그러다가 1993년에 도입된 케어매니지먼트 제도에 의해서 문제들이 점차 개선되기 시작하였다. 따라서 여기서는 새로운 케어매니지먼트 제도는 무엇이 어떻게 달라졌는지를 이와 관련된 정책지침의 내용을 통해서 알아보기로 한다.

첫째, 도움을 청하는 노인이 나타나면 케어매니저는 어떠한 도움이 필요한지에 대해 사정한 후, 그 평가를 바탕으로 종합적인 지원계획(care package)을 세우고 그 계획에 따라 도움을 줄 사람들(간호사, 홈헬퍼, 물리치료사 등)이 각각의 역할분담을 통해 문제를 해결하도록 한다.

둘째, 지방자치단체는 노인들의 욕구를 충족시키는 데 필요한 제반 서비스 구입자의 역할을 수행할 책임을 갖는다. 이로 인해 변경된 내용으로는 ① 민간단체가 운영하는 요양시설 또는 노인홈의 입소비용을 종전까지는 생활보호시스템에서 지급하였으나 제도개혁 이후부터는 지방자치단체에서 직접 시설에 지불하도록 재원에 관한 사항이 변경되었다는 점, ② 지방자치단체는 민간단체가 운영하는 노인관련 서비스를 적극적으로 구입할 책무를 부여받았다는 점 등이다.

셋째, 지방자치단체의 사회복지부(Social Service Department)와 지역보건당국(District Health Authority)이 공동으로 보호계획(care plan)을 수립하여 지역노인들의 보건복지서비스를 실행에 옮기도록 한다.

영국에서 시행하고 있는 케어매니지먼트의 특성으로는 ① 요보호 노인이라 하더라도 가급적 자택에 계속 머무는 상태에서 서비스를 받으며 생활할 수 있도록 노력한다는 것, ② 요보호자에게 서비스를 제공할 때는 당국이 제공할 수 있는 서비스(service-led approach)보다는 요보호자의 필요에 부합되는 서비스(need-led approach)를 제공하도록 노력한다는 것, ③ 보건서비스와 복지서비스 그리고 공적서비스와 민간단체가 제공하는 서비스 등 제공 가능한 모든 서비스와 연계된 종합적인 케어패키지에 의한 서비스가 이루어지도록 한다는 것, ④ 서비스를 제공하는 측의 이해관계에서 벗어나서 공정한 욕구판정을 할 수 있게 하기 위해서 케어계획을 수립하는 사람(assessor, care manager)과 실제로 서비스를 제공하는 사람(provider)을 각기 분리시킨 것, ⑤ 보호를 위한 종합계획(care package)을 수립하는 과정에 요보호자와 그 가족이 적극적으로 참여하도록 하였다는 것 등이다.

4. 노동당 정부가 추구하는 제3의 길

1997년 총선에서 대승함으로써 정권을 잡은 노동당의 블레어 수상은 다음 해인 1998년 사회적 서비스에 관한 개혁을 단행하였다. 이 개혁을 지칭하여 학계에서는 블레어 정부가 추구하는 '제3의 길' 이라고 부른다. 베버리지의 보편적 · 포괄적 정책도 아니고 그렇다고 대처의 민영화 정책도 아닌 제3의 정책이란 뜻을 포함하고 있다. 그가 제시한 개혁을 위한 백서에는 사회서비스의 현대화, 독립성의 증진 및 서비스 수준의 향상 등에 관한 사항이 구체적으로 명시되어 있다(DoH, 2003).

백서에서 대인서비스는 사회적으로 재앙을 당하고 있는 소수의 대상자만을 지원하는 제도가 아니라 국민 모두를 대상으로 보호사회(caring society)를 형성하는 중요한 제도라고 평가하였고, 문제점에 대한 개선방안을 적극적으로 강구해야 한다고 했다.

이 백서에서 지적한 대인서비스의 문제점은 다음과 같다.

첫째, 보호수준이 미흡하여 취약한 노인들에 대한 보호가 제대로 이루어지지 않아 학대와 방임에 너무 쉽게 노출됨으로써 효과적인 안전망의 기능을 발휘하지 못하고 있다.

둘째, 대인서비스를 수행하는 과정에서 상호 간 협력의 부족으로 노인들이 시설에서 가정으로 복귀하려고 해도 지방정부에 의한 커뮤니티케어가 제대로 이루어지지 않고 있다.

셋째, 탄력성의 부족으로 서비스가 이용자 또는 고객의 욕구에 맞게 제공되는 것이 아니라 공급자에게 적합하도록 제공되는 경향이 있다.

넷째, 서비스 제공에 있어서 연속성이 부족하다.

따라서 노동당의 블레어 수상은 집권과 동시에 이러한 문제점을 해결하기 위한 다음과 같은 개선방안을 제시하였다.

첫째, 노인의 독립성 증진, 서비스의 일관성을 유지하기 위해서 지자체는 예방서비스와 재활서비스에 중점을 두며, 현물서비스와 병행하여 이에 상응하는 현금급부도 함으로써 경우에 따라서는 이용자가 직접 서비스를 구입할 수 있도록 하는 방안을 실천에 옮긴다.

둘째, 서비스의 일관성을 유지하기 위한 노력의 일환으로 전국적으로 통일된 서비스모델(national service frameworks)을 제정하여 특정 집단 및 특정 서비스에 대한 모델 및 기준을 정하여 노인에게 제공되는 서비스가 전국적으로 공평하게 제공될 수 있도록 노력한다.

셋째, 서비스에 관여하는 인력의 수준을 제고하고 감독을 강화하기 위하여 사회사업교육기관(general social care council)을 설치함과 동시에, 사회복지종사자의 수준에 관한 규정을 새로이 제정하고 이 규정에 의거하여 사회사업가들이 등록을 하도록 하는 한편, 해당 규정을 위반할 때는 등록을 취소시켜 이 분야에 종사하지 못하도록 하였다.

영국정부는 2005년 고령화 사회에 대처하는 노인복지의 기본원칙을 명시한 정책지침서 「기회연령: 21세기 고령화 과제의 달성(Opportunity Age: Meeting the challenges of ageing in the 21st century)」을 발표하였다(Department for work and pension, 2005). 이 보고서에 명시한 노인복지에 대한 기본 원칙은 ① 노인은 모든 삶의 단계에서 존엄과 존경을 받을 권리가 있으며, ② 노인은 수동적 서비스의 수혜자가 아닌 자립과 선택을 행사하는 적극적인 소비자로 보아야 하고, ③ 노인에 대한 서비스는 접근 가능하고 노인의 욕구에 초점을 맞추어야 하며, ④ 노인에 대한 서비스는 그들의 의존을 조장하는 것이 아니라 자립을 지원하는 것 등이다.

이상과 같이 열거한 노인복지 관련정책에서 마련된 지침의 내용(원칙)들은 과거에는 대체로 지켜져 왔었으나, 점차 제대로 시행되지 않은 측면이 있었다. 이러한 맥락에서 이 보고서가 제시한 내용(원칙)들이 2000년대에 다시 재천명되었다는 것은 노인복지정책과 관련하여 의미가 있다.

제3절 노인의 재가서비스

노인에 대한 재가서비스로는 홈케어, 주간보호, 단기보호, 런치클럽, 배식서비스, 이동서비스, 상담조언서비스, 긴급전화서비스, 간병 관련 각종 기기의 대여서비스 등 그 유형이 매우 다양하다.[5] 노인에 대한 대인서비스 관련 재가서비스에서도 시설입소자에 대한 서비스와 동일하게 ① 지방자치단체가 직영하는 사업, ② 영리 또는 비영리 민간단체가 지방자치단체로부터 위탁받아 운영하는 사업, ③ 민간단체가 정부와는 무관하게 독자적으

5) 지역보호정책을 수행하기 위한 중심적 서비스인 재가서비스는 가정지원서비스(home support service)로 불리기도 하는데, 자신의 집에서 살고 있는 노인들에게 개별적이면서 실용적인 지원을 제공하는 서비스다. 가사지원은 가족들이 공급할 수 없는 전문적인 서비스를 제공할 수도 있고, 가족이 함께 살고 있거나 근처에 살고 있는 경우라 하더라도 실제로 이런 지원을 할 수 없는 사람에게 도움을 주는 기능을 수행한다.

로 실시하는 사업 등 세 가지 유형으로 구분될 수 있다.

노인에 대한 재가서비스는 1948년에 제정된 국민부조법에 의거해서 모든 지방자치단체에서 의무적으로 실시되고 있다. 이에 소요되는 국가 및 지방자치단체의 예산지출액 규모 또한 입소시설에 소요되는 비용만큼이나 크다.

서비스 내용에 대해서는 정부가 가이드라인을 설정해 놓고는 있으나, 합리성이 인정되는 범위 내에서 지자체에 재량권을 부여하고 있기 때문에 지역 간 서비스의 내용은 큰 차이를 보이고 있다. 또한 재정적 부담을 줄이기 위해 케어워커들이 가사지원서비스를 제공하기보다는 단순한 정보제공이나 다른 서비스기관에 연계해 주는 등 노인의 권익옹호적인 성격으로 변모하는 경향을 나타내는 지자체도 적지 않다.

가사지원을 해야 할 대상자인지, 그렇지 않은 대상자인지에 대한 판단기준도 지자체에게 재량권이 위임된 상황이므로 많은 지자체가 노인부부가구 또는 자녀와 동거하는 노인가구를 서비스 대상에서 제외시키는 경우도 많다. 현재 영국에서 가사지원을 받고 있는 비율은 독거노인의 경우는 20% 내외로 이들만이 공적인 서비스를 받고 있고, 노인부부 또는 자녀와 동거하는 노인의 경우는 4%만이 서비스를 받는 실정이다. 그러므로 정부의 가이드라인에 의한 홈케어 달성률은 여전히 저조한 실태여서 욕구의 불충족(unmet need) 상태가 문제로 부각되고 있다.[6)]

재가서비스에 대한 비용징수에 관해서는 1983년에 제정된 사회서비스 및 사회보장재량법(Social Services and Social Security Adjudication Act)에

6) 영국은 시설보호에 대한 수용을 줄이기 위한 목적으로 재가서비스를 강화하는 여러 가지 프로그램을 운영하고 있지만 예산의 제약으로 소기의 성과를 거두고 있지 못하는 부분도 적지 않다. 예를 들어, 최근 예산부족으로 인한 기준 강화로 청소, 세탁과 같은 지원은 본인이 그 비용을 부담할 수 있는 경우가 아니면 더 이상 지방정부에 의해 지원되지 않고 있으며, 대부분의 가사지원도 과거에는 정액이거나 무료였던 것이 소득비례에 의해서 요금을 징수받고 있고, 그 액수도 점진적으로 인상되고 있다. 더구나 일정한도 이상의 재산을 가지고 있는 노인은 지방정부가 부담하는 어떠한 서비스도 받지 못한다.

의거한다. 이 법에서 지방자치단체는 합리적이라고 인정되는 범위 내에서 소요비용을 징수할 수 있다(제17조)고 규정하고 있다. 이는 지방자치단체가 비용징수에 대한 재량권을 부여받고 있음을 의미하는 것이다. 따라서 서비스에 대한 비용을 균일요금으로 할 것인가, 소득수준에 따라 차등 징수할 것인가, 그렇지 않으면 무료로 할 것인가의 재량권은 지방자치단체에 있다.

그러나 동법(제17조 제3항)에는 저소득 노인에 대한 보호규정을 두고 있기 때문에 지불능력을 초과해서 요금을 징수하는 경우는 거의 없다고 보아야 한다. 그러나 만일 서비스 이용자가 지불능력을 갖고 있음에도 불구하고 지불을 기피한다면 지자체는 금전채무소송(civil action in debt)을 통해 비용을 회수할 수 있다.

1. 홈케어서비스

홈케어서비스는 홈헬프서비스(home help service)로 호칭되기도 하는데, 그 유형은 크게 가사원조서비스와 신체수발서비스로 분류할 수 있다. 또한 가사원조서비스의 유형으로는 식사준비 지원, 청소와 세탁, 연금 등의 수취업무 대행, 장 보러 가는 일의 대행 등이 있고, 신체수발서비스는 식사하는 과정에서의 도움, 의복을 갈아입을 때의 도움, 목욕 또는 배설할 때의 도움, 보행 시의 도움 등으로 세분화할 수 있다.

홈케어서비스의 주된 이용자로는 스스로 몸을 돌보기 힘든 고령후기 노인, 국가로부터 공적부조를 받는 노인, 사회적으로 낮은 계층의 노인들이다. 그러나 이들 중 많은 노인이 충분한 서비스를 받고 있지 못하다. 특히, 도시 이외의 지역에 거주하는 경우는 서비스 수급상태가 더욱 열악하다.[7]

지방자치단체의 주관 또는 지도하에 이루어지고 있는 이러한 홈케어 사업은 종전에는 가사원조서비스가 중심이었으나, 최근 수발 또는 간병을 필요로 하는 고령후기 노인이 증가함에 따라 신체적 보살핌을 요하는 노인대상 서비스에 중점을 두는 경향을 보이고 있다. 그리고 이전에는 이러한 사업의 많은 부분을 지방자치단체가 직영하였으나, 1980년대 이후부터는 민간단체에 위탁하는 경향이 두드러지게 나타나고 있다.

그러나 아직도 지방자치단체가 직영하는 홈케어 사업도 많다. 최근 노인에 대한 대인서비스의 필요성이 크게 증가하고 있기 때문에 민간부문의 역할만으로는 수요를 감당해 낼 수 없기 때문이다. 최근에는 야간근무체제의 운영 또는 온콜(on call) 방식에 의해 지자체가 직영으로 24시간 홈케어를 실시하는 사례도 있고, 가사원조서비스의 일부를 동네의 청소원이나 구멍가게 주인에게 위탁하는 방식으로 해결하는 사례도 있다.

지방자치단체의 홈케어서비스를 위한 조직은 지역에 따라 각기 다르다. 그러나 일반적으로 지방자치단체에는 홈케어서비스 업무 전체를 통괄하는 책임부서가 있고, 그 밑에 수명의 지역단위별 관리자가 있으며, 말단에는 홈케어러(home carer)들이 배치되어 있다. 민간부문에 있어서는 노인 관련 비영리 또는 영리단체들이 지방자치단체로부터 위탁을 받아 홈케어 프로그램을 운영하고 있는 경우도 있다.

특히 커뮤니티케어 관련법이 제정된 이후 민간영리단체의 홈케어서비스 진출이 급격히 증가하고 있다. 이 분야의 사업을 하고 있는 영리단체 중 많은 단체가 가정봉사원(home helper) 프로그램을 운용하고 있고, 대부분 시간단위 요금으로 이용자의 욕구를 충족시키는 방식의 서비스를 제공하고 있다. 그리고 이들 대부분은 영세업자들이라는 특징을 지니고 있다. 그러나 민간영리단체 중에는 간호사 및 간병인을 가정으로 파견해서 전문적인

7) 홈케어서비스와 관련해서 논란이 되는 점은 좀 더 많은 노인에게 간단하고 기본적인 서비스만을 제공할 것인지, 아니면 좀 더 적은 규모의 노인들에게 강도 높은 서비스를 제공할 것인지의 선택의 문제다(한정된 재정). 그런데 영국은 1995년 이후부터 보다 적은 수의 노인에게 더 많은 시간을 투입하는 방향으로 정책전환을 하고 있고, 이러한 서비스의 대부분은 지방자치단체가 제공하고 있다. 최근 영리를 목적으로 하는 단체와 자원봉사단체의 활동이 증가하였음에도 불구하고 지방자치단체는 전체 홈케어서비스의 80% 이상을 점하고 있다.

간병서비스를 제공하는 업체도 있다.

2. 주간보호와 단기보호

노인홈이나 요양시설 중에는 간병 또는 재활을 필요로 하는 고령후기 재가노인을 대상으로 수발 또는 기능회복훈련 등의 서비스 제공을 목적으로 단기보호용 병상을 확보하고, 재가노인들로 하여금 단기간 시설에서 재활을 받을 수 있는 기회를 제공하는 단기보호(short stay service) 프로그램이 있다. 요양시설 등은 병상이 빈 경우에 재가노인을 위해 활용하는 것이 재정적인 면에서 도움이 되기 때문에 시설운영자들은 입소정원이 차지 않았을 경우 재가노인을 위한 간병서비스 프로그램을 적극 활성화시키는 경향이 있다.

고령후기 노인들의 대부분은 배우자를 상실한 상태에서 혼자 사는 독거노인들이다. 이들 대부분은 고립감, 고독감, 무료함 등을 느낀다. 주간보호센터(daycare center)에서는 이러한 재가노인들을 대상으로 음악, 그림 그리기, 카드놀이, 노래 부르기, 사교댄스, 빙고 등 각종 레크리에이션 프로그램을 실시한다. 뿐만 아니라 노쇠현상이 심해서 사회활동이 자유롭지 못한 노인들을 대상으로 기능회복훈련, 물리치료 또는 목욕서비스 등의 프로그램을 진행한다. 특히, 교회 등에서 운영하는 주간보호센터 중에는 노인들에게 말벗이 되어 주는 좋은 이웃 서비스(good neighbor service)가 있으며, 노인들에게 소풍의 기회를 제공하기도 한다. 주간보호센터는 지방자치단체가 운영하는 것도 있지만 대부분은 비영리민간단체, 병원이나 요양시설 등에 의해서 운영된다.

3. 배식프로그램

영국에서는 노인을 대상으로 하는 배식서비스가 매우 활성화되어 있다. 고령후기 독거노인들은 스스로 취사를 하는 데 어려움이 많다. 따라서 영국에서는 이러한 노인들을 대상으로 노인의 자택으로 하루에 한 번씩 도시락을 배달하는 프로그램을 지역단위로 운영하고 있다. 영국에서 노인들을 대상으로 배식서비스를 하고 있는 가장 규모가 큰 비영리 민간단체는 왕립여성자원봉사회(Women' s Royal Voluntary Service: WRVS)다. 제2차세계대전 중인 1943년부터 노인을 위한 각종 봉사활동을 해 오고 있는 이 단체는 현재 전국적으로 6만 8천여 명의 자원봉사자들에 의해 연간 150만 식의 배식서비스를 실시하고 있다. 이는 영국 전체 배식서비스의 약 50%에 해당한다.

4. 이동서비스 · 상담조언서비스

이동서비스는 보행에 장애가 있는 재가노인에 대해 병원출입 또는 장 보러 갈 때에 교통편의를 제공하는 서비스다. 이 서비스는 지방자치단체가 직접 운영하기도 하고 민간단체에 위탁해서 운영하기도 한다. 이 프로그램을 이용하고 싶은 노인은 사전에 예약을 하고 서비스를 받으면 된다. 주간보호센터나 병원 등의 시설에서도 해당시설을 이용하는 노인들을 대상으로 이동서비스를 실시하고 있다. 지방자치단체 중에는 노인들에게 택시나 시내버스 무료승차이용권을 발부해 주는 곳도 있다.

재가노인을 대상으로 하는 각종 상담과 조언, 정보제공 등에 관한 업무는 지방자치단체에 있는 사회복지사에 의해 수행되고 있다. 사회활동에서 은퇴한 지 오래된 고령후기 노인들의 경우는 국가에서 제공하는 각종 복지서비스 프로그램에 대한 정보에 밝지 못해 자신이 필요로 하는 도움을 제대로 제공받지 못하는 경우도 많다. 따라서 고령후기 노인을 위한 상담조언서비스는 일상생활을 영위해 나가는 과정에서 반드시 필요하다. 지방자치단체에 배치되어 있는 사회복지사들은 노인들이 모이는 데이센터나 런치클럽까지 찾아가서 상담 또는 조언을 해 주기도 한다.

한편 병원에 배치된 사회복지사는 입원 중인 환자에 대해 상담을 하지만 환자가 퇴원한 이후에도 일정 기간 상담 또는 조언업무(follow up)를 수행한다. 비영리단체에 의해서 지역단위로 설치 · 운영되고 있는 시민상담소(Citizen' s Advice Bureaux)에서도 노인들을 대상으로 상담 또는 조언업무를 하고 있다. 시민상담소에서 노인을 위해 제공하는 서비스 중에는 각종 사회보장급부와 관련된 서비스, 법률문제에 대한 폭넓은 상담 또는 조언 등이 있다. 영국에서 이와 관련된 사업을 가장 많이 하고 있는 비영리 민간단체로는 Age Concern과 Help the Aged 등이 있다.

5. 노인복지용구의 대여서비스

NHS에서는 보행보조기, 보청기, 휠체어 등을 필요로 하는 노인에게 대여해 주는 사업도 하고 있다. 이러한 의료용구는 의사에 의해 필요한지의 여부를 평가한 후 대여 여부가 결정된다. 휠체어를 단기간만 이용하고자 할 때는 적십자사 또는 비영리단체가 무료로 대여해 주기도 한다. 고액의 휠체어를 구입하고자 하는 자에 대해서는 NHS가 구입비의 일부를 보조해 주기도 한다. 휠체어를 이용하는 노인이 자택에서 생활하는 경우 해당노인이 자택 내에서 자유로운 이동이 가능하도록 주택의 일부를 개조해 주기도 한다. 노쇠현상이 심한 고령후기 노인들의 경우는 신체활동이 자유롭지 못하기 때문에 일반주택에서 생활하는 데 많은 어려움이 있다. 그래서 영국에서는 이러한 노인을 위해 지방자치단체가 핸드레일의 설치, 단차의 해소, 미끄럼 방지를 위한 바닥재의 변경, 약식변기의 교체 등을 해 주고 있다.

제4절 노인의 시설보호서비스

1. 지방자치단체의 권한과 의무

1948년에 제정된 국민부조법(제21조)에 의하면, 지방자치단체의 사회서비스국은 노인 중 시설입소 이외의 다른 방법으로 보호받을 수 없는 노인의 경우 시설에 입소시킬 수 있다고 규정하고 있다. 이것은 물론 공영시설에 대한 입소규정이기는 하지만, 당사자가 민영시설에 입소를 원할 경우에 지방자치단체는 민영시설 입소를 알선해 주기도 한다.

지방자치단체는 시설의 위생상태, 의료와 간호서비스 등 국민보건서비스 제공의 실태, 그리고 레크리에이션이나 생활필수품 제공의 서비스 상태에 관한 점검 또는 시정명령의 의무가 있고, 입주자로부터 입소비용을 징수할 의무도 있다. 그러나 1993년부터 요양시설에 한해서는 지방보건당국(The District Health Authority)이 그 등록 및 감독의 권한을 행사하게 되었다.

영국은 지난 수십 년간 재가노인복지에 중점을 두어 왔음에도 불구하고 시설보호(residential care)의 수요는 좀처럼 줄어들지 않고 있다. 시설보호는 노인들에게 독립성의 상실, 개인적 자유의 제한 등을 가져다줄 수는 있으나, 신체적 보호의 안정성이라는 측면과 공동생활을 통해 고독, 고립감 등을 어느 정도 해소할 수 있는 장점을 갖는다. 영국의 노인입소시설 현황을 살펴보면 매년 증가추세에 있으며, 1995년 현재 노인요양시설, 노인홈, 노인보호주택 등을 모두 포함해 22만 4천 개소에 이르는 것으로 나타났다(〈표 4-1〉 참조).

많은 노인은 신체적 노쇠현상이 심한 경우라 하더라도 가급적이면 시설

〈표 4-1〉 경영주체별 노인입소시설 수 (단위: 1,000개소)

연도	지역자치단체			민간영리	민간 비영리	합계
	합계	직영	비영리			
1975	109.7	95.1	14.6	18.8	22.5	151.0
1980	118.8	102.9	15.9	28.8	22.5	173.1
1985	110.0	101.5	8.5	66.1	25.8	201.9
1990	104.6	100.6	4.0	88.0	25.5	217.5
1995	98.0	94.0	4.0	102.7	24.0	224.7

출처: DHSS(2000). *Health and personal social services statistic for England*. HMSO.

에 입소하지 않고 계속해서 자택에 머물러 있기를 희망한다. 그러나 가족들이 노인을 돌보기 위해 직장을 그만둘 수는 없는 입장이다. 그러므로 노인들 중에는 시설입소를 원하지 않지만 시설에서의 생활을 감수할 수밖에 없는 경우도 있다.

현재 영국 전체 노인 중 요양시설에서 생활하고 있는 비율은 4%를 초과하고 있다. 85세 이상에서는 다섯 명 중 한 명꼴로 시설에서 생활하고 있다. 1980년 이후부터는 민간영리단체에서 운영하는 시설이 급격히 증가하고 있는데, 이는 1982년 무주택노인 대책의 일환으로 사회보장성이 보충급여(supplementary benefits)의 성격을 띤 식사 및 숙박수당(board and lodging allowance)의 급부액을 대폭 인상한 것이 그 원인이다(Victor, 1997).

시설에서 보호받고 있는 노인들의 대부분은 80세 이상의 여성과 중증장애를 가진 노인들이다. 가정에서 보살펴 줄 사람이 있는 노인의 경우는 시설입소를 덜 하게 된다. 그러한 관점에서 배우자가 있는 남성노인은 일반적으로 여성노인보다 시설입소 비율이 낮지만, 배우자와 사별했을 때는 가사를 이유로 시설입소를 선택하는 경우가 발생한다.

보호시설의 유형은 노인요양시설과 노인홈 두 가지가 있다. 그리고 노인을 입소시켜 보호하는 시설은 운영주체에 따라 다음의 세 가지로 분류될 수 있다. 첫째, 사회보장법에 의하여 지방자치단체가 요보호 노인들을 입소시켜 보호하는 시설이다. 지방자치단체는 요보호 노인들이 자기 집에서 생활하는 것과 같은 좋은 환경을 보장해 주기 위해 시설의 구조, 직원의 배치, 서비스의 질 등에서 각별히 배려를 한다. 시설에 입소한 노인들은 지방정부가 정한 입소비용기준(표준율)에 따라 시설유지를 위한 비용을 시설 측에 지불해야 하는데, 정부가 정한 빈곤기준 이하의 저소득층에 해당하는 노인은 보다 적은 금액을 지불하도록 규정하고 있다. 노인은 누구를 막론하고 모두 사회보장법에 의하여 연금을 받고 있으므로 빈곤노인이라 하더라도 최저생계비를 지불할 능력은 있다.

둘째, 자선단체 또는 비영리 민간단체가 운영하는 시설이다. 이들 민간단체가 운영하는 비영리시설에 대해서는 사회보장법에 의해서 지방정부가 운영비의 일부를 지원해 주고 있다. 지방에 따라서는 지자체가 이러한 민간단체가 운영하는 시설에 요보호 노인들을 위탁하여 케어하는 경우도 많다.

셋째, 개인이나 기업체가 경제력이 있는 노인들을 대상으로 영리를 목적으로 운영하는 입소시설이다. 이러한 시설은 건축구조, 내부설비, 서비스의 질 등 모든 면에서 지자체나 비영리 민간단체에서 운영하는 시설보다 고급인 경우가 대부분이다. 그러므로 입주자들이 부담하는 비용도 결코 저렴하지 않다. 그럼에도 불구하고 최근 이러한 시설이 급격히 증가하는 추세에 있다.[8)]

2. 노인요양시설

노인요양시설(nursing home)은 상시 수발 또는 간병의 필요성이 높은

8) 영국은 1980년대 이후 노인에 대한 재가서비스를 강화함과 동시에 시설보호의 폭을 감축시키고자 하는 정책의 일환으로 요양시설 또는 노인홈 중 보건서비스 당국이나 지방자치단체 직영의 시설은 대폭 감소된 반면 민간부문에서 운영하는 시설, 특히 영리를 목적으로 하는 요양시설은 급격한 증가추세를 나타내고 있다.

노인을 입소시켜 보호하는 시설로서, 간호사 또는 간병인에 의하여 24시간 간병서비스를 제공한다는 것이 특징이다. 요양시설의 운영주체는 지방자치단체, 비영리법인, 영리단체들이고, 이들이 시설을 운영하기 위해서는 1984년에 재정된 노인시설등록법(The Registered Home Act)에 의거, 보건당국에 등록하여야 한다.

노인요양시설은 대부분 1인실로 구성되어 있지만 2인 공용의 시설도 있다. 시설 내의 공유면적으로는 라운지, 식당, 공용목욕탕, 각종 취미오락교실 등이 구비되어 있고, 직원은 간호사, 간호보조원, 조리사 그리고 사무직원 등으로 구성되어 있다. 시설에 근무하는 종업원은 의무적으로 국가자격증이 요구되지는 않지만 이들은 각기 전문지식의 연수를 위하여 대부분 다양한 교육 프로그램에 참가한다. 의사는 상근하지 않고 시설과 계약한 의사 또는 지역단위로 배치되어 있는 NHS 소속의 가정의(General Practitioner: GP)가 정기적으로 왕진한다.

노인요양시설 입소자에 대한 주간보호 프로그램은 앞에서 언급한 재가노인 대상 서비스 프로그램과 흡사하지만, 간호사나 물리치료사 등에 의한 간호와 의학적 기능회복훈련 프로그램이 추가된다는 점 등에서 차이가 있다. 시설에 입소하는 노인들은 종전에 자택에서 사용하던 가재도구를 가지고 들어오는 것도 허용된다.

입소정원은 시설에 따라 각기 다르다. 규모가 큰 시설은 200명 이상 수용하는 곳도 있지만 대부분의 시설은 50명 이내의 소규모 시설이고, 지역에 따라서는 10명 이내의 시설도 많다. 소규모 시설일수록 가족적인 분위기가 강하기 때문에 노인들이 선호한다.

1980년대 이후부터 영국에서는 민간기업이 영리를 목적으로 노인요양시설 운영사업에 진출하는 경향이 두드러지게 나타나고 있다. 그중에서도 BUPA Care Home 같은 기업체는 전국적으로 230개소 이상의 시설에 3,000여 병상을 보유하고 있기도 하다(DoH, 2004). 이 회사는 경영관리의 편의 때문에 시설당 약 100개 내외의 침상을 보유한 큰 규모지만, 시설 내에는 가정적 분위기를 살리기 위해 설계 단계에서부터 세밀한 배려를 하고 있다.

3. 노인홈

노인홈(old people' s home)은 국민부조법(1948) 제3부에 의거해서 설치되는 시설이기 때문에 일반적으로 제3부 시설(part III accommodation)이라고 불리기도 한다. 국민부조법에 규정되어 있는 입소조건에는 '노령, 쇠약 또는 환경의 이유에 의하여 다른 수단으로는 보호받을 수 없는 수발 또는 배려를 필요로 하는 사람들' 이라고 되어 있다.

그리고 정부지침에는 노인홈의 입소자격을 더욱 구체적으로 명시하고 있다. 정부지침으로 명시한 노인홈의 입소자격조건은 ① 외부에서 충분한 지원이 있다고 해도 자택에서 독립적으로 생활하기에는 다소 어려움이 있고, ② 간호인력에 의해 지속적으로 항시 수발을 받을 필요는 없지만 자립생활에 문제가 있는 노인으로 규정하고 있다.

이를 좀 더 구체적으로 설명하면, 재가보호의 한계를 뛰어넘고는 있지만, 그렇다고 해서 24시간 계속 수발과 간병을 필요로 하는 상태는 아닌 사람들이다. 예를 들어, ① 옷을 갈아입거나 용변 또는 식사를 할 때는 타인의 도움을 필요로 하는 경우가 있으나 보행기구 또는 휠체어가 있으면 혼자서 이동할 수 있는 사람, ② 보조기구를 사용하고 있기는 하나 이동 시에 타인으로부터 부축까지는 받을 필요가 없는 사람, ③ 일시적 또는 지속적으로 정신이 혼란스러운 상태에 있으나 그렇다고 해서 정신의학적 간병까지는 필요로 하지 않는 사람이다. 그러므로 영국에서의 노인홈은 재가서비스와 요양시설서비스 중간 형태의 서비스시설로 규정될 수 있을 것이다.

노인홈 입소자의 대부분은 재가서비스에 의한 지원이 충분하면 자택에서 생활할 수도 있는 사람들이라고 볼 수 있다. 그러나 노인홈에 입주하고 있는 노인들의 대부분은 신체적인 조건이 원인이라기보다는 빈곤, 무주택, 사회적인 고립, 가족이나 친척들로부터의 가사지원 부족 등의 이유 때문에 시설에 입소하는 것으로 보인다.

국민부조법(1948)에서는 시설보조를 필요로 하는 노인에게 노인홈에 입소시키는 조치를 취하는 것이 지방자치단체의 의무임을 규정하고 있다. 그러나 노인들에 대한 이러한 서비스는 무료로 제공되는 것이 아니다.

노인을 수용하는 노인홈의 운영자는 1984년에 제정된 노인홈 등록법에 근거해 지방자치단체에 등록해야 한다. 과거에는 1948년에 제정된 국민부조법(National Assistance Act)에 의해서 노인홈을 지방자치단체가 직영하는 사례가 적지 않았으나, 1980년대 이후 보수당 정부가 민간부문 역할 확대정책의 하나로 지방자치단체가 운영하던 노인홈을 모두 비영리민간단체에 넘겼다. 뿐만 아니라 영리를 목적으로 하는 기업체들에게 이 분야 사업에 적극 동참하도록 유도하는 정책도 추진하고 있다.

노인홈의 입소정원은 시설에 따라 다소 차이가 있지만 대체로 가정적 분위기를 풍기는 소규모의 시설이 많으며, 40명 이상의 인원을 수용할 수 있는 시설은 그리 많지 않다. 노인홈의 내부구조는 거실 이외에 라운지, 데이룸, 공용식당, 공용욕실 등으로 이루어져 있다. 직원은 홈헬퍼, 조리사, 사무직원 등으로 구성되며, 입주자에게는 일상적인 심부름과 레크리에이션 등의 서비스가 제공된다.

제5장 | 노인의 주택정책

제1절 주거비급부제도 및 개조서비스

1. 주택정책의 발전과정

영국에서의 노인에 대한 주택정책은 노인들이 가급적이면 자신의 집에서 독립적으로 생활하도록 유도하는 것이 일반적이다. 대부분의 영국노인들은 자기소유 주택에 거주하고 있거나 또는 임대주택에서 생활하고 있다. 그러나 전체노인 중 7% 내외는 지방자치단체 또는 민간주택개발회사가 운영하는 노인주택에서 생활하고 있고, 4% 내외는 요양시설 또는 노인홈 등에서 생활하고 있다.

영국에서 노인용 주택건설에 관심을 갖기 시작한 것은 1940년대로 거슬러 올라간다. 1944년에 보건성이 작성한 주택 메뉴얼(Housing Manual)에는 주택의 필요성 및 실행방안 등이 제시되어 있다. 이것이 계기가 되어 1950년대부터는 각 지방자치단체들이 이와 관련된 조례를 제정하여 노인을 위한 보호주택(sheltered housing)을 건설하기 시작하였다. 이러한 주택정책에 큰 영향을 끼친 것은 타운센드(Peter Townsend)의 노인홈 조사결과가 밝혀진 이후부터다. 타운센드는 1957년부터 5년간에 걸쳐 전국의 노인홈 실태를 조사하고 그 결과를 「마지막 은신처(The Last Refuge)」라는 보고서를 통해 제시하였다. 그 내용은 다음과 같다.

노인홈 입주자들은 역할상실로 인한 무료함, 가족 · 친구 그리고 지역사회로부터의 단절, 인간관계가 제대로 이루어지지 않음으로 인한 고립감과 불안감, 프라이버시와 자율성의 상실, 자기결정부 상실의 문제점 등이 심각한 수준이므로 이들에게 인간다운 생활을 할 수 있는 새로운 형태의 주거가 마련되어야 한다고 주장하였다(HMSO, 2000).

한편 1960년대는 노인을 시설에 입소시키는 것보다 지역사회 내에서 보살펴야 한다는 정책이 강력히 추진되고 있던 시기였으므로 지방자치단체들은 노인을 시설에 보내지 않기 위해서 노인주택 건설에 적극적인 관심을 갖게 되었고, 1961년에 제정된 주택법에 의거해서 지방자치단체가 대량의 노인용 보호주택(sheltered housing)을 건설하기 시작하였다. 동시에 비영리 민간기구인 주택협회(Housing Association)가 노인용 주택을 건설할 경우에는 이에 대하여 보조금을 지급하였고, 따라서 민간단체가 공급하는 노인주택의 수도 증가하는 추세를 보이게 되었다.

노인용 주택인 보호주택의 보급은 노인에게 적절한 주거환경을 보장해준다는 측면도 있지만, 그들을 시설에 입소시키는 데 소요되는 비용보다 노인주택이 훨씬 저비용으로 노인들을 보호할 수 있다는 점이 입증되었기 때문이다. 자기소유의 가옥에서 생활하고 있는 노인들 중에는 주택을 유지 · 관리하는 데 소요되는 비용을 감당하기 어려워 보호주택으로 이동하는 경향을 보이기도 한다. 자기소유의 가옥에 대한 국가의 지원정책 중에는 가옥수리를 위한 보조금이나 융자금(renovation grant, disabled facilities grant), 주택수리를 위한 보조금(home repair assistance) 그리고 임대주택에서 생활하는 저소득 노인들에게는 주택임대료를 보조해 주는 제도 등이 있지만, 이러한 제도를 통해 도움받기를 원하는 모든 노인들의 욕구를 충족시켜 주지는 못하고 있는 실정이다.

거동이 불편한 노인들이 일반주택에서 생활하기 위해서는 주택 내부구조를 개조할 필요가 있다. 노인들을 위한 편의시설이 열악한 주택의 경우 사고 발생의 위험이 높기 때문이다. 한 조사에 의하면, 80세 이상 노인 중 50% 이상이 거실에서 카펫에 걸려 넘어지거나 손잡이가 없는 욕조, 희미한 전등, 불안전한 계단, 출입문의 문턱 높이 등으로 인하여 넘어진 경험이 있는 것으로 나타났다. 노인의 주거생활 지원과 관련된 업무는 지방자치단체 내의 주택개량사업소(Home Improvement Agency)가 담당한다(HMSO, 2000).

노인주거정책의 최근 동향을 살펴보면, 사회정책의 다른 분야와 동일하게 여기에서도 공공서비스를 줄이고 민간주거보호시설을 크게 확대하는 정책을 추구하고 있다. 2000년에 발표한 「주택녹서(Housing Green Paper)」에 의하면 주거서비스의 초점을 '질과 선택' 에 두고, 그 후속문서 「노인주거에 대한 질과 선택(Quality and choice for older people' s housing-A strategic framework)」에서는 노인주거시설의 목표를 노인들이 적절한 주택에서 자립생활을 유지할 수 있도록 보장하는 데 두고 있다(Department of the Environment, 2000).

2. 주택임대료보조제도

영국정부는 저소득 노인들 중 자기소유의 주택이 없어 임대주택에서 생활하는 경우 임대료의 부담을 덜어주기 위한 목적으로 주거급여(Housing

Benefits)제도를 실시하고 있다. 영국의 주거급부제도는 1971년 보수당 정부 시대에 주택개혁을 목표로 발표된 주택백서(Fair Deal for Housing)의 제언에 따라 1972년에 제정된 주택재정법(Housing Finance Act, 1972)에 근거하여 실시되기 시작하였고, 그 후 1979년에 집권한 보수당의 대처 정부가 1982년 사회보장 및 주택급부법(Social Security and Housing Benefits Act, 1982)을 제정하여 주택급부(Housing Benefits)와 주택보조금(Housing Grants)제도를 국가 정책으로 채택하였다. 그 이후에도 여러 차례에 걸쳐 주택임대료 보조와 관련된 정책은 수정 · 보완되어 왔다. 다음에 소개하는 주택급여의 주요 내용은 1992년에 제정된 사회보장행정법(Social Security Administration Act), 지방정부재정법(Local Government Finance Act, 1992) 그리고 사회보장성(DHSS) 산하의 사회보장급여청(Benefit Agency)의 자료를 중심으로 정리한 것이다.

1) 주거비 급여의 내용과 적용대상

주거비 급여는 임대료의 일부를 보조하는 제도이기 때문에 임대료를 지불해야 하는 사람이 임대료를 지불할 능력이 없을 경우 그 대상이 된다. 주택의 형태, 다른 급여를 수급받고 있는지 여부와는 관계가 없다. 즉, 공영주택에 입주하고 있는 저소득 노인들에게는 임대료를 감액 또는 무료로 제공하고 민간단체가 건설한 주택에서 생활하는 노인에 대해서는 국고부담으로 임대료를 보조해 준다.

급여액은 임차인이 지불하는 실임대료에서 비급여 항목을 공제한 액수다. 비급여 항목이란 임대료 등 주택을 점유하는 데 직접적으로 소요되지 않는 항목으로서 연료, 식비, 수도료, 차고 임대료 등이 포함된다.

2) 주거급여의 지급방법

공공주택에 거주하는 것과 민간주택을 임대하고 있는 경우는 주거급여

지급방법이 각기 다르다. 공공기관이 건설한 주택을 임대하고 있는 경우는 임대료 할인액(rent rebate)을 공제하고 나머지 임대료만 급여하는 방식을 취한다. 민간인 소유의 주택인 경우에는 세입자에게 임대수당(rental allowance)을 직접 지급하는 것이 원칙이기는 하지만 임차인이 원하거나 동의하는 경우에는 집주인에게 지급할 수도 있다.

3) 역저당 대부제도

역저당 대부제도란 노인들이 소유하고 있는 주택재산을 담보로 생활비나 주택수리비 등을 융자받는 대신 노인이 사망한 다음 주택에 대한 소유권을 넘겨주는 제도(home equity release scheme)다. 이 제도는 자기소유의 주택에 그대로 거주하면서 매월 정기적으로 자신이 필요로 하는 생계비를 지방자치단체로부터 지급받을 수 있기 때문에 많은 노인이 이용하고 있다.

노인들 중에는 자기소유의 주택은 있으나 생활비에 충당할 현금이 없기 때문에 자기소유의 주택을 매각하고 임대주택으로 이사가는 경우도 있지만, 역저당 대부제도를 이용해서 생계비를 충당하는 노인들도 상당수 있다.

3. 주택수리 및 개조서비스

영국의 주택수리 및 임대법의 취지와 주택수리비 보조금의 종류, 보수 또는 개조의 내용 등을 살펴보면 다음과 같다.

1) 주택수리 및 임대법

대부분의 노인들은 현재 살고 있는 집에서 떠나기를 주저하는 심리적 특성이 있다. 정부의 정책 역시 노인들로 하여금 현 거주지에 그대로 머물러서 생활할 수 있도록 하는 방향에서 추진되고 있다. 소위 커뮤니티케어의 이념이 바로 그것이다. 그러한 취지에서 발전한 것이 노인들이 살고 있는 주택에 대하여 개량 또는 수리를 지원하는 정책이다.

노쇠현상이 심한 노인들의 경우 자택에서 그대로 생활하기 위해서는 주택구조의 일부를 개조할 필요가 있기 때문에 이러한 정책의 필요성은 더욱 크다고 할 수 있다. 영국정부가 노인들이 거주하는 가옥의 주택수리 또는 개조에 대하여 보조금을 지원하는 정책을 본격적으로 펴기 시작한 것은 1954년에 주택수리 및 임대법(Housing Repair and Rents Act)을 제정한 이후부터라고 할 수 있다. 이 법은 노인들이 거주하는 주택의 목욕실과 실내수도 등 기본설비를 설치하기 위한 표준보조금(standard grants) 제공을 지방정부의 의무로 규정하였다.

1971년의 주택법은 보조금의 상한을 수리비용의 75%로 조정하는 등 노인주택수리사업에 대한 강한 의지를 나타냈다. 1979년 이후 보수당 정부는 노인주택 개량사업에 관심을 가지면서 1980년에 제정된 주택법을 통해 세입자, 자가 소유자 모두가 주택의 수리 또는 개조에 소요되는 보조금을 신청할 수 있도록 하였으며, 1982년에는 보수비용의 90%까지도 보조하였다. 하지만 이후 공공지출 삭감정책의 영향으로 이 제도의 유지를 위한 예산도 점진적으로 축소되었다.

1985년에 발표된 「주택개선: 새로운 접근(Home Improvement: A New Approach)」 지침에서는 주택의 유지 또는 보수에 대한 일차적 책임을 집주인에 두면서 보조금 신청 시 자산조사를 강조하는 등 보조금 예산의 지출을 억제하는 방안을 제시했다.

현재 주택수리 및 개량서비스 제공에 있어서는 지방정부가 중심적 역할을 수행하고 있다. 이러한 서비스는 주로 민간주택을 대상으로 제공되지만 자가소유 주택의 경우 소유자가 수리와 개량에 대한 책임을 지므로 특별한 경우에만 도움이 제공된다. 예를 들어, 소유자가 부담능력이 없으면서 낙후된 주택이 거주자의 건강에 심각한 위험을 주거나 이웃에게 부정적 영향을 줄 경우, 그리고 지역단위의 재개발 시행을 지원하기 위한 경우 지원을 받을 수 있다. 현재의 정책 방향은 1996년 주택보조금, 건설 및 재개발법(Housing Grant, Construction and Regeneration Act)에 의해 수급자의 자격이나 작업의 성격에 따라 다양한 보조금을 지급하고 있다(이영환, 2001).

2) 보조금의 종류

이 법에 의해서 지방자치단체로부터 수급받을 수 있는 주택수리비 보조금의 종류는 다음의 네 가지다. 첫째, 중간보조금(intermediate grants)으로, 이는 세면대나 화장실 등이 최저의 기준에도 미치지 못할 때 수리 또는 개량하는 경우다. 둘째, 특별보조금(special grants)제도로, 이는 그 목적이 중간보조금과 같지만 호스텔 등 공동주택의 경우에 해당한다. 셋째, 개량보조금(improvement grants)으로, 건축한 지 30년 이상 된 주택을 표준으로 개량할 경우 지급되는 보조금이다. 넷째, 보수보조금(repair grants)으로, 이는 1919년 이전에 건축한 주택에 거주하고 있는 노인에게, 그리고 지방세 과세액이 일정액 이하인 자기소유의 가옥을 수리할 필요성이 있을 때 보조금을 지급하는 제도다.

3) 보수 또는 개조의 내용

주택을 보수 또는 개조하는 과정에서 지방자치단체로부터 보조금을 받을 수 있는 내용으로는 ① 목욕실이나 화장실에 손잡이를 부착하는 등의 공사, ② 출입문의 불편을 덜어 주기 위한 보수공사, ③ 휠체어를 타고도 창문 밖을 내다볼 수 있도록 유리창 문턱을 낮추는 공사, ④ 계단의 단차를 줄이거나 휠체어 이동이 가능하도록 하는 개조공사, ⑤ 전기와 난방시설 등에 있어서 안전, 편리, 쾌적성 등이 조성될 수 있도록 하기 위한 공사, ⑥ 우편물 수취가 용이하도록 현관에 우편물 수취함을 설치하는 것 등이 해당된다.

제2절 노인보호주택

1. 노인보호주택의 건설 배경

영국의 노인주택을 대표하는 것 중의 하나는 노인보호주택(sheltered housing)이다. 노인보호주택은 1962년 타운센드의 반노인홈이론에 근거를 두고 노인에 대한 지나친 케어는 오히려 자립생활에 저해요인으로 작용할 염려가 있으므로 적절한 케어와 쾌적한 주거환경이 필요하다는 취지에서 개발되었다. 이러한 노인보호주택에는 주로 80세 내외의 노인들이 입주하고 있으며, 이들은 지역사회에서 제공되는 다양한 사회적 서비스 프로그램의 혜택을 받고 있어 시설보호의 대안적 역할을 하기도 한다. 노인보호주택에 거주하는 저소득노인들은 공적부조 프로그램에 의해서 주거비의 일부를 보조받을 수 있다. 저소득 노인들이 이러한 급여를 받기 위해서는 자산조사를 받아야 한다.

1960년대 이후 지방자치단체, 주택협회 등에 의하여 노인보호주택의 대대적인 개발 붐이 일어났다. 1960년대에서 1970년대에 건설된 노인보호주택의 수는 50만 호 이상에 이른다. 노인보호주택에 대한 폭발적인 붐이 일어난 것은 그 당시 재가노인복지 프로그램이 활성화되지 못한 상황에서 지역에 거주하는 노인들의 노쇠에 따른 장기 보호의 문제가 두드러지게 나타나고 있었기 때문이다.

그러나 당시의 형편으로는 극히 소수의 노인만을 요양시설에 입주시킬 수 있을 뿐이어서 근본적인 해결책을 강구하지 못하는 실정이었다. 또한 그 시기의 요양시설에서는 개인의 프라이버시가 거의 보장되지 못하였고, 이것은 노인들이 견디기 힘든 부분이었다. 그래서 그 대안 중 하나로 마련된 것이 노인보호주택이다. 그러나 1980년대 이후 지방자치단체에 의한 주택공급은 대폭 제한되었고 노인보호주택의 공급도 감소되었다. 1980년대에 연간 일만 호 이상이었던 노인보호주택의 신규공급이 점차 줄어들어, 1990년대 후반에는 연간 3,000호까지 감소하였다.

한편 1970년대 후반에까지 건축된 노인보호주택은 대부분 저소득층 노인들을 입주대상으로 하였다. 따라서 고소득층 노인들은 고령자용 고급주택에 대한 욕구가 강하였고, 이러한 욕구에 부응하기 위해서 1980년대 이후 영국에는 민간자본에 의한 고령자용 주택시장이 활기를 띠기 시작하였다. 여기에 해당되는 고령자용 주택은 은퇴주택(retirement housing)이라고도 불리는데, 이것은 노인보호주택과는 그 성격이 다르다(성규탁, 1997).[1)]

2. 노인보호주택의 유형

노인보호주택이란 고령자만의 집합주택, 관리인(warden)이 배치된 주택, 고령자를 위해 특별히 설계된 주택, 긴급 시의 통보시스템이 되어 있는 주택 등을 말한다. 이 중 한 가지 조건이라도 충족시키고 있으면 이를 노인보호주택이라고 할 수 있다.

이처럼 노인보호주택의 범위는 넓지만 제도상 세 가지 타입, 즉 유형 1, 유형 2, 그리고 유형 $2\frac{1}{2}$로 분류되어 있다(〈표 5-1〉 참조). 각 타입은 주거, 공용실의 종류, 제공되는 서비스의 정도, 집합 규모 등에 특징이 있다(성규탁, 1997).

1) 은퇴주택시장의 대상이 되는 것은 고소득층의 노인그룹이다. 이들 계층의 특징은 주택의 수준 그 자체에도 관심이 있지만, 그것보다는 자산의 보전, 의료보장 등의 부가적인 서비스에 더욱 많은 기대를 하고 있다는 점이다. 이러한 주거시설에서는 서비스 면에 있어서도 보호주택에서의 주택관리인 서비스와 같이 아마추어적인 것이 아니고 보다 전문적인 서비스를 기대할 수 있다. 이러한 고령자용 주택의 공급량은 최근 보호주택과는 대조적으로 급격히 증가하는 추세다.

〈표 5-1〉 노인보호주택의 분류 및 특징

분류	유형 1	유형 2	유형 2½
주거	독립주택 (방갈로 타입)	독립주택 (거실+부엌+욕실+화장실)	독립주택 (거실+부엌+욕실+화장실)
공용실		공용세탁실, 전화실	공용세탁실, 전화실, 식당, 주방, 개조욕실
서비스		긴급통보체계 +관리인	긴급통보체계+복수관리인 (24시간 대기) + 최저 1일 1회 식사서비스
집합 규모	10~20가구	20~30가구	40가구 정도

출처: 성규탁(1997). 영국의 고령자주택 정책의 현황과 과제. **노인복지정책연구총서**, 6, 67-109. 한국노인문제연구소.

1) 유형 1: 독립주택

유형 1은 고령자를 위하여 특별히 설계된 방갈로식(bungalow type) 또는 플랫형(flat type) 주택이다. 주택 이외의 서비스 제공은 부가적인 것으로 간주되어 있고, 주택관리인 배치가 없으며, 어디까지나 고령자가 자립적으로 생활하는 것을 원칙으로 한다.

주거설계는 주택으로서의 독립성이 중시되는 것은 말할 것도 없고, 고령자에 적합한 설계로 가동용이성(mobility) 확보가 가장 중시된다. 지팡이, 보행기, 휠체어 등의 기구를 사용하는 고령자라 할지라도 도로에서 현관까지 용이하게 접근할 수 있을 것, 복도나 출입구의 넉넉한 공간 확보 등이 설계상의 포인트다. 이러한 유형의 집합 규모는 20가구 정도까지로 되어 있다.

2) 유형 2: 주택관리인 배치의 집합주택

유형 2는 고령자를 배려하여 설계된 주택으로 이루어진 집합주택이라는 특징 이외에 주택관리인이 배치된 유형의 주택이다. 주택관리인은 노인과 동일 주거동에 거주하는 이웃으로서, 고령자의 일상적인 보호나 긴급 시에 대응을 한다. 주택관리인에 의한 서비스가 추가되는 것이 유형 1의 보호주택과 크게 다른 점이다. 주택관리인의 업무인 긴급통보의 송수신이 가능하도록 각 거주자의 주거와 관리인의 주거는 긴급통신장치로 연결되어 있다.

3) 유형 $2\frac{1}{2}$: 관리인 및 식사서비스

이 유형은 유형 2와 노인홈(part III accommodation)의 중간적 성격의 보호주택이다. 유형 2의 주택관리인에 의한 서비스 이외에 하루에 1식 이상의 식사서비스를 제공하는 점이 다른 유형의 노인보호주택과 다르다.

유형 $2\frac{1}{2}$은 이러한 두 유형의 중간에 해당되는 것으로, 유형 2 입주자의 신체적 악화에 대처하여 서비스의 수준을 높인 것이다. 그러므로 유형 $2\frac{1}{2}$은 원칙적으로는 어디까지나 독립주택 취급을 받고 부대적인 조건으로는 주택관리인 이외에 식사 서비스 등 시설적인 성격의 서비스 체제가 구비되어 있다.

공용공간으로는 식사를 위한 주방과 식당의 설비가 필수적이다. 그러나 식사 횟수는 하루에 한 끼에서 세 끼 모두 제공하는 등 여러 가지 형태가 있다. 그 내용에 따라서 식당이나 주방설비의 정도는 달라진다. 또한 건강상태가 중증인 노인 입주자를 위하여 전용욕실이나 긴급 시에 이용할 수 있는 특별간병실을 설치하는 경우가 많다.

주택관리인은 1인 체제가 아니고 복수의 주택관리인이 교대제로 하는 것이 일반적이다. 따라서 주택관리인이 입주하는 것이 아니고 숙직근무하는 사례가 많다. 또한 식사제공을 위한 전문직원도 필요하다. 이러한 간병서비스(care service) 체제로 볼 때 집합규모는 40호 정도가 적당하다고 한다. 연령이 더 높아지는 경우라도 급성질환 또는 간병인을 항시 필요로 하지 않는 입주자는 노인홈에 이주시킬 필요 없이 이 체제로서 대응할 수 있다.[2)]

노쇠현상이 심한 노인용 보호주택은 아직 실험단계이며 이것을 널리 보급할 것인지에 대한 결론은 얻지 못하고 있다. 여하튼 영국의 노인에 대한 주택정책은 노쇠 정도에 따라 단계별로 주거를 옮겨야 한다는 개념을 채택하고 있다. 요약하면, 신체적 노쇠에 따라 일반주택에서 처음에는 유형 1 노인보호주택으로, 그리고 유형 1 노인보호주택에서 유형 2 노인보호주택으로, 다시 유형 2 노인보호주택에서 노쇠현상이 심한 노인용 보호주택으로, 또 다음에는 노인홈, 요양시설, 노인병원 등의 순서로 주거를 이동하게 되는 과정이 영국의 노인보호체계라고 할 수 있다([그림 5-1] 참조).

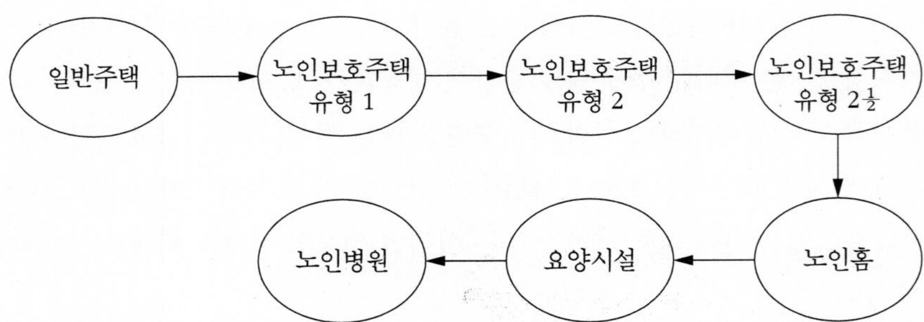

[그림 5-1] 건강상태에 따른 노인주거의 이동순서

출처: 성규탁(1997). 영국의 고령자주택 정책의 현황과 과제. **노인복지정책연구총서, 6**, 67-109. 한국노인문제연구소.

2) 노인보호주택 유형 2½은 어떤 의미에서는 노인홈이나 요양시설과 비슷한 성격의 기능을 수행한다. 그러므로 사람들 중에는 보호주택을 요양시설로 착각하는 경우가 종종 있다. 영국의 노인대상 서비스 정책은 신체적 장애가 있거나 노쇠현상이 심한 노인의 경우라 하더라도 가급적 시설에 수용하기보다는 보호주택에서 생활하도록 도와주어야 한다는 정책적 배려에 의해서 개발된 산물로 보아야 한다. 이러한 주택의 건설은 요양시설 입소노인을 감축시키는 효과를 기대할 수 있다.

3. 입주노인의 특징

전형적인 주택협회의 하나인 앵커주택협회(Anchor Housing Association)가 관리하는 보호주택에 입주하고 있는 노인들은 70대 후반 이상의 미망인으로 중년의 자녀가 한두 명 있다. 남편과 사별하게 된 시기는 입주직전인 경우와 훨씬 이전부터 혼자된 경우가 거의 반반이다. 보호주택은 공영제가 대부분이고 입주자 역시 이전부터 일반인을 대상으로 하는 임대용 공영주택에 거주하여 왔던 비교적 저소득층 노인들이 많다.

노인보호주택에 입주하는 주된 이유는 다음과 같다(성규탁, 1997). 첫째, 배우자와의 사별이나 건강상의 문제다. 배우자와의 사별로 고독감을 갖게 되거나 건강이 약화되면 보호받을 수 있는 환경을 찾게 된다. 특히 홀로된 여성의 경우에는 방범 등의 안전을 이유로 입주를 희망한다. 둘째, 친족이나 친구 문제다. 영국의 노인들은 일반적으로 성인 자녀와 동거하지 않는다. 노인들은 지금까지 알고 지내 왔던 친근한 사람들과 가까이에서 살기를 바라는 경향이 있다. 이런 경우에는 종전 주택 인근에 있는 보호주택으로 이전을 하게 된다. 셋째, 종전까지 살아 왔던 주택의 문제다. 종전 주택의 유지 · 관리가 어렵거나 계단이나 문턱 높낮이 등 건축설계상 문제점 때문에 보호주택에 입주하는 것이 불가피하게 되는 것이다. 주택의 입지여건 역시 이주의 커다란 요인이 될 수 있다. 편의시설 이용, 교통편, 지형의 문제 등으로 종전 주택에서 혼자서 생활하기 어려워지기 때문에 이주하게 되는 것이다.

4. 주택관리인과 경보장치

노인보호주택에서 주택관리인(warden)의 신분은 비전문적인 직원이고 기본적인 업무내용 역시 입주자로부터의 긴급통보에 대한 대응과 입주자에게 문제가 발생하였을 때 관계기관에 연락 및 조정하는 일이다. 고령자가 가사원조나 신체적인 보호를 필요로 하게 된 경우에 그런 서비스를 제공하는 다른 기관에 연락하거나 서비스를 받기 쉬운 환경으로 정비할 뿐, 거주자의 가사원조나 보호에 직접 개입하지 않는다. 노인보호주택에서 주택관리인의 일상적인 기본업무는 주로 다음과 같다(성규탁, 1997).

- 임대료 보조금 수급에 관한 입주자의 문의응답
- 지역사회서비스 사무소에 연금, 생활보조금, 간호수당 등에 관한 전반적인 문의응답
- 지역 간호사나 의사와의 연락
- 입주예정자 접수업무 및 주택수리 등에 관한 전반적인 문의응답
- 입주자가 홈헬프서비스를 받을 수 있도록 지역 홈케어 사무소와의 연락
- 입주자가 이용할 수 있는 서비스를 소개하고 실제로 이용할 수 있도록 도와주는 일

일반적으로 주택관리인의 근무시간은 일주일에 39시간 정도다. 그 시간을 초과할 필요가 있는 경우나 신체적으로 쇠약한 고령자가 많은 경우에는 교대제나 복수의 주택관리인 체제를 택하는 경우가 많다. 그러나 신체가 쇠약한 고령 입주자가 너무 많을 때는 주택관리인의 업무를 벗어나는 경우가 생기고 그 때문에 관리인이 부족하게 되는 문제가 발생하기도 한다.

그러므로 긴급통보체제를 구축하는 등의 움직임이 자치단체에 의하여 구체화되고 있다. 그러한 경우에는 주택관리인을 상주가 아닌 순회방문 시스템으로 대처하는 방법도 검토되고 있다. 영국에서는 이러한 간호보조원(care staff) 등의 인적자원을 확보하기가 매우 어렵기 때문에 그 해결책으로 대학에서 전문교육을 실시하거나 주택관리인을 전문화할 움직임도 보이고 있다.

노인보호주택의 또 하나의 특징은 주택 내 경보장치가 설치되어 있다는 것이다. 보호주택에 거주하는 고령자들은 긴급사태가 발생하여 타인의 도움을 필요로 할 때 이 장치를 이용한다. 거실마다 설치되어 있는 경보장치는 관리인의 거실과 연결되어 있어 만일의 사태가 일어나면 관리인이 즉시 노인의 주거로 달려갈 수 있도록 되어 있다. 보호주택의 규모가 약간 큰 경우는 관리인이 무전기를 휴대하기도 한다.

고령자들은 불의의 사태에 잘 대처할 수 있을 것인지에 대해서 항상 불안감을 갖고 있으므로 그러한 장치가 실제로 이용될 경우가 적다 하더라도 그들이 일상생활을 해 나가는 데 안정감을 줄 수 있다는 측면에서 유용하다. 최근 일부 전문가 중에는 경보장치의 효력에 대해서 의문을 제기하는 경우도 있다. 즉, 경보장치가 긴급사태에 대처하는 기능을 제대로 수행할 수 있을 것인가에 대한 의문이다. 예를 들어, 고령자에게 심장마비와 같은 긴급사태가 일어났을 경우 그가 과연 경보장치를 가동시킬 수 있을 것인지, 또 경보장치를 통해서 구호요청 신호를 보냈다 하더라도 관리인이 귀가한 후인 야간일 때에는 어떻게 할 것인지의 문제가 생긴다. 그러므로 야간에 일어나는 문제에 대해서는 경보장치의 집중관리 시스템에 의해서 해결하는 방법을 택하는 곳이 적지 않다. 관리인의 거실뿐만 아니라 건물 내의 전 거주자에게 경보신호가 울릴 수 있도록 장치함으로써 외부의 도움을 받을 수 있도록 하는 것이다(성규탁, 1997).

제6장 | 노인의 보건서비스

제1절 국민보건서비스 정책의 발전과정

1. 국민보건서비스의 개요

영국의 의료보장은 전 국민을 대상으로 예방에서 재활에 이르기까지 포괄적인 보건서비스를 조세에 의해서 무료로 제공하는 것을 원칙으로 하는 국민보건서비스 방식을 채택하고 있다. 국민보건서비스는 국가에서 운영하는 사회화된 보건보호체계로서 보건서비스를 제공하는 시점에서부터 모두 무료다. 물론 무료가 아닌 예외의 경우도 있기는 하다. NHS 병원 내에 있는 사설병상에 의한 보건보호, 의료상 사유가 아니면서 넓은 병상을 이용하는 경우, 치과보철, 안경 등은 비용을 지불해야 한다. 영국의 국민보건서비스 방식은 독일이나 프랑스 등 유럽대륙에서 채택하고 있는 사회보험 방식과는 엄연히 구분된다.

영국의 병원은 대부분이 국영이고 의사를 포함한 종업원 모두가 공무원이다. 일반 가정의는 공무원 신분은 아니지만 국가로부터 위탁계약에 의해 진료에 대한 보수를 받고 있다. 1980년대에 접어들면서 75세 이상 노인에 대해서는 의료진이 가정으로 방문하여 검진하게 하는 등 예방과 1차 보건이 강화되었다. 노인보건에 대한 정책적 관심은 노인의료비가 다른 연령층에 비해서 크게 높기 때문이다. 실제로 65세 이상 노인을 위한 의료비는 국민 전체 의료비의 38%선을 상회하고 있다(이영찬, 2000).[1] 의료서비스 기능의 효율화라는 관점에서 1990년 이후 의료서비스의 내부시장(internal market)제도를 도입하는 등 시장원리를 채택하고 있다고는 하지만, 아직도 체제의 기본적인 골격은 크게 변하지 않았다.

영국에서의 노인에 대한 보건서비스와 관련된 사항을 이해하기 위해서는 이 나라의 보건제도의 윤곽을 어느 정도 파악할 필요가 있다. 따라서 여기서는 노인을 포함한 전 국민을 대상으로 하는 국민보건서비스와 관련된 사항에 대해서 언급해 보기로 한다.

2. 국민보건서비스의 발전단계

영국정부가 국민들의 건강문제에 본격적으로 관심을 가지기 시작한 것은 산업혁명 이후인 19세기 중반부터다. 산업혁명의 결과로 나타난 도시개

---

1) 노인은 노인병과(geriatrician)의 주요한 고객임은 말할 것도 없지만, 그 외에도 내과, 외과, 정형외과, 비뇨기과 등에서도 가장 빈도가 높은 고객이다. 노인에 대한 병원보호정책은 장기입원(long-stay hospitals)을 줄이고 가급적이면 이들을 지역사회에서 보호하도록 하자는 것이다. 영국이 이러한 정책을 펴게 된 동기는 일부 노인들의 경우 지속적으로 의료보호를 받을 필요가 없는 경우에도 계속 입원하는 사례가 있고, 또한 의료비에 대한 재정부담을 경감시켜 보자는 정책적인 배려 때문이다.

발과 공장난립에 따른 하수시설의 미비, 그로 인한 각종 전염병이 만연하게 되었고 이로 인해서 높은 사망률을 나타내기도 하였다.

영국정부는 이와 같은 문제점에 대처하기 위해서 1848년에는 공중위생법(Public Health Act)을 재정하여 수원(水源)의 정화대책을 수립함과 동시에 위생감시원제도를 실시하기도 하였다. 그 후 1875년에는 기존의 공중위생법을 대폭적으로 개정하여 중앙 및 지방정부에 위생행정 담당부서를 설치하고 지역단위로 전담 의사를 배치하는 등 일련의 대책을 강구함으로써 각종 전염병의 발생률을 대폭 감소시키기에 이르렀다(Abel-Smith, 2000).

20세기에 진입하면서 의학기술의 향상과 때를 같이하여 국민에 대한 보건서비스 정책도 비약적으로 발전하기 시작하였다. 1912년에는 국민보건보험법(National Health Insurance Act)이 제정되어 직장근로자는 남녀를 불문하고 모두 이 법에 의무적으로 가입하도록 하였다.

그러나 이 제도는 고용주와 피고용주, 그리고 정부가 공동으로 불입한 기금으로 가입자가 의료혜택을 받을 수 있도록 되어 있었지만, 그들의 부양가족에게는 보험이 적용되지 않았기 때문에, 결과적으로 전체인구의 70% 이상이 보험혜택을 받을 수 없다는 것이 문제로 지적되었다. 따라서 당시 보험에서 제외된 국민들은 개인적으로 의료비를 부담하든가 또는 민간부문에서 사적으로 조직된 의료상조조직(Voluntary Sick Club)에 의존할 수밖에 없었다(Abel-Smith, 2000).

제2차세계대전 중인 1940년대에 접어들면서 영국은 보건서비스에 대한 기존의 제도를 개선할 필요성이 있음을 인식하고 이에 대한 과감한 정책대안을 강구하기 시작하였다. 1942년 전 국민을 대상으로 모든 진료과목에 걸친 포괄적 보건서비스(Comprehensive Health and Rehabilitation Service) 제도의 창설을 제안한 베버리지 위원회의 보고서가 바로 그것이다. 이러한 제안을 받아들여 영국은 1946년 국민보건서비스법(National Health Service Act)을 제정하였고, 2년 후인 1948년부터 이 법이 실행에 옮겨졌다.

영국정부가 복지국가선포일(Appointed Day for the Welfare State)로 정

한 1948년 7월 5일부터 시행되기 시작한 국민보건서비스법의 주요 골자는 영국 국민의 육체적 · 정신적 건강을 향상시키고, 질병의 예방과 치료 등 복지적인 관점에서 종합적인 의료서비스를 제공하며, 이 법에서 별도로 규정한 일부 항목을 제외한 모든 의료서비스는 국가가 무상으로 제공하는 것 등이다. 병의 예방에서 재활(rehabilitation)에 이르기까지 포괄적인 보건서비스를 전 국민에게 보장해 주는 제도다. 우리나라와 같이 직장이나 지역 단위로 의료보험에 가입시키고 보험급부로서 의료서비스를 보장하는 방식이 아니고 조세재원으로 국민에게 보건의료를 제공한다.

또한 당시의 영국 국민보건서비스는 그 급부의 내용이나 대상 인구가 포괄적이라는 점에서 수요측의 사회화가 철저히 이루어지고 있었을 뿐만 아니라, 주요 병원은 모두 국유화하고 병원의 전문의사를 공무원화하는 등 공급 면에서도 사회화를 단행하였다. 이는 자본주의 사회에서 사회주의 체계를 구축하였다는 점에서 주목의 대상이 되기도 하였다. 이는 노동당정부의 국유화 이념 때문으로 생각할 수도 있지만, 그보다는 당시의 사회조류가 그러한 이상을 추구하는 경향을 띠고 있었기 때문으로 파악된다.

이러한 제도는 국민의 건강상태 개선에 크게 기여한다는 장점은 있었으나, 그 후 제도를 유지하는 과정에서 적지 않은 문제점이 제기되기도 했다. 그중 하나가 국민보건서비스와 관련된 행정체계였다. 국민보건서비스법에 의하면, 일반의료서비스(General Practitioner Services)는 보건성 산하의 지방행정위원회(Local Executive Council)에서 관장하고, 병원서비스(Hospital Service)는 보건성 산하의 지방병원위원회(Regional Hospital Board)에서, 그리고 일선에서의 보건업무와 관련된 행정(Local Health Authority Service)은 지방자치단체가 담당하는 등 행정체계가 각기 분리되어 독자적으로 운영되고 있었다.

이와 같이 1948년 국민보건서비스법 규정에 의한 행정체계하에서는 관련행정이 기능별로 각기 독립적으로 운영됨에 따라 실제로 서비스 업무를 집행함에 있어서 ① 부문별 연계가 제대로 되지 않았고, ② 서비스의 계획화 · 통합화에도 지장이 있었으며, ③ 예산의 낭비라는 문제도 있었다.

3. 국민보건서비스의 개혁

1970년대 이후 영국정부는 노인의 병원보호비용의 억제와 보호의 효율성을 강조하는 정책을 발전시켜 왔는데, 이러한 정책의 내용을 살펴보면 병원 병상 수 및 입원기간의 단축, 1차 보건기능의 강화 등이 있다. 고령후기 노인 및 만성질환 노인의 양적 증대 현상이 나타나고 있고, 이들 중 많은 노인이 장기간 병원에 입원하고 있었기 때문에 국가의 의료재정을 압박하는 요인이 되었다.

NHS가 1974년에 발표한 백서에 의하면, 80세 이상 고령후기 노인의 의료비는 16~60세까지의 연령층에 비하여 5.8배 더 지출되고 있었다. 따라서 보건의료비 감축을 위해서 노인에 대한 보건의료서비스는 가급적 1차 보호(primary care)기능의 강화를 통해서 해결하는 방안을 적극적으로 추진하기에 이르렀다. 이는 가정의(General Practitioner: GP)와 지역 간병인력의 역할 강화를 위한 다양한 프로그램의 운영으로 연결되었다. 영국의 국민보건서비스 지출은 1950년에는 GDP의 3.7%에서 1975년에는 5%에 이르렀다. 이는 총복지지출의 20%로서, 국민보험에 이어 높은 비율을 차지하는 액수다. 따라서 1980년대에 접어들어 보수당의 대처 정부는 보건의료비의 지출을 억제하기 위하여 몇몇 의료서비스를 민간부문으로 이양함으로써 정부의 의료비 부담을 경감시키기 위한 조치를 취했다.

이러한 조치로 의료 부문에서 민간의료의 규모가 점차 확대되는 경향이 나타났다. 영국에서는 국민보건서비스에 기초해 모든 국민이 무료로 의료를 이용할 수 있음에도 불구하고 민간의료보험(BUPA)에 가입하는 경우가 적지 않다. 그 이유는 의료서비스를 이용하기 위해서는 병상이 빌 때까지 상당기간 대기해야 한다는 점, 그리고 환자 자신이 원하는 병원 또는 의사를 자유로이 선택할 수 없다는 점 때문이다. 그러므로 신보수주의 정책을 추구하는 대처 정부 이후부터는 민간보험 가입자가 늘어남과 동시에 민간병원의 시설확대 현상이 두드러지게 나타나고 있는 반면, 국민보건서비스제도에 의한 병상은 날이 갈수록 줄어들고 있다.

한편 대처 정부에서 국민보건서비스병원 내에 본인부담 진료를 받을 수 있는 병상의 설치를 허용하자, 급성의료를 요하는 환자의 경우 대부분 국민보건서비스를 기다리지 않고 국민보건서비스병원의 사비병상을 활용하는 경향을 보였다. 민간의료보험에 가입하는 장점은 국민보건서비스 사비병상을 이용하여 자신이 원하는 병원과 담당 의사를 자유로이 선택할 수 있다는 점이다. 대처 정부는 사비병상에 대한 각종 규제를 철폐함과 동시에 사비병상의 이용요금을 자율화함으로써 국민보건서비스병원이 독자적으로 수입을 올릴 수 있게 하였다. 이를 위해 보건당국이나 병원은 사비병상으로부터 수입을 올리는 일에 힘을 기울였다(DoH, 1998).

4. 블레어 정부의 수발자정책

1997년에 새로이 집권한 블레어(Tony Blair) 수상이 이끄는 노동당 정부는 이듬해인 1998년에 「국가를 위한 새로운 야망: 복지를 위한 새로운 계약」이라는 녹서를 발표하여 전반적인 사회보장방안을 제시하였다. 이 녹서 중 의료정책 분야에 관한 부분을 요약하면, 새로운 국민보건서비스의 방안(The new NHS: modern & dependable)으로 보건을 위한 계약(contract for Health)이란 항목이 포함되어 있는데, 여기에는 의료서비스의 내부시장제도를 실시한다는 내용도 포함되어 있다. 내부시장제도라 함은 의료서비스 분야에서 재정지출의 효율성 및 서비스 기능의 제고를 위해서 의료서비스의 구입자와 공급자를 분리시켜 상호 간 경쟁을 시키는 제도다(ONS, 2004).

또한 이 개혁에서는 ① 노인의 질병근절, ② 일관성 있는 보호기준, ③ 건강악화의 예방과 회복에 초점을 둔 자립증진 대책을 마련하였고, ④ 노인이 보다 독립적으로 생활하도록 새로운 중간보호시설 개발에 추가자금을 투입하고, ⑤ 사회적 서비스와 보건서비스 간의 협력을 더욱 강화하는 조치를 취하였으며, ⑥ 일괄보호(one-stop care) 패키지에 의한 서비스를 제공하기 위하여 서비스의 통합을 이루었다.

노인들이 자택에서 충분한 복지서비스를 받으며 정상적인 생활을 하도록 한다는 것이 커뮤니티케어법의 의도와 부합하는 것이기는 하지만, 그 결과는 병원에서의 퇴원을 서두르게 하거나 시설복지의 민영화를 촉진시키는 결과로 나타나고 있다.

또한 블레어 정부는 고령후기 노인에 대한 수발문제의 심각성을 인식하고 1998년 수발자에 관한 법(The Carer Recognition and Service Act)을 제정하여 이듬해부터 실시하였다. 영국에는 현재 570만 명의 비공식 수발자가 존재한다. 이 중 330만 명은 여성이고 240만 명은 남성이다. 수발자의 연령분포도는 45~64세가 가장 많고, 수발을 받고 있는 대상자의 50%는 75세 이상이다. 수발자의 18%는 2인 이상의 노인을 수발하고 있다. 수발을 받고 있는 노인 중 60% 내외는 신체장애 때문이고 7%는 정신장애, 그리고 15%는 이 두 가지 증상 모두에 해당된다(DoH, 2000).

블레어 내각의 이러한 고령자문제의 기본정책은 생산적 복지(welfare to work)에 입각한 자립 지원이라고 할 수 있다. 즉, 정상적인 생활과 일자리가 보장된 삶의 보람정책을 추진하고 있다고 보아야 한다. 또한 젊은 노인이 고령후기 노인을 수발할 수 있도록 지원하는 정책을 강력히 추진하고

〈표 6-1〉 수발을 받아야 할 노인세대에 대한 공적서비스의 비율 (단위: %)

의사 방문	지역사회 간호사방문	보건사	사회 복지사	홈헬퍼	배식 서비스	자원 봉사자	정기 방문	기타
12.0	15.0	4.0	7.0	22.0	8.0	3.0	39.0	3.0

출처: DoH(2000). *Health and personal social services statistics for England*. London: Department of Health.

있다.

노인수발자의 49%는 종일제 또는 파트타임으로 케어를 하고 있다. 그리고 그중 26%는 사회에서 은퇴한 노인이며, 나머지 25%는 실업 중이거나 경제적 활동을 하지 않는 사람들이다. 블레어 정부는 1999년 노인수발자를 보호하는 국가전략을 세운 바 있다. 국가가 노인수발자를 지원하는 것은 수발을 받고 있는 노인을 지원하는 가장 유용한 방법이기 때문이다.

제2절 보건서비스의 내용

국민보건서비스에 의해 제공되는 노인관련 서비스에는 가정의에 의한 의료와 제약서비스, 병원에서의 전문의에 의한 의료와 지역간호사 또는 기타 보건서비스관련 인력에 의한 지역보건서비스가 있다. 1996년 이후 이들 서비스는 모두 통일된 체계에 의해서 관리되고 있지만, 오랜 기간 개별적으로 발전되어 왔기 때문에 다음과 같이 분리해서 소개한다.

1. 국민보건서비스의 행정체계

보건담당 국무장관(Secretary of State for Health)은 관련 업무를 총괄하는 책임자다. 업무를 담당하는 부서는 보건성(Department of Health: DoH)이고, 장관직속으로 정책위원회(NHS Policy Board)가 설치되어 국민보건서비스와 관련된 정책을 심의 · 결정한다. 그리고 결정된 정책을 실천에 옮기기 위한 기구는 국민보건서비스 집행위원회(NHS Executive Board)다.

보건성의 기능은 크게 세 가지로 분류된다. 첫 번째 기능은 NHS 정책의 전략적 기본 틀(frame work)을 책정하는 일이다. 보건당국(Health Authority: HAs)이나 NHS 위탁병원(NHS Trust Hospital)이 수립하는 사업계획은 이 기본 틀을 토대로 작성된다. 두 번째 기능은 NHS에 대한 예산분배를 위해서 재무성(Department of Finance)과 예산배분의 수준을 절충하는 일이다. 그리고 세 번째 기능은 보건당국과 NHS 위탁병원이 수행할 업무를 사정하고 그 결과를 감사하는 일이다.

보건성 산하부서 또는 지방조직으로는 NHS 관리운영부(NHS Executive), 지방사무국(NHS Region Office) 그리고 보건당국(Health Authorities: HAs) 등이 있다.

1) NHS 관리운영부

NHS 관리운영부는 본부와 8개소의 지방사무국으로 구성된다. NHS 관리운영부는 NHS 정책위원회에서 결정된 정책이나 지시를 실행에 옮기는 일 모두를 관장하며, 다음의 기능을 보유한다.

- NHS 정책의 전반적인 사업의 책정 및 조정
- 보건의료관련 예산의 확보와 확보된 예산을 각 지방 보건당국에 적정하게 배분
- 헬스케어 정책을 위한 효과적인 전략개발
- 보건관련 인적자원에 대한 교육연수 및 배치에 관한 사항

2) 지방사무국

1996년에 단행된 조직개편에 따라 종전의 지방보건당국(Regional Health Authority)은 NHS 관리운영부 산하 8개의 지방사무국으로 조직이 개편되

었다. 지방사무국은 다음과 같은 기능을 수행한다.

- 보건당국과 의료공급자(병원 등)와의 계약에 의해서 수행되는 지방수준의 계획을 구체화하도록 보건당국을 총괄
- NHS 위탁병원이 재정지출 면에서 잘못되는 일이 없는지 여부를 재정운영규정에 의거하여 감시
- NHS 위탁병원과 비위탁병원 간의 자금배분과 관련된 사항을 관장

3) 보건당국

1969년도에 단행된 조직개편으로 인해서 종전의 지구보건당국과 가정보건서비스 당국을 통합하여 그 명칭을 보건당국으로 개칭하였다. 보건당국의 기능은 다음과 같다.

- 지역주민의 건강과 보건서비스의 욕구를 파악함과 동시에 가정의, 병원 등과 협력하여 종합적인 보건서비스 계획을 수립
- NHS 위탁병원, 가정의와의 계약을 통해서 환자를 위한 의료서비스를 구입
- 보건서비스 계획이 순조롭게 이행되도록 하기 위해서 지역주민들의 건강 여부나 보건서비스의 제공이 원활하게 이루어지고 있는지 여부를 감시 또는 평가함으로써 소기의 목적이 달성되도록 적절히 대응

2. 가정의서비스

가벼운 질병의 경우 지역사회에서 개업하고 있는 일반의사, 즉 가정의의 진료를 받게 된다. 영국에서는 모든 의료서비스가 일반의사를 통해서

제공되기 때문에 노인들은 자신이 거주하는 동네의 일반의사를 가정의로 선택하여 등록해야 한다. 거주지를 이전할 때에는 자신의 의료기록(기존의 가정의가 보관하고 있는 기록)을 이전한 지역의 일반의에게 가져가 등록하게 된다.

노인들에 대한 일반의의 보건서비스는 노인들이 가능한 한 가정에 머물면서 치료와 재활을 받도록 하고 있다. 따라서 일반의는 매년 75세 이상 노인들을 대상으로 정기적인 건강진단을 실시하여 건상상태를 체크한다. 노인들이 종합병원에서 진료를 받거나 입원을 하고자 할 때는 반드시 자신의 가정의의 소견서가 있어야 한다. 그러므로 가정의는 의료적인 치료를 요하는 노인들에게 게이트키퍼(gate keeper)의 역할을 한다.

또한 가정의는 가정에서의 치료나 요양을 하는 데 도움이 되는 여러 가지 서비스를 알선해 주기도 한다. 노인환자의 건강상태를 확인하기 위하여 정기적으로 노인이 거주하는 곳으로 왕진을 가기도 한다. 75세 이상 노인이 왕진서비스를 가장 많이 받고 있는데, 2002~2003년에 이들에 대한 일반의 서비스의 17%는 왕진에 의해 이루어졌다(ONS, 2004). 환자가 비용을 부담하는 치과진료 이외에는 투약서비스와 안과진료 등도 모두 무료인데, 안경을 맞추는 비용은 본인이 부담한다. 가정의는 종합병원에 근무하는 의사와는 달리 법적으로 독립된 개업의이므로 이들이 대인 의료서비스를 하는 것은 국가와의 계약에 의해서 행해진다. 과거에 가정의는 연령제한이 없었으나 1990년부터 70세 정년제도가 실시되고 있다.

3. 지역보건당국의 서비스

지역보건서비스(regional health service) 중에서 노인과 관련된 서비스로는 가정보호서비스, 순회보건서비스, 가사보조서비스, 야간간병서비스, 환자의 보호와 사후서비스 등 그 유형이 매우 다양하다.

1) 가정간호서비스

가정간호서비스(home nursing service)는 병원에 입원해야 할 정도는 아니지만 간호를 받을 필요성이 있는 노인의 경우, 일반의가 지역보건당국에 청구하면 가정간호사가 해당노인이 거주하는 가정으로 파견되어 일반의의 처방에 따라 주사를 놓거나 투약 또는 상처치료 등과 같은 의료조치와 간호를 한다. 이때 간호사는 환자가족에게 간병에 도움이 되는 조언도 하게 된다.

노인환자의 상태가 위독하기는 하지만 자택에서 임종을 원하는 노인을 간호하는 것도 가정간호사의 역할이다. 이 외에도 노인을 간호하는 데 필요한 여러 가지 의료기구를 지역의료기관에서 빌려주는 일, 자원봉사단체에 의뢰해서 자원봉사자를 알선하는 일, 순회보건서비스, 가사보조서비스, 야간간병서비스 등도 가정간호사의 역할이다.

- 순회보건서비스는 해당지역에 거주하는 노인들을 대상으로 그들의 가정을 방문하여 일상생활에 필요한 건강과 보건에 관한 교육을 실시하여 건강을 증진시키는 일을 한다. 예를 들면, 가정생활에서의 사고예방, 체중조절, 개인의 건강문제 등에 대하여 상담과 조언을 한다.
- 가사보조서비스는 노인들이 수용시설에 입원하는 것을 예방하고 가급적이면 그들이 자신의 주택에서 독립적으로 생활하도록 하기 위한 대응책으로 유효한 기능을 수행하고 있다. 이 제도의 장점은 시설보호에 소요되는 막대한 경비가 절약되며, 노인들에게 있어서는 자신이 오랜 세월에 걸쳐 살아온 집에 계속 머물러 있을 수 있다는 점이다.
- 야간간병서비스는 재가노인 중 병세가 중하거나 계속해서 돌보아야 할 노인들을 밤중에 자택으로 찾아가 돌보거나, 노인 간병에 지친 가족구성원이나 친지의 긴장과 피로를 풀어 주고 휴식을 취할 수 있도록 도와주기 위한 서비스다. 재가노인에 대한 야간간병서비스를 해야 할

것인지의 여부는 지역보건서비스당국이 가정의와 사회복지사 등과 협의하여 결정한다.

2) 환자의 보호와 사후서비스

이는 주로 정신질환자들을 보호하는 서비스 프로그램이다. 정신질환으로 고생하는 환자나 노인들에게 정신의료복지요원들이 방문하여 그들을 돌보고 있는 가족들에게 조언을 하거나 혼자 생활하는 정신질환노인들을 돌보아 준다. 이러한 서비스를 통하여 가벼운 정신질환자들은 되도록 가정에서 생활하도록 유도한다. 이 프로그램에는 정신보건사회사업가, 보건관련요원, 가사보조원 등에 의해서 운영된다.

지역보건당국(District health Authorities)에 의한 서비스는 주로 해당지역의 질병예방, 건강지도, 방문간호 등 방문보건사(health visitor)나 지방의무관에 의한 각종 보건서비스를 말한다. 영국의 의료정책은 병원치료보다는 지역보건(community health)에 보다 중점을 두는 경향을 나타내고 있다.

서비스의 주체는 지역보건당국이고 서비스의 직무수행은 방문간호사, 지역간호사(district nurses), 지역의무관 등에 의해서 제공되는 서비스가 중심이다. 이들은 업무를 수행함에 있어서 지방자치단체의 사회서비스부(Department of Social Service) 소속의 사회복지사 또는 홈헬퍼 등과 긴밀한 협력체제하에 소관 업무를 수행한다.

- 방문간호사는 노인 또는 장애인 등의 가정을 방문하여 보건상의 문제점을 찾아내고 질병의 예방, 건강상담 등의 업무를 수행한다. 필요에 따라서는 해당노인을 가정의, 병원 또는 지방자치단체의 사회서비스부에 연결해 주기도 한다.
- 지역간호사는 고령후기 노인이나 만성질환의 환자를 중심으로 그들의 자택을 방문해서 상처를 소독해 주기도 하고, 주사를 놓아 주기도 하

고, 투약관리를 해 주기도 한다. 그들은 지역노인 모두를 위한 간병·간호의 역할을 담당함으로써 만성질환을 앓고 있는 노인들에게 없어서는 안 될 매우 중요한 존재다.

- 지역의무관은 보건당국에 소속된 지방의무관과 지구의무관을 일컫는데, 이들은 해당지역 보건의료의 수요(needs)와 실질적으로 제공되고 있는 서비스의 수급관계 분석, 주거환경에서 보건의료 측면의 조언, 관계기관과의 연락과 조언 및 조사연구 등이 주된 임무다. 그들의 임무 중에는 행정사무적인 일이 60% 이상을 차지한다.

4. 병원과 전문의의 진료

전문의나 종합병원의 진료가 필요하면 가정의의 추천에 따라 종합병원이나 전문의로부터 진료를 받고, 필요하다고 인정될 경우에는 즉시 입원하게 된다. 퇴원 시에는 일반의와 지역보건당국(Area Health Authorities)이 협의하여 퇴원 후의 병간호와 요양을 위한 수발 또는 간병을 어떻게 해 나갈 것인가에 대한 대책을 세운다. 노인을 위한 병원이나 전문의의 진료는 환자의 상태와 요구에 따라 제공되는 서비스의 유형이 조금씩 다를 수도 있다.

- 종합병원 응급치료는 해당노인의 병이 종합병원의 응급실에 입원하여 치료를 받아야 할 정도로 매우 중하거나 위급한 상황일 경우에 받는다. 응급실을 이용하기 위해서는 가정의의 의견서가 있어야 한다.
- 재활치료나 장기치료가 필요한 노인이나 임종이 임박한 노인에 대하여는 의사나 간호사 같은 의료진뿐만 아니라 의료사회사업가, 물리치료사, 작업치료사 등이 하나의 팀을 이루어 노인이 육체적·정신적·사회적으로 자활할 수 있도록 하는 방안 또는 현재의 상태를 유지할

수 있는 방안 등에 관한 계획을 세우고 이를 실천에 옮긴다.

- 장기보호치료가 필요한 노인들은 종합병원이나 종합병원에 부설되어 있는 특수 장기입원실(중증요양시설)에 입원시켜 돌보는데, 이때에는 가족이나 친지와 쉽게 접촉할 수 있도록 배려한다.
- 중풍 또는 치매 등으로 고통을 받는 노인들은 낮시간 동안 종합병원에 와서 물리치료나 목욕, 특수음식, 발치료(chiropody) 또는 전반적인 건강지도 등의 서비스를 받고 저녁에는 병원에서 제공하는 교통편을 이용하여 자택으로 귀가하기도 한다.
- 가정의는 진단결과 해당노인에게 정신질환증세가 있다고 판단되면 즉시 그를 정신과의사, 정신의료사회사업가 또는 노인병 전문의와 협의하여 정신병원에 입원시키거나 기타 치료방안을 강구한다.

5. NSFOP 프로그램

보건성은 2001년 노인보건의료서비스와 관련된 새로운 계획(National Service Framework for Older People: NSFOP)을 발표하였다(DoH, 2002). NSFOP 계획에 의해서 NHS의 현대화 담당부서(NHS Modernization Board)와 노인관리팀(Older People' s Task Force)은 노인건강과 보건의료체계 구축을 위한 진행상황을 추적하고, 추가로 요구되는 상황을 개발하며, 피드백과 자문을 통하여 노인들을 지역사회에 적응하도록 돕는 여러 가지 프로그램을 운영하고 있다.

NSFOP 프로그램을 위한 예산은 보건복지재정에서 충당하고, 사업을 추진하는 기구는 노인보호그룹작업반(Care Group Workforce Team)이며, 작업반의 인적 구성으로는 의사 7,500명, 간호사 7,800명, 전문보건사 6,500명 등이 있다(DoH, 2001).

이 프로그램의 중요한 정책방향은 노인차별대우의 근절, 인간 중심 케어서비스의 제공, 노인의 건강과 독립의 증진, 노인의 욕구에 근접한 서비스의 제공 등이다. 프로그램의 구체적인 내용 몇 가지를 소개하면 다음과 같다.

- 연금 크레딧(pension credit)에 의한 치과치료, 가발, 안경, 콘택트렌즈 등은 전액 무료로 제공받고 있다. 그러나 틀니, 치과서비스 그리고 안경을 맞추는 경우는 생활보호 대상노인에게만 무료로 제공하고 일반노인들에게는 약간의 본인 부담금이 부과된다.
- 중풍의 예방과 치료를 위한 프로그램이 있다. 최근 영국에서는 매년 10만 명 이상의 중풍환자가 발생하고 있으며, 중풍은 장애와 죽음에 이르는 원인이 되기도 한다는 점에서 이에 대한 치료에 각별한 노력을 기울이고 있다. 이 프로그램으로 노인들은 모두 전문가에 의한 중풍진단을 받을 수 있으며, 중풍이 발병된 노인은 재활과 치료목적의 다양한 종합 프로그램을 통해 서비스(multidisciplinary service)를 제공받을 수 있다.
- 노인의 낙상과 골절방지 및 치료를 위한 프로그램이 있다. 노인의 경우 낙상은 장애나 사망에 이르는 중요한 원인이다. 2003년 잉글랜드에서만 40만 명 이상의 노인이 낙상으로 병원치료를 받았으며, 매년 1만 명 이상의 노인이 낙상으로 사망하는 것으로 추계되고 있다. 따라서 보건성은 낙상사고를 줄이기 위해서 위기관리(risk management) 과정을 설정하고 통합적인 낙상서비스 프로그램을 운영하고 있다. 그리고 2005년에 발표한 노인보건관련 정책자료(Opportunity Age)에 의하면, 노인의 복지와 건강한 삶을 지원하기 위한 대책을 제시하고 있다. 이에 대한 구체적인 내용을 살펴보면, 정신적 · 신체적 활동이 노인건강에 크게 도움이 될 수 있다는 인식하에 적극적인 노화(active ageing)를 할 수 있도록 지원하는 서비스 프로그램을 실시하도록 되어 있다. 사업의 내용으로는 파킨슨병, 뇌손상 등의 질환을 가진 노인들의 삶의 질을 향상시키고 그들이 가능한 한 독립적인 삶을 유지하도록

도와주는 데 목표를 두고 있다. 이에는 인간 중심의 보호제공, 병원과 지역사회에서 보다 나은 재활서비스, 가족과 보호자 지원 등이 포함된다(Department for Work and Pension, 2005).

제3절 노인보건서비스의 과제

1. 노인유병률

보건성의 최신자료(DoH, 2003)에 의하면, 노인들은 타연령층에 비해서 만성질환 유병률이 매우 높은 것으로 나타났다. 65~74세의 연령층에서는 59%, 75세 이상에서는 전체노인 중 66%가 한두 가지 이상의 만성질환이 있는 것으로 나타났으며, 이는 전체인구 유병률 35% 수준과 비교하면 매우 높은 편이다. 또한 이러한 만성적인 질환으로 일상적인 활동에 지장을 받고 있는 비율은 65~74세까지의 연령층에서 41%, 75세 이상에서 52%에 이르고 있다.

또 다른 65세 이상 노인대상 조사(TSO, 2003)에서는 조사대상 전체노인의 60%가 경증 또는 중증의 만성질환을 앓고 있었고, 나머지 40%는 비교적 건강한 편이기는 하지만 신체적인 행동에서 약간의 제한을 받고 있다고 응답했다. 또한 28%의 노인은 시력감퇴현상이 있다고 했고, 32%는 체력에 문제가 있다고 하였다.

보건성 자료(DoH, 2003)에 의하면, 현재 가정의서비스를 가장 빈번하게 받고 있는 연령층은 노인이다. 가정의 왕진서비스는 65~74세 연령층에서는 13%, 75세 이상에서는 31%가 이용하고 있었다. 또한 병원 외래환자의 2/3 이상이 65세 이상의 연령층이고, 입원환자 중 40%가 노인환자다. 특히 내과, 외과, 비뇨기과의 경우 65세 이상이 차지하는 업무량이 60%를 초과하는 실정이다.

2. 노인보건서비스의 향후 과제

서두에서도 언급한 바와 같이 영국의 의료보장제도는 전 국민을 대상으로 거의 전액을 조세로 충당하고 있다. 이는 매우 이상적인 제도임에 틀림없다. 그러나 그 내용을 구체적으로 분석해 보면 문제도 적지 않다.

우선 문제가 되는 것은 예산의 부족 또는 병상 수의 부족으로 노인이 발병했을 때 신속히 병원에 입원하기가 어렵다는 점이다. 노인들은 건강상 문제가 발생하면 즉시 자신이 등록되어 있는 가정의로부터 초진을 받게 되고, 그가 소개해 주는 병원에서 전문의의 치료를 받게 된다. 여기서 문제가 되는 것은 병원의 병상 수가 부족하기 때문에 입원을 대기하고 있는 환자 명부(waiting list)에 500명 이상의 대기자가 있는 실정이다. 따라서 의료비가 무료라는 측면에서는 높이 평가될 수 있지만, 병이 발병했을 때 신속히 입원치료를 받지 못하는 사례가 적지 않다.

또한 영국의 의료비 예산은 GDP 대비라는 측면에서는 다른 선진국에 비해 그리 높은 편은 아니다. 이는 국민보건서비스 방식을 채택함으로써 의료비의 조정 또는 통제가 잘되고 있는 것으로 좋게 평가되는 부분이다. 그러나 의료의 질적인 면이 저하되고 있다는 점과 병원의 대기명부문제와 관련하여 비난의 목소리도 적지 않다.

더불어 영국이 국민보건서비스를 위해서 지출하는 예산 중 65세 이상 노인이 차지하는 비율은 39%에 이른다. 영국의 경우 65세 이상 노인인구는 전체인구의 약 16%인데, 이들의 보건의료비는 병원 및 지역서비스 부문에서 42%, 일반의에 의한 1차 보건보호에서는 28%를 차지하고 있다(이영찬, 1998). 이러한 통계에서도 볼 수 있듯이 노인인구의 보건의료비는 다른 연령층에 비해서 매우 높으며, 연령이 높을수록 더 많은 보건의료비가 발생한다.

따라서 영국이 현재 당면하고 있는 의료의 질적인 저하현상을 개선하고 병원의 대기명부를 해소하기 위해서는 국가가 의료비 예산을 대폭 증액하거나, 현존제도와 병행해서 의료민영화 정책을 적극적으로 개발하는 것도 고려해 보아야 할 것이다.

제 2 부

스웨덴의 사회복지와 노인복지정책

제7장 | 스웨덴의 이해

제1절 스웨덴 노인복지정책의 전개

스웨덴은 인구 9백만의 작은 국가다. 그러나 제2차세계대전 이후 사회보장제도가 잘 발달된 전통적인 비동맹국가이면서 케인스(John Maynard Keynes)의 경제정책을 세계에서 가장 먼저 도입한 국가다. 그리고 사회복지서비스를 비롯해서 주민생활과 관련된 모든 행정 및 계획과 집행의 전 책임을 기초자치단체에서 담당하는 철저한 지방분권화 정책을 펴고 있는 국가다. 이러한 이유로 스웨덴은 국제사회에서 복지국가를 대표하는 하나의 모델로 인식되어 왔다.

1980년을 전후하여 서구 여러 나라는 증폭되는 연금재정 및 의료재정의 압박요인과 경제성장의 둔화와 같은 문제에 효과적으로 대처할 만한 방안을 마련하지 못하고 있었다. 스웨덴 또한 이러한 문제에 직면하고 있었고 사회구조는 이미 고령사회로 전환되고 있었다. 그럼에도 불구하고 스웨덴은 사회복지정책을 수행함에 있어 재정적으로 크게 어려움을 겪지 않았다. 그 이유는 여러 개혁안을 단행함으로써 이를 극복하였기 때문이다. 특히, 1999년에는 기초연금과 보수비례연금이라는 이층구조의 공적연금제도를 하나의 통합된 체계로 개편하였을 뿐만 아니라, 정상화이론에 기초해서 노인과 장애자 등 사회적 약자에 대한 보편적이고 포괄적인 복지서비스를 제공하기 시작하면서 세계의 이목을 다시 집중시켰다.

또한 스웨덴은 최근 노인복지서비스와 관련된 사업의 계획과 재정 등에 대한 책임을 전적으로 기초자치단체에 이관시킨 에델개혁을 단행하였고, 의료보장제도에 있어서도 의료비의 대부분을 조세부담에 의한 국민보건서비스 방식으로 전환하여 다른 선진국들에게 많은 시사점을 주기도 하였다.

스웨덴은 정치체계 및 행정조직에 있어서도 유럽의 국가들과는 다른 몇 가지 특징을 지니고 있다. 대표적으로 스웨덴은 국가를 경영함에 있어서 공공부문(public sector)이 차지하는 비중이 다른 나라들에 비해 매우 높다. 공공부문의 비대는 필연적으로 조세부담율의 증대라는 문제를 야기한다. 현재 스웨덴 국민이 부담하는 조세와 보험료 등 사회보장부담의 대국민 소득비는 75.4%(2000년 기준)로 국민부담율이 세계에서 가장 높은 수준이다. 그럼에도 불구하고 조세저항과 같은 현상은 크게 나타나고 있지 않다. 그 이유는 세금을 낸 만큼의 가치 있는 복지혜택을 받고 있기 때문이다.

1980년대 이후 스웨덴은 연금제도, 의료보장제도, 노인복지서비스 분야에서 큰 폭의 개혁을 단행하였다. 그 배경은 경제성장률의 둔화로 인한 조세수입원의 감소, 고령화 사회의 심화로 인한 복지예산의 과중부담 등이 원인이었다. 즉, 현실적으로 종전의 사회보장제도를 원형 그대로 유지하는데 적지 않은 부담이 되고 있기 때문에 개혁을 통한 돌파구 마련이 필요했던 것이다.

그리고 최근 추구하고 있는 노인복지서비스 정책 중에서 서비스에 소요되는 예산의 일부를 소요하는 데 있어 가족, 이웃 등 비공식부문의 역할을 확대시키려는 방향으로 정책을 펴고 있다. 이와 같이 스웨덴에서 실시하고 있는 노인대상의 소득보장, 의료보장 그리고 사회복지서비스 등과 관련된 이념과 여러 가지 정책은 앞으로 우리나라가 고령화 사회에 대처하기 위한 일련의 정책을 수립하는 과정에서 참고가 될 사항들이라 할 수 있다.

이 책에서는 스웨덴을 이해하는 데 도움이 되는 내용을 소개한 다음, 복지이념과 노인복지정책, 에델개혁과 사회서비스법, 노인주거와 요양시설, 재가노인에 대한 복지서비스 그리고 노인의 소득보장정책과 의료보장정책에 대한 현황과 특징들을 살펴보았다.

제2절 스웨덴의 개관

1. 지리 · 인구 · 종교 · 언어

스웨덴의 국토면적은 450,000km^{2}로서 이라크, 스페인, 태국 등과 거의 유사하고 유럽에서는 다섯 번째로 넓다. 국토의 50% 이상은 산림지대이고 경작지는 목축지까지 포함해 9% 수준 미만이다. 습지가 11%, 호수와 하천이 10%이고 기타가 20% 내외다.

스웨덴의 국토는 북쪽으로는 북극권에 속하고 남쪽 끝은 덴마크와 접해 있는데, 남북의 길이는 1,600km에 달한다. 그러므로 국토의 남부와 북부 사이에 많은 기온차가 있다. 북부지역은 춥지만 남부는 대서양의 멕시코만으로부터 흐르는 난류의 영향 때문에 비교적 따뜻하다. 수도인 스톡홀름은

7월에는 평균기온이 18도이고, 겨울철에는 모든 하천이 얼 정도지만 생활하기 힘들 정도의 추위는 아니다.

겨울에는 밤이 길고 여름에는 낮이 길다. 북극에 가까운 북부지역인 아비스코(Abisko)나 키르나(Kirna) 지역에는 12월 초부터 1월 중순경까지 거의 태양을 볼 수 없다. 하지만 6월과 7월에는 밤에도 해가 지지 않는다. 소위 백야현상(midnight sun)이 나타나는 계절이다.

스웨덴의 인구는 1750년에는 178만 명, 1850년에는 348만 명, 1950년에는 704만 명, 2000년에는 888만 명 그리고 2007년에는 918만 명이다(www.scb.se). 인구밀도는 1km²당 21명, 인구의 83%는 도시지역에 거주한다. 스웨덴은 19세기 후반부터 20세기 전반에 걸쳐 인구이동이 가장 많은 나라 가운데 하나다. 1853~1873년에 이르는 20년간 10만 명 이상의 인구(3%)가 미국으로 이민하였고, 그 이후에도 10여 년간에 걸쳐 매년 2만 명 이상의 스웨덴인이 미국으로 이민하였다. 1865~1930년의 기간 중 약 140만 명 내외가 미국으로 이민했다는 통계도 있다(Andersson & Weibull, 1999).

이와는 반대로 스웨덴은 제2차세계대전 이후 스칸디나비아와 그 이외의 다른 나라들로부터 다수의 이민자들을 받아들였다. 그 수는 1950년대에 10만 6천 명, 1960년대에 23만 5천 명, 1970년대에 15만 5천 명, 1980년대에 17만 8천 명에 이른다. 1998년에는 외국 국적을 가진 스웨덴 거주자는 51만 명 내외이고, 이민자 중 34%는 덴마크나 노르웨이 등 스칸디나비아 여러 나라로부터 들어왔다. 1990년대에는 유고슬로바키아 내전으로 인해서 정치 망명자들을 포함, 약 11만 4천 명의 난민들을 받아들이기도 하였다(Swedish Institute, 1998).

스웨덴 국민의 92%는 개신교도다. 일요일에 교회에 나가는 비율은 그리 높은 편은 아니지만 어린이 가운데 80% 내외가 세례를 받고 있으며, 결혼하는 신랑 · 신부들의 60% 이상이 교회에서 결혼식을 올리고 있다. 개신교 이외에도 가톨릭교도 15만 명, 이슬람교도 13만 명 등이 있다.

스웨덴 국민들이 사용하는 언어는 북방 게르만어계에 속한다. 오늘날 스웨덴어는 스웨덴에 거주하는 900만 명과 핀란드에서 스웨덴어를 사용하는 약 30만 명, 미국이나 캐나다 등에 거주하는 약 50만 명의 스웨덴 이민자들이 사용한다.

2. 천연자원 · 산업 · 무역

스웨덴은 임업, 철광석, 우라늄, 기타 광물 등 천연자원이 풍부한 국가다. 그러나 석유와 석탄의 매장량은 그리 많지 않다. 철광석의 풍부한 매장량을 배경으로 하는 특수 철강사업이 발달하였고, 광대한 삼림지역 (230,000km²)에서 생산되는 임산물을 배경으로 하는 제재와 제지 및 완성된 목재 생산품은 국내 소비를 충족하고도 남아 약 60%를 해외로 수출하고 있다.

풍부한 수자원은 오늘날 스웨덴 산업이 발전하는 과정에서 하나의 중요한 요인이 되고 있다. 1998년 현재 국내 전력 공급의 20%를 수력발전소에서 생산되는 값싼 전력에 의존하고 있다. 그리고 스웨덴에서 소비되는 전력의 25%는 수입하는 원유에서, 7%는 수입하는 석탄에서 충당하고 있으며, 나머지 50% 내외는 12개소에 건립된 원자력 발전소에 의해서 공급되고 있다.[1)]

1880년까지만 하더라도 스웨덴은 전체인구의 80% 이상이 농촌지역에 거주했다. 농업에 종사하는 인구는 1880년에는 69%, 1950년에는 20%,

1) 스웨덴은 생산과 관련된 산업의 연구개발 부문에서는 세계적으로도 가장 많은 투자를 하고 있는 국가 중의 하나다. 1998년도 통계에 의하면, 산업개발연구비에 대한 투자가 국내총생산의 3%에 이른다. 그리고 연구개발비의 80% 내외는 연료와 전력, 전자통신설비, 제약과 기계설비 부문이다. 특히 1990년대 말에서 2000년 초반에 이르러 IT 산업이 눈부시게 성장하고 있다. 노벨상을 제공하고 있는 국가답게 바이오테크놀로지나 의약 등의 기초연구도 두드러진다.

1995년에는 3%로 감소하고 있다. 영농인구 비율이 이와 같이 감소한 원인은 여러 가지가 있겠지만 그중의 하나는 영농기계화 정책이 성공한 것과 관련이 있다. 현재 스웨덴은 식량의 80% 이상을 자급자족하고 있다.

스웨덴은 지난 수세기에 걸쳐 금속제품과 목재의 수출을 계속하고 있지만 산업화가 본격적으로 시작된 것은 1900년경부터라 할 수 있다. 최초에는 원료와 반제조가공품이 수출물량의 절반 이상을 점하였으나, 그 후 제품기술이 향상됨에 따라 점진적으로 완제품이 수출의 많은 부분을 차지하게 되었다. 현재는 공업제품의 40% 이상이 수출되고 있다. 자동차, 트럭, 각종 기계, 전기통신설비와 같은 공업생산품은 수출물량의 과반수를 차지한다.

스웨덴은 서비스와 지식집약형의 사회로 급격히 발전하고 있다. 1960~1998년 사이에 서비스 부문의 고용은 170만 명에서 300만 명으로 증가하였지만, 같은 기간 중 제조부문에서는 100만 명에서 75만 명으로 감소하였다. 서비스 부문에서의 성장은 주로 공공부문의 성장에 기인한다. 보건·의료·교육과 같은 복지지향적 서비스는 그 대부분이 공공부문에서 제공되고 있기 때문이다.

3. 의회와 정당·행정기구

스웨덴은 의회정치의 형태를 갖춘 입헌군주국이다. 국왕은 형식적으로 국가를 대표하기는 하지만 정치에는 전혀 관여하지 않는다. 스웨덴 의회는 1866년 이후 2원제를 채택하여 왔으나 1971년부터는 단원제로 개정하였다. 의회 의원 수는 350명이었으나 1973년의 총선거 때 여야 합의로 175명으로 감축시켰고, 3년마다 비례대표 기반의 직선제도를 채택하였다. 1995년 1월의 총선거에서부터 임기 4년제로 개정하였고, 선거권과 피선거권은 모두 18세 이상이다. 전통적으로 투표율이 높은 편으로 언제나 85~90% 수준을 유지한다. 이와 같이 투표율이 높은 것은 스웨덴 국민이 나라살림에 그만큼 높은 관심을 나타내고 있음을 뜻한다.

스웨덴에는 우리나라와 같은 성격의 헌법은 존재하지 않는다. 스웨덴에는 통치법, 왕위계승법, 출판보도의 자유법, 언론보도의 자유법 그리고 국회법 등이 있는데, 그중 통치법이 가장 중요한 위치를 차지하며 다른 나라의 헌법에 해당한다. 스웨덴의 행정조직은 10개 부서로 구성된다. 그중 사회복지 및 의료보장제도와 관련이 있는 부서는 사회복지부다. 사회복지부는 사회보험, 의료정책, 사회복지와 관련된 법령의 제정, 지역 간 예산분배의 결정 등의 업무를 수행한다(Tilton, 1991).

스웨덴은 현재 크고 작은 것을 합해서 8개의 정당이 있다. 그중 사회민주당, 중도당, 온건보수당, 자유국민당 등은 정책결정 과정에서 상당한 영향력을 행사한다. 사회민주당은 1932~1976년까지, 1976~1982년까지의 6년간, 그리고 1991~1994년까지는 비사회주의 정당의 연립내각에 의해서 정권을 빼앗긴 일도 있었으나, 1994년의 총선거에서 다시 집권하게 되었다. 그리고 2006년 총선에서는 자유국민당, 기독민주사회당, 온건보수당 등 우파연합이 48.1%의 지지를 얻어 46.2%를 얻은 사회민주당 등 중도좌파 연합세력을 누르고 연립내각을 구성하였다.

스웨덴의 지방자치단체는 24개소의 광역자치단체와 288개소의 기초자치단체로 구성된다. 24개소의 광역자치단체는 중앙정부 임명(임기 6년)의 시·도지사가 관장한다. 시·도지사의 주된 업무는 국세의 징수, 국유재산의 관리, 산하 지자체에 대한 국고보조금의 배분, 경찰 및 검찰업무, 교통업무, 지자체 행정의 감독, 선거관리의 업무, 보건의료서비스에 관련된 업무 등이다.

스웨덴은 수세기 전부터 전국적으로 약 2,500개소의 기독교 교구(Parish)가 있어 이 교구가 읍·면·동 사무소의 역할을 수행하였다. 그러던 것이 1952년에 실시한 지방행정기구 개편에서는 1,037개소로 합병되었고, 1970~1974년에 실시한 제2차 합병작업에서는 24개소의 광역자치단체

(Landsting)와 288개소의 기초자치단체(Kommun)로 통합되었다. 지금까지도 기독교 교구는 그대로 유지하면서 주민등록 업무를 관장하고 있으나, 주된 일은 관혼상제에 관한 일, 묘지관리, 교회 일 등이다.

스웨덴은 세계적으로도 지방분권이 가장 효율적으로 운영되고 있는 국가로 알려져 있다. 이 나라가 추구하는 지방분권의 이념은 지방행정이 가급적 행정의 혜택을 받는 대상자들 가까이에서 이루어져야 한다는 데 있다. 외교, 국방, 경제, 노동시장정책 등 국가적 차원에서 대처해야 할 분야만을 중앙정부가 담당한다. 그 외에 시민생활과 직접 관계가 있는 제반 과제들은 지역실정에 부합되도록 지방자치단체가 해당지역 의회의 결의를 거쳐 집행하도록 하는 권한이 부여되고 있다.[2)]

그중 광역자치단체는 국세의 징수, 국유재산의 관리, 국고보조금을 각 기초자치단체에 배분하는 업무 그리고 보건의료서비스 관련 업무 등을 주로 한다. 기초자치단체인 코뮌(Kommun)의 업무로는 사회복지, 학교운영, 주택건설, 소방, 환경규제, 공중위생, 전기와 수도공급, 도로와 공원정비 등이 있다.

2) 광역자치단체 또는 기초자치단체에는 의회에서 선출한 집행위원회가 구성되어 있어 의회에서 결의한 사항에 대한 집행을 담당한다. 의회 의원들은 해당지역 주민들의 투표로 선출되는데, 이들은 모두 무보수로 소정의 업무를 처리한다. 기초자치단체 의회의 의원 중에는 초등학교 교사, 공장 근로자와 사무원, 심지어 중ㆍ고등학교 학생들까지 포함된다. 의원들은 대부분 자신의 직업이 있기 때문에 의회는 언제나 저녁시간에 개원한다. 스웨덴의 지방분권화 역사는 1800년대부터 시작되었다. 이미 1830년대에 국회에서 지방분권화 문제가 빈번히 논의되었고, 1862년의 지방행정개혁에서는 지방자치단체에 과세권이 부여되었다. 이는 스웨덴에서의 근대적 지방자치의 출발점이라고 볼 수 있다. 모든 지방자체단체에 의회가 설치되고 행정에서 자주권이 대폭 확대되기 시작한 것은 1953년 이후부터다.

4. 교육정책 · 교육제도

스웨덴은 모든 국민에게 자기실현의 기회를 균등하게 보장한다는 전제하에 교육을 국민의 기본적 권리로 생각하고 무상교육을 원칙으로 하고 있다(통치법 제2장 제21조). 또한 소득재분배정책의 관점에서도 교육정책을 사회복지국가의 중요한 사회정책으로 받아들이고 있다.

스웨덴의 교육제도는 학교교육, 성인교육, 생애교육 등 폭이 넓어 본인이 원하기만 하면 누구나 생계능력의 유무와는 관계없이 언제나 교육을 받을 수 있는 기회가 부여된다.[3] 스웨덴에서 의무교육이 실시되기 시작한 것은 1962년에 단행된 교육개혁 이후부터다. 이 개혁에 의해서 스웨덴의 모든 어린이는 7세에 입학하여 16세에 졸업하는 종합기초학교에서 무료로 교육받을 수 있다. 과거에는 초등학교와 중학교가 분리되어 있었는데, 이것이 종합기초학교로 통합된 것이다. 종합기초학교는 초등부 3년, 중등부 3년, 고등부 3년의 3단계로 이루어진다.

고등부 3년에서는 상급학교진학과정, 일반고등과정, 직업교육과정 중 하나를 선택할 수 있다. 종합기초학교에서는 중등부 1학년부터 영어를 배우기 시작하고, 고등부 1학년부터는 제2외국어로 독일어 또는 프랑스어를 선택하여 배운다. 스웨덴의 공립교육은 영어를 자국어처럼 사용할 수 있게 교육하고 있다.

1991년부터는 지방자치단체에 따라서 6세 아동에게도 입학이 허용되기 시작하였는데, 2000년대에 접어들면서 6세부터 초등학교에 입학하는 비율이 점진적으로 증가하고 있다. 1997년부터는 고등교육기관의 개혁이 단행되어 종합고등학교제가 도입되었다. 그 전까지는 일반고등학교, 공업고

---

3) 스웨덴 국민이 경제적인 이유 때문에 교육을 받지 못하는 경우는 거의 없다. 이 나라의 의무교육제도는 아동, 청소년에게만 해당되는 것이 아니라 직장에 근무하는 성인의 경우도 본인이 원하기만 하면 언제나 무상으로 학업을 계속할 수 있다. 급변하는 현대사회에서 청소년 시절의 교육만으로는 부족하다는 것을 인식한 스웨덴 정부는 성인교육에도 적극적인 관심을 보이고 있다.

등학교, 상업고등학교, 농업고등학교 등이 각각 별도로 운영되었으나, 이것을 하나의 종합고등학교로 통합시킨 것이다. 고등학교는 2년제와 4년제 두 가지 과정이 있다.

중등부를 졸업하는 학생 중 92% 이상이 고등학교에 진학한다. 기초학교 또는 고등학교 재학생에게는 급식, 교과서 등의 교재, 필기용구, 통학비, 기숙사비, 등록금 등을 모두 무료로 제공하고 있다.

직장에서 근무하고 있는 성인이 교육을 받기 위해 직장을 휴직하고 고등학교나 대학에 진학하였을 경우 국가에서는 교육을 받는 기간 동안 그에게 학비는 말할 것도 없고 생계비까지 지원해 주는 제도적인 장치가 마련되어 있다. 면학수당 등이 바로 그것이다. 현재 스웨덴에는 66개의 고등교육기관이 있다. 종합고등학교에서 4년제 교육과정을 이수한 학생 중 약 65%는 대학에 진학하고 있다.

제3절 가족기능의 변화와 노후생활

1. 사회변동과 스웨덴 가족

1) 여성취업률의 증가추세

스웨덴 여성들이 가정으로부터 벗어나 직장으로의 진출이 본격적으로 시작된 것은 1960년대 이후부터다. 이들이 대거 취업의 길을 택하게 된 배경에는 다음과 같은 요인들이 내재되어 있다.

첫째, 여성들도 경제적으로 자립할 것을 규정한 혼인법을 들 수 있다. 스웨덴의 혼인법은 여성들이 결혼을 하더라도 경제적으로는 남편에게 의존하지 않고 스스로 해결하도록 명시하고 있다. 그러므로 소득세법에 있어서도 과거에는 부부의 소득을 합산해서 과세하던 것을 폐지하고, 부부가 개별적으로 과세하도록 하는 분리과세방식을 적용하고 있다. 둘째, 공적연금과 관련된 사항이다. 결혼한 부부라 하더라도 연금이 개별적으로 지급되기 때문에 여성들은 자신의 연금권을 확보하기 위해서 일을 해야 하며 보험료를 납부해야 한다. 특히 이혼율이 높은 스웨덴에서는 여성들이 자신의 노후를 위해서도 연금권 확보의 필요성을 더욱 절실히 느끼고 있기 때문에 취업을 선택할 수밖에 없다. 셋째, 여성들의 적성에 맞는 일거리가 다른 나라들에 비해 훨씬 많다는 점이다. 여성들은 정치분야, 공무원, 생산직, 교육부문으로의 진출 이외에도 노인을 돌보는 홈헬프서비스, 간병서비스, 어린이를 보살피는 보육서비스 등 적성에 맞는 일거리가 많아 취업하기가 용이하다.[4)]

교육노동부가 발표한 여성의 취업실태 자료에 따르면, 16~64세 연령층의 남성 취업률은 82.5%, 여성 취업률은 76.5%인 것으로 나타났다. 그리고 여성들 가운데 7세 미만의 자녀를 둔 여성의 79.3%가 취업을 하고 있다(Department for Education and Employment, 1998).

현재 스웨덴은 노동시장에 진출한 인력 중 약 48%가 여성이다. 이것은 여성의 참여 없이 산업이 성립될 수 없음을 의미한다. 스웨덴은 남녀 간 임금격차가 가장 적은 나라로 알려져 있지만, 아직도 여성의 임금수준은 남성과 비교하면 그리 높은 편은 아니다.

세계에서 여성들의 사회참여 또는 정치활동이 가장 활발한 나라가 어디

4) 스웨덴 사회에서 제공하는 여성의 일거리가 많아지는 것은 사회구조가 산업화 사회로 전환한 이유도 있지만, 과거 가족적인 차원에서 보살펴 왔던 노인, 장애자, 아동의 돌봄 등 많은 부분이 공공부문으로 전환된 것과도 상관관계가 있다.

냐고 물으면 그것은 단연 스웨덴이다. 1999년 5월 현재 여성이 정계에 진출하고 있는 현황을 살펴보면 국회의원과 기초자치단체의원 모두 2인 중 1인 비율로 여성의 정계진출이 활발하다(Gould, 2002).

한편 여성들의 활발한 사회진출은 결과적으로 가족 내에서 노부모를 부양할 수 없는 요인이 되고 있다. 따라서 이에 대한 대안으로 발전하게 된 것이 노인에 대한 사회적 서비스의 활성화 정책이다.

2) 혼인가족과 노인부양

가족의 성격은 부자관계가 중심이 되는 혈연가족과 부부관계가 중심이 되는 혼인가족의 두 가지 유형이 있다. 혈연가족에서는 가족문화의 연속성이 유지된다. 이러한 가족에서는 가문과 가계의 중요성이 강조되고 부자관계가 가족구성의 중심이 되므로 노부모는 자녀들에 의해서 부양받기가 지극히 용이하다. 그러나 혼인가족은 부부관계가 중심이 되므로 가족문화의 연속성을 유지할 수 없을 뿐 아니라 노인들이 결혼한 자녀들로부터 부양받는다는 것은 거의 불가능하다.[5)]

스웨덴 가족의 성격은 전형적인 혼인가족이다. 스웨덴은 철저한 남녀평등 사회이고, 결혼한 남녀 모두 직업을 가지고 있으며, 가족구성원은 각자 자신의 일은 자신이 책임지도록 되어 있다.

1988년에 제정된 신혼인법에 의하면, 혼인은 독립된 인격의 남녀가 임

---

5) 노인부양에 대한 유형은 공적부양과 사적부양 두 가지 형태가 있다. 일반적으로 전통사회에서의 노인들은 사적부양에 의해서 노후생활을 할 수 있었으나, 사회구조가 산업화되면서 서서히 공적부양의 비중이 증가하고 있는 것이 일반적인 현상이다. 아직 많은 국가의 노인들은 가족으로부터의 도움을 받는다는 점에서 사적부양의 비중이 결코 과소평가될 수 없다. 그러나 스웨덴의 경우는 노인에 대한 사적부양의 비중이 세계적으로도 가장 낮은 국가에 속한다. 스웨덴에서 사적 부양의 비중이 매우 낮은 요인으로는 ① 전통적으로 노부모에 대한 부양의식이 강하지 않다는 점, ② 여성의 사회참여 폭이 세계적으로 가장 높은 편이라는 점, ③ 가족의 성격이 철저한 혼인가족 형태이고 이혼과 재혼의 비율이 높으며 동거와 사실혼의 보편화 등 가족관계가 매우 복잡하다는 점 등을 들 수 있다.

의로 행하는 공동생활로서 부부는 신뢰와 존경의 의무를 지닌다(제1조)고 규정하였고, 부부는 상호 간 협력하여 가정과 자녀를 보호하고 공동의 행복을 실현시켜야 한다(제2조)고 규정하고 있다. 스웨덴의 혼인법은 우리나라의 가족법에 해당되는 법률인데, 여기에는 노부모 부양에 관한 규정은 찾아볼 수 없다. 스웨덴에서의 가족은 부부와 두 명의 자녀로 구성되는 것을 이상형으로 삼고 있기 때문이다.

스웨덴은 20세기에 진입하면서부터 산업화가 진전되어 남녀 모두 직업을 가지게 되었고, 이에 따라 핵가족화 경향의 심화, 이혼, 혼외출산, 피임, 낙태 등의 사회풍조가 급격히 확산되는 현상이 나타났다.

스웨덴의 성인연령은 18세부터이고 의무교육은 7~16세까지 9년간이다. 16~18세 사이에 이성을 경험하는 비율이 매우 높고, 빠른 경우는 16세 경부터 동거생활을 시작한다.

최근 스웨덴의 남녀 중에는 결혼을 하거나 동거생활을 시작할 때는 동거생활에서 제기될 수 있는 여러 가지 상황에 대처하기 위한 약정을 체결하는 경우가 적지 않다. 약정하는 내용 중에는 결혼하면 어디에서 살 것이냐, 언제 자식을 낳을 것이냐, 생활비는 누가 어느 정도 부담할 것이냐, 이혼하게 될 경우 재산분배는 어떠한 비율로 할 것이냐 등이 있다. 그러나 노부모 부양과 관련된 문제는 언급되지 않고 있다.

스웨덴에는 남녀 간 이혼과 재혼 또는 재재혼의 경우가 빈번하다. 대체로 재혼 시 남녀 모두 전 배우자 사이에서 출생한 어린 자녀를 동반하는데, 이때의 약정내용은 더욱 복잡해진다. 변호사의 도움을 받아 가며 약정내용을 기록하는 것이 통례이며, 약정서가 작성되면 쌍방이 서명한 후 재판소에 등록해 둔다. 이는 부부간에 분규가 발생하거나 이혼할 경우를 대비하기 위함이다.

3) 가족의 유형과 특성

스웨덴 가족의 특성 중에는 성의 개방, 여성의 경제적 자립, 적극적인 사회활동 참여 등의 현상이 두드러지게 나타나고 있다. 스웨덴 가족에서 나타나는 또 하나의 현상은 혼인의 성격이 경제혼에서 정신혼으로 바뀌고 있다는 점이다.

예를 들면, 과거에는 혼인을 계기로 여성은 남성에게 경제적으로 의존하게 됨으로써 사회적으로 양자 간에 대등한 입장이라고 볼 수 없었다. 그러나 지금은 여성들도 대부분 경제활동을 함에 따라 경제적 자립을 하고 사회활동의 범위도 크게 확대되었다. 따라서 지위와 실력을 갖춘 여성의 입장에서는 남성의 경제력에 의존할 필요가 없게 되었다. 이러한 현상 속에서 결혼의 가장 중요한 요소는 정서적 안정(emotional reassurance), 즉 애정적 결합으로 차츰 변화하고 있다.

스웨덴 가족은 사회변동과 더불어 동거와 사실혼의 정착, 결혼의 감소와 재혼의 증가, 혼외출산, 독신세대의 증가 등 결혼의 가족형태가 크게 변화하고 있다. 이는 서구 여러 나라에서 흔히 있는 현상이기는 하지만 스웨덴의 경우 그 현상이 더욱 두드러진다.

(1) 동거와 사실혼의 증가

스웨덴에서는 1800년대부터 공식적인 결혼을 하지 않은 상태에서 남녀가 동거(unmarried cohabitation)하는 관습이 존재하였다. 그러나 남녀 간 동거가 급격히 확산된 것은 1960년대 이후 스톡홀름 도시에서부터다. 따라서 스웨덴인은 이러한 형태의 동거를 스톡홀름식 결혼이라고 표현하기도 하고, 삼보(Sambo, together with) 또는 델스보(Delsbo, partly living together)라 하였다.

삼보는 혼전동거와 사실혼의 두 가지를 포함한 법적 수속을 밟지 않은 남녀 간의 공동생활체라는 의미다. 삼보는 법적 수속을 밟지 않은 공동생활이기 때문에 실수를 파악한다는 것은 용이하지 않다. 그러나 최근 집계된 통계자료에 의하면, 20~24세의 연령층에서는 44%, 25~29세에서는 30%, 30~34세에서는 15%가 삼보상태의 생활을 하고 있는 것으로 보고되고 있다(Swedish Institute, 1998).

삼보방식의 결혼생활이 새로운 사회풍조로 자리매김하게 됨에 따라 혼외출생 아동 수의 증가라는 문제가 나타났다. 스웨덴에서 출생한 전체 신생아 중 혼외출생아의 비율이 1970년대에는 30%, 1980년대의 45% 그리고 1995년대에 들어와 54%로 증가하였다. 이러한 현상은 스칸디나비아 여러 나라에서도 동일하게 나타나고 있다. 아이슬란드에서는 신생아 2인 중 1인, 핀란드에서는 3인 중 1인, 덴마크에서는 46%, 노르웨이에서는 45.9%가 혼외출생아다(Swedish Institute, 1998).

(2) 소형화되는 가족규모

1960년대 이후 스웨덴은 가족의 규모가 현저하게 소형화되고 있다. 정부통계에 의하면, 1945년에는 4인 이상 가구가 전체의 35%, 반대로 단신자가구는 14%에 불과하였으나, 1970년에는 4인 이상 가구 26%, 단신자가구 25%였으며, 1985년에는 4인 이상 가구 19%, 단신자가구 36% 그리고 1995년에는 4인 이상 가구 17%, 단신자가구 39%에 이른다. 단신자가구가 유달리 많은 도시는 스톡홀름이다. 이 도시의 경우 전체 세대의 63%가 단신자가구다. 스웨덴에서 가장 흔히 목격할 수 있는 유형의 가족형태는 모자가정이고, 두 번째는 혼합가정(blending family), 세 번째는 친부모와 자녀들로 구성된 가정, 네 번째는 부자가정이다.

스웨덴 가족의 특징 중의 하나는 혼합가정의 비율이 매우 높다는 점이다. 혼합가정이라 함은 재혼 또는 재동거생활을 함에 있어 전처 또는 전남편과의 사이에서 태어난 자녀들과 함께 사는 가정을 말한다. 혼합가정의 자녀 중 71%는 어느 한쪽 부모와 혈연관계에 있고 나머지 29%는 혼합가정 성립 후에 출생한 자녀들이다.

혼합가족은 신확대가족(new extended family)이라고 부르기도 하는데, 이러한 가족은 형제자매관계가 생물학적인 혈연관계인지 그렇지 않으면 현재 같이 살고 있는 아내 혹은 남편이 데려온 자식인지 구분하기 어려운 경우도 있다. 예를 들어, 현재 부모가 모두 동일한 혈연관계의 형제자매와 남편 또는 아내가 재혼하기 이전에 다른 사람과의 관계에서 출생한 자녀들을 데려옴으로써 성립된 이복형제자매 등이 이에 속한다.

복합가족의 경우 어린 자녀들의 입장에서는 아빠나 엄마가 여러 명일수록 더욱 좋아하는 측면도 있다. 어린 자녀 중에는 아빠나 엄마가 여러 명 있는 것을 친구들에게 자랑하기도 한다. 생일이나 크리스마스 때 많은 선물을 받을 수 있기 때문이다. 대조적으로 자녀들 중에는 짐보따리를 가지고 아빠 집과 엄마 집을 옮겨다니면서 생활해야 하는 어려움도 있고, 복잡한 인간관계 속에서 눈치를 보며 살아야 하는 경우도 있다.

(3) 집단혼가족의 출현

스웨덴은 소수이기는 하지만 집단혼가족(group marriage family)이 존재한다. 집단혼가족은 소수의 남녀들이 일, 금전, 주거, 애정, 성생활 등을 공유하는 가족이다. 이러한 가족은 두 쌍 또는 세 쌍의 부부로 구성되는 형태 이외에 1남 2녀, 1녀 2남과 같이 3인으로 구성되기도 한다. 일반적으로 1남 2녀로 구성된 집단혼가족이 보편적인 형태이기는 하지만 1녀 2남의 가족도 결코 적은 수는 아니다. 집단혼가족 중 1남 2녀로 구성된 가정이 가장 안정된 생활을 유지하고 있다고 한다.

스웨덴에서 집단혼가족은 법적으로 인정되지 않는다. 하지만 당사자들은 정식으로 결혼한 것이라 믿고 있으며, 사회적으로도 지탄의 대상이 되는 일은 없다. 집단혼가족의 유형 중에는 동거는 하지 않지만 실제로 결혼한 것과 마찬가지로 성생활을 하면서 독신생활을 하는 부류도 이에 속한다. 독신생활을 하는 남녀 중 상당비율은 이와 같은 유형의 생활을 하고 있는 것으로 보인다.

(4) 단신자생활

단신자(singles)라 함은 법률상 배우자와 동거하지 않는 자를 말한다. 즉, 지금까지 한 번도 결혼한 경험이 없는 사람, 미혼모, 동성애자, 과거에 결혼을 한 경험이 있는 자, 별거 중인 자, 이혼한 자, 배우자와 사별한 자 등이다.

Swedish Institute(1998)의 자료에 의하면, 1950년에는 단신자가구가 20.4%, 1975년에는 30%, 1985년에는 36.1%, 1995년에는 39.5%에 이른다. 대도시지역에서는 50% 내외가 단신자가구지만 중소도시와 농촌지역에서는 35% 내외다.

스웨덴에서는 고등학교를 졸업할 때까지의 기간 중에 성 경험을 가진 자가 적지 않다. 이 나라에서는 성적 관계를 억압하는 사회풍조는 존재하지 않으며, 남녀 간에 마음이 맞으면 성관계를 맺거나 동거생활에 들어가는 것이 일반적인 현상이다. 이와 같은 사회풍조 때문에 스웨덴을 '프리섹스의 국가' 라고 오인하는 경우도 있지만 그것은 사랑하는 사람들끼리의 행위일 뿐 자유방임적, 무궤도적 성생활을 의미하지는 않는다(Swedish Institute, 1998).

2. 노인들의 생활현황

1) 노인인구 · 평균수명

스웨덴은 1950년까지만 하더라도 65세 이상 노인인구가 전체인구대비 6.2%에 불과하였으나, 그 후 계속 증가추세를 나타내 2000년에는 17.4%로 전 세계적으로도 노인인구 비율이 높은 국가 중의 하나로 자리 잡게 되었다. 앞으로도 노인인구의 증가추세는 계속되어 2010년에는 19.3%, 2030년에는 24.2%가 될 것으로 전망되고 있다. 평균수명은 여성은 81.2세,

〈표 7-1〉 노인인구의 연도별 증가추이 (단위: 명, %)

연도	65세 이상 인구		80세 이상 인구	
	인원수	전체인구 대비	인원수	전체인구 대비
1980	1,362,000	16.4	263.000	19.3
1990	1,526,000	17.8	369.000	24.2
2000	1,542,000	17.4	427.000	27.7
2010	1,738,000	19.3	499.000	28.7
2030	2,253,000	24.2	749.000	33.3

출처: Statistiska Centralbyran(2005). Statistisk arbok for sverige.

남성은 75.9세로 세계적으로도 가장 장수하는 국가 중의 하나다(Statistiska Centralbyran, 2005).

전체노인 중 80세 이상 고령자가 차지하는 비율은 2000년 현재 27.7%인데, 2020년경에는 33% 내외로 증가하게 될 것으로 예상된다(〈표 7-1〉 참조). 고령후기 노인층의 인구증가는 앞으로 복지서비스업무의 증대라는 문제점을 제기한다. 65세 이상 노인 중 대부분은 건강상태가 양호하여 일상생활을 해 나가는 과정에서 자신의 문제는 스스로 해결해 나가고 있으나, 타인으로부터 수발 또는 간병을 받아야 할 고령후기 노인층의 증가는 국가적인 차원에서의 복지서비스 수요를 증가시키는 요인이 되고 있다.[6)]

2) 자녀와의 동거율 · 상호관계 · 건강상태

스웨덴 가족에 관한 통설 중 하나는 과거의 전통사회는 노부모를 포함한 3세대 가족(three generational family)으로 구성되는 대가족이었으나, 사회구조가 산업화되면서 젊은 부부와 어린 자녀들로만 구성되는 핵가족으로

6) 특히 스웨덴의 경우는 다른 EU 국가군에 비해서 독거노인의 비율이 높다는 점, 여성의 사회참여폭, 이혼율의 증가 등으로 가족기능을 통해 80세 이상 고령후기 노인의 수발문제를 해결하기에는 한계가 있다. 그럼에도 불구하고 1990년대 이후 복지재정 압박에서 오는 문제를 해결하기 위해서 가족의 역할을 확대하는 정책을 펴고 있기도 하다.

변모하였다는 것이다. 그러한 의미에서 사람들은 과거에는 3세대가 동거하는 대가족이 보편적인 가족형태였을 것으로 믿고 있었다.

그러나 최근에 밝혀진 가족학 연구에 의하면, 스웨덴은 과거에 3세대 가족이 존재하기는 하였으나 극히 소수의 부유층에 국한되어 있었을 뿐, 경제적 기반이 약한 일반 서민층의 경우 노부모를 동거 · 부양하는 가정은 그리 흔치 않았던 것으로 밝혀지고 있다. 스웨덴 노인들이 누구와 같이 살고 있는지에 대해서 조사한 자료에 의하면, 1954년에는 전체노인 중 혼자 사는 비율은 22.5%, 노부부끼리 사는 비율까지 합한다 하더라도 그 비율은 58.5% 수준이었는데, 2000년도에는 독거노인이 41.6%, 노부부세대까지 합치면 95%에 이른다. 반면, 자녀들과 동거하는 비율은 1954년에는 39.3%였던 것이 2000년에는 4% 이내로 감소하고 있다(Popenoe, 2002).

스웨덴 노인들은 혼자 사는 노인의 비율이 높다는 점에서 고독감, 고립감으로 정서적 · 정신적으로 고통을 받고 있는 경우가 적지 않다. 노인들이 고독감, 고립감에서 벗어나기 위해서는 자녀나 친인척 또는 동료 노인들과의 상호 교류가 활발하게 이루어지는 것이 바람직하다.

노인들의 노후생활과 관련해서 조사된 각종 보고서에 의하면, 노인들은 자녀세대와 동거하지는 않지만 자녀들과의 상호교류는 비교적 빈번하게 이루어지고 있는 것으로 확인되고 있다. 스톡홀름 시가 노인들의 생활실태를 조사한 자료에 의하면, 노인 중 73% 내외는 1주일에 1회 이상 자녀들과 접촉하고 있고 고령후기 노인들의 경우 그 빈도는 더욱 높게 나타났다. 그리고 그들 중 높은 비율은 자녀가 사는 주택 근처에 거주하는 것으로 나타났다.

포페노우(Popenoe, 2002)가 조사한 또 다른 자료에 의하면, 조사대상 전체노인 중 60%는 반경 15km 이내의 거리에 자녀들이 거주하고 있었으며, 자녀와의 교류도 매우 빈번하였다. 자녀들과 매주 한두 번씩은 만난다는 노인이 21%, 매월 한두 번이 24%, 3개월에 한 번 정도가 15%였다. 그와는 반대로 어쩌다 한 번씩 또는 거의 만나지 못한는 노인은 37%인 것으로 나타

났다.[7)]

친구 또는 친척들과의 교류빈도는 해가 거듭될수록 더욱 활발해지고 있는 것으로 조사되고 있다. 1975년 조사에서는 친구 또는 친척들과 매주 한 번 이상 교류한다는 비율이 65세 이상에서는 72%, 85세 이상에서는 59%였던 것이 1998년 조사에서는 65세 이상에서는 84%, 85세 이상에서도 77.5%로 증가하였다. 한편 1980년대 이후 스웨덴의 노인 자살률은 급격히 감소되는 추세다(Popenoe, 2002). 이는 스웨덴 정부가 노인들의 고독과 소외감 해소를 위한 다양한 프로그램 개발에 힘을 기울이고 있기 때문으로 생각된다.[8)]

스웨덴 노인들에 대한 케어는 국가의 책임으로 보고 있지만 현실적으로 가족에 의해서 보살핌을 받는 경우도 적지 않다. 포페노우가 1998년도에 조사한 연구에 의하면, 가족에 의해서 비공식적으로 제공되는 여러 가지 형태의 원조는 공식적인 원조의 두 배 이상이 되는 것으로 추정하고 있다. 그리고 노부모를 보살피는 자녀 중 70% 내외는 기초자치단체로부터 케어수당을 받고 있는 것으로 나타났다. 또한 노인단독가구의 대부분은 기초자치단체로부터 가사조력서비스와 간병서비스를 받고 있다. 그리고 노인부부가구의 경우 배우자로부터 보살핌을 받거나, 배우자 이외의 가족으로부터 보살핌을 받는 경우는 아들보다는 딸에 의한 경우가 대부분이다. 노인의 건강상태에 대한 조사에서는 연금수급연령에 도달하는 65세 전후의 노인들 10명 중 6명은 건강상태가 양호한 것으로 진단되지만, 연령이 높아짐

7) 스웨덴 노인들의 생활실태를 알아볼 때 주목해야 할 것은 자녀들과 어쩌다 한 번씩 또는 거의 만나지 못한다는 비율이 40%에 육박하고 있다는 사실이다. 즉, 많은 노인이 자녀와의 교류가 단절된 상태에서 여생을 살아가고 있다는 점이 우리 문화와는 많은 부분에서 차이가 있음을 말해 주고 있다.

8) 스웨덴의 노인들은 자녀와의 상호교류빈도보다는 동년배의 친구 또는 친척들과의 교류가 더욱 활발하다. 과거의 직장동료나 동년배의 친척들과의 교류는 매우 빈번히 이루어진다. 자녀와의 교류도 비교적 빈번히 이루어지고 있는 편이지만, 자녀의 배우자 또는 손자녀들과의 교류는 거의 이루어지지 않고 있다. 따라서 우리나라와 같이 가계의 연속성은 거의 이루어지지 않는다.

에 따라 그 비율이 감소하기 시작하여 85세 이상이 되면 건강상태가 양호한 노인은 20% 내외로 감소된다. 최근에 노인의 건강상태가 과거에 비해 많이 개선되었다고는 하지만, 만성질환의 비율은 20년 전과 별 차이가 없다. 도리어 고령후기 노인의 경우는 만성질환상태 또는 기능저하현상의 노인비율이 더욱 증가하고 있다.

3) 지역사회와 노인의 사회참여

스웨덴 노인들 중 높은 비율은 65세 생일을 맞이하는 다음 날부터 직장을 떠난다. 일단 직장에서 은퇴한 노인이 또다시 다른 일거리를 찾는 경우는 거의 찾아볼 수 없다. 한 가지 예외가 있다면 회사 측에서 그들의 특수한 기능과 능력을 아쉬워하며 계속 근무해 줄 것을 요청하는 경우다. 이 경우 본인이 동의하면 일을 계속 할 수는 있지만 그것도 67세까지다. OECD (2007)에 따르면, 향후 스웨덴 65세 이상 노인인구의 노동률은 OECD 국가 전체의 평균에도 미치지 못할 것으로 예측하고 있다([그림 7-1] 참조).

65세의 정년은 동시에 연금의 수급개시를 의미한다. 원래 취업을 하는 목

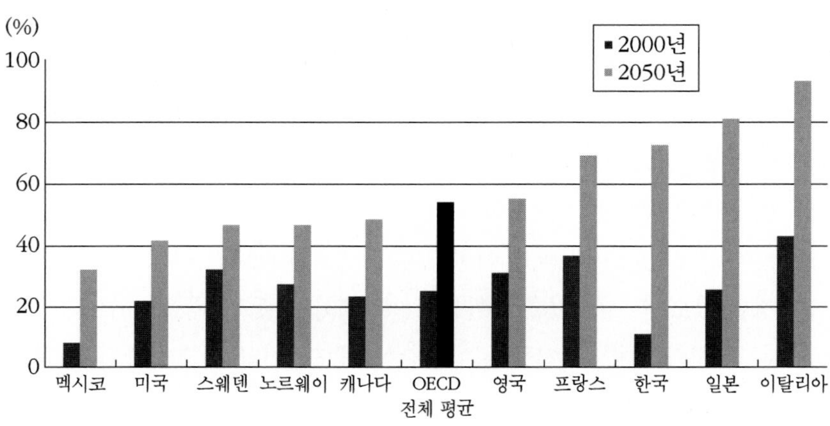

[그림 7-1] 65세 이상 노인인구의 노동률

출처: OECD(2007). Factbook 2007. Economic, Environmental and Social Statistics. 재구성.

적은 생활비를 벌기 위함이었으므로 정년퇴직 이후에는 연금이 봉급의 역할을 대신한다. 연금 수급액의 수준은 대체로 퇴직 전 실질소득의 60~70% 수준이다.

정년퇴직 이후의 생활은 매일이 휴일이다. 건강한 노인들은 각자 자유시간을 즐기기 위한 방법을 선택한다. 정년퇴직한 노인들 가운데 높은 비율은 교외에 위치한 경치 좋은 별장에서 여생을 즐긴다. 별장을 소유한다는 것은 일부 부유층의 전유물이라고 인식하는 우리와는 매우 다른 모습이다(Popenoe, 2002).

일부 노인들은 일조시간이 많은 여름에는 국내에 거주하지만 추운 겨울에는 기후가 온화한 남유럽으로 이동해서 호텔생활을 하다가 봄이 되면 다시 자택으로 돌아오는 생활을 한다. 연금생활자들이 비싼 호텔에서 장기간 체류할 수 있는 것은 연금만으로도 그러한 비용을 쓰는 데 크게 부족함이 없다는 점도 있지만, 노인들이 여행업계가 관광비수기에 특별염가로 판매하는 장기채류 패키지(long stay package)를 이용하기 때문이다.

스웨덴 노인의 사회활동 참여는 연금생활자를 위한 각종 시니어클럽, 기초자치단체에서 설치한 데이센터에 의해서 활발하게 이루어지고 있다. 시니어클럽과 데이센터에서는 각종 취미오락, 스포츠, 학습, 여행 등의 프로그램과 그룹활동이 이루어지고 있다. 노인을 대상으로 가정 외에서의 활동을 조사한 연구에 의하면, 노인들의 가장 활발한 활동으로는 종교활동이 51%로 가장 많았으며, 그다음으로 카드놀이 37%, 시니어 클럽활동 33%, 연극과 음악회 32% 등의 순으로 나타났다(Swedish Institute, 1998).

한편 매일, 매주, 매월의 참여빈도 평균치를 살펴보면, 카드놀이가 25%로 가장 높았으며, 시니어 클럽활동 24%, 교회와 종교활동 20%로 각각 나타났다. 다시 말해서, 노인들은 매일같이 카드놀이와 빙고게임 등을 즐긴다. 그리고 시니어 클럽활동은 도시지역에서, 종교활동은 농촌지역에서 그 비율이 높았다.

스웨덴 노인들의 사회활동 참여에 있어서 데이센터의 활동은 매우 중요한 의미를 지닌다. 데이센터는 거의 모든 기초자치단체에서 설치 · 운영하고 있다. 노인들은 데이센터에서 각종 레크리에이션, 취미활동, 기능회복훈련 등의 활동을 한다. 데이센터의 이용은 무료지만 식비나 재료비는 본인부담이다. 또한 기능회복훈련을 받는 노인은 이용료의 일부를 본인이 부담한다. 와상노인 등 센터까지 나올 수 없는 노인들에게는 지구복지사무소의 직원이 각 가정으로 방문해서 독서나 취미 등의 서비스 기회를 제공하기도 한다.

데이센터는 기초자치단체에 의해서 설치 · 운영되고 있기는 하지만, 최근에는 센터를 이용하는 노인대표로 구성된 '이용자위원회' 로 하여금 시설운영에 참여하도록 유도하고 있다. 이는 직원을 감축시킴으로써 인건비를 줄여 보자는 측면도 있지만, 그보다는 노인들이 센터의 직원들에게 일방적인 서비스를 받는다는 것이 결과적으로 노인들의 소극적 또는 수동적인 생활습관을 조장한다는 인식 때문이다. 이와 같이 스웨덴에서는 노인들의 활동성을 높여야 한다는 점을 중시하고 노인들로 구성된 조직에게 센터운영에 보다 많은 책임을 부여하는 정책을 펴고 있다. 이러한 정책방향은 노인들의 능력과 지식을 인정하는 중요한 계기가 된다는 점에서 주목할 만하다.

데이센터의 프로그램은 노인들이 취미 · 오락 활동을 위한 그룹을 형성하여 자주적, 자치적으로 운영되고 있다. 이러한 활동은 노인들이 잔존능력을 활용하여 자기결정의 원칙을 살린다는 의미와도 연결될 뿐만 아니라 자원봉사활동이라는 측면에서도 바람직하다. 그러나 노인들의 자원봉사활동은 국민들 간에 널리 인식되어 있지 않을 뿐 아니라 그 필요성도 크게 강조되어 있지는 않다는 것이 오늘날의 현실이다. 일부 정치인들에 의해 노인들의 자원봉사활동을 정책적으로 추진하자는 제안이 있을 정도다.

최근 정부는 재정난을 이유로 노인에 대한 여가활동관련 프로그램 모두를 공공기관에서 운영한다는 것에는 한계가 있다는 점을 제기하고 있다. 이러한 점에서 향후 노인자원봉사활동 참여와 관련된 정책을 어떤 방향으로 발전시켜 나갈지의 귀추가 주목된다.

제8장 | 복지이념과 노인복지정책

제1절 스웨덴의 사회복지이념

1. 복지모델의 특징과 형성과정

복지정책도 시대의 흐름과 더불어 변화하기 때문에 이에 대한 국가 간 비교는 용이하지 않다. 에스핑앤더슨(Esping-Andersen, 1990)에 따르면, 복지정책의 모델은 자유주의적 복지국가모델, 협동주의적 복지국가모델, 사회민주주의적 복지국가모델로 구분할 수 있다. 이 세 가지 모델 중에서 스웨덴은 사회민주주의적 복지국가모델에 해당한다. 스웨덴은 제도적 재분배를 강조하는 국가이며 사회권의 부여수준이 높고 시장개입적인 복지국가다.[1] 이와는 대조적으로 팔메(Palme, 1990)는 욕구(needs)의 의존도

(자산조사), 대상그룹, 급부수준 그리고 제도의 구축내용 등을 비교하면서 이를 네 가지 모델로 분류하고 있다. 이 모델은 단순히 포괄적이냐 선별적이냐 하는 개념만으로는 설명이 불충분한 스웨덴을 이해하는 데 가장 적절한 분류라고 할 수 있다.

스웨덴은 오늘날 국제사회에서 복지국가를 대표하는 하나의 모델을 제시하고 있는 국가로 인식되고 있다. 그 이유는 ① 기초연금제도+보수비례연금이라는 이층구조 연금제도를 시행하고 있는 대표적인 국가라는 점, ② 1999년 고령사회화 및 경제변동에도 그다지 지장을 받지 않는 연금제도를 도입한 국가라는 점, ③ 정상화(normalization) 이념에 입각해서 노인과 장애인에 대한 보편적 복지서비스(personal social service)를 실시하고 있는 국가라는 점, ④ 최근에는 노인에 대한 모든 서비스를 기초자치단체로 이관시킨 에델개혁을 단행한 국가라는 점, ⑤ 영국과 더불어 국민보건서비스(National Health Service)에 의한 의료보장제도를 실시하고 있는 국가라는 점 등이다.

이와 같이 스웨덴이 국제적으로 주목받는 복지국가로 등장하기까지는 복지정책을 지향한 스웨덴 사회민주당이 장기 집권하면서 복지국가로서의 틀을 확립했기 때문이다. 또한 사회민주당이 그 틀을 확립하는 데는 소련

1) 에스핑앤더슨이 구분한 세 가지 복지모델 중 자유주의적 복지국가(liberal welfare state)는 자산조사에 의한 공적부조 등 주로 저소득층을 대상으로 한다. 급부율은 최소한도를 보장하며, 가급적 민간주도의 복지공급방식을 장려한다. 이 모델의 전형적인 예로는 미국, 캐나다, 오스트레일리아 등으로, 이에 가까운 정책을 펴고 있다. 그가 말하는 협동주의적 복지국가(co-operation welfare state)는 시장기능의 상품화에 관한 자유주의와는 상반된다. 협동주의는 복지공급자로서의 시장기능에 대체될 수 있는 국가기구의 형성을 의미한다. 그러므로 영리를 목적으로 하는 민간보험이나 지역단위 부가급부의 역할은 최소화시킨다. 이 모델이 추구하는 보조성의 원리(subsidiarity principle)는 그 대상을 서비스하는 가족의 능력이 소모된 경우에 한해서 국가가 개입한다는 것이다. 이 모델의 전형적인 예로는 오스트리아, 프랑스, 이탈리아 등을 들 수 있다. 그리고 사회민주주의적 복지국가(social democratic welfare state)는 보편주의적 원리와 비상품적 · 사회적 제 권리가 신중간층까지 확대된 국가에 의해서 형성된다. 최저한의 필요성에 의한 평등보다는 최고의 기준에 의한 평등을 지향하는 복지국가를 말한다. 스웨덴, 덴마크, 핀란드 등이 이에 속한다.

의 사회주의 발전을 내용으로 한 『복지국가를 넘어(Beyond the Welfare state)』를 저술한 스웨덴 출신의 군나르 뮈르달(Gunnar Myrdal)과 정상화 이론을 전개한 덴마크의 학자 뱅크미켈센(Bank-Mikkelsen)의 영향을 받은 것으로 알려져 있다.[2)]

'인민의 집(people' s home)' 이란 개념도 스웨덴을 사회민주주의 국가로 발전시키는 데 크게 기여하였을 것으로 보인다. 1928년 사회민주당의 지도자가 된 한손(Per Albin Hansson)은 의회에서 국가와 가정을 연계하는 인민의 집 개념을 제시하였다. 그는 좋은 가정은 공동체와의 연대를 특징으로 하고 있으며, 좋은 국가 역시 이러한 가정과 다르지 않다고 역설하였다.

그 후 스웨덴에서는 인민의 집 개념이 하나의 중요한 정치철학으로 자리 잡게 되었다. 한손이 스웨덴을 인민의 집으로 표현한 것은 나름대로의 이유가 있다. 스웨덴인은 대체로 체제순응적인 성격을 지니고 있다. 그들은 제도나 문화활동에 있어서도 타협과 협동이 잘 이루어진다. 이러한 스웨덴인의 국민성은 스웨덴 사회가 합리적으로 기능하는 데 기여하였다. 단일민족을 구성하고 있다는 점, 주된 종교가 개신교라는 점도 이 나라의 국민들이 조직과 집단활동을 순기능적으로 기능하도록 하는 데 기여하고 있다.

한손은 사회민주당이 인민의 정당임을 주장하면서 보다 나은 사회보장을 위한 수단으로서 정책적 협력과 상호 이해를 강조하였다. 사회민주적 이상이 스웨덴의 전통적 가치에 뿌리를 두고 있다는 사실은 한손이 찬양한

2) 스웨덴의 학자 뮈르달의 중심적 관심사는 서구사회 여러 나라의 민주적 복지국가를 연구하는 것이었다. 복지국가와 관련된 그의 저서 『복지국가를 넘어』에 의하면, 복지국가를 이상적으로 미화시킬 사항만은 아니라고 말한다. 그러한 국가형태에서는 발전시킬 것이 있음과 동시에 반대로 억제하지 않으면 안 될 부분도 있음을 지적하면서 복지국가이념을 이상주의적으로 해석하는 데 주저한다. 그는 복지국가를 민주적인 자유를 토대로 국가계획의 도입을 용인하는 체제라고 해석하고, 그것은 자유냐 계획이냐의 양자택일의 관점에서 해결되지 않는 사태가 발생할 수도 있다고 했다. 민주화가 강하면 국가계획의 안정이라는 측면에서는 문제가 발생하지만 국가계획이 강화되면 민주화가 억압될 수 있다. 따라서 그는 복지국가를 형성함에 있어서는 민주화와 국가계획 양자의 조화를 어떻게 조정해 나갈 것인가에 의해서 그 성패가 판가름될 수 있다고 주장하였다.

인민의 집이란 주제에 의해 분명해지고 있다.

스웨덴에서 형성된 스웨덴식 복지국가의 개념은 시장에 의해서 생성되는 빈곤과 불평등을 해결하기 위하여 전체인구를 대상으로 소득, 의료, 주택, 교육, 노동조건 등의 기준을 설정하고 조세나 재분배 정책을 이용하여 평등과 연대를 이루는 것을 목표로 하고 있다. 이것은 이른바 복지구성요소라 불리는 생활수준의 구성요소로서, 여기서 복지의 의미는 경제적 복지만이 아니라 인간의 자유와 안전까지도 포함한다(박병현, 2005).

스웨덴형 복지국가를 지탱하는 사회민주주의 기본이념에 대해서는 학자들 간에 약간의 견해 차이가 있다. 하지만 뮈르달로 대표되는 스톡홀름학파에 따르면, 사회민주주의는 보편주의, 평등, 사회적 시민권의 보장 그리고 평등과 효율의 융합을 지향한다고 하였다. 또한 복지국가와 관련해서 많은 연구논문을 발표한 퍼니스(Norman Furniss)는 복지국가 스웨덴의 기본적 가치로서 ① 평등(equality), ② 자유(freedom), ③ 민주주의(democracy), ④ 연대성(solidarity), ⑤ 생활의 안정(security), ⑥ 경제적 효율(economic efficiency) 등을 들고 있다.

많은 연구에서는 사회보장 · 사회복지의 모델을 분류할 때 독일 비스마르크가 창설한 사회보험제도를 원류로 하는 유럽대륙형 모델과 베버리지(William Henrey Beveridge)에 의해 도입된 영국형 모델로 대별하고, 스웨덴을 영국형 모델로 보는 학자들이 있는데, 이러한 분류에는 적지 않은 문제가 있다. 스웨덴이 개발한 광의의 사회복지정책은 영국형 모델과는 근본적으로 많은 차이가 있기 때문이다(Arthur, 1993).

사회복지정책을 추구하는 국가 중에는 사회보장국가(social security state)와 사회복지국가(social welfare state)가 있다. 사회보장국가는 사회보장제도에 의해서 국민이 일정한 생활수준에서 탈락함이 없도록 하는 최저보장 시스템을 취하고 있으며, 영국과 독일이 이에 속한다. 그러나 이와는 대조적으로 스웨덴 모델의 사회복지국가에서는 최저한도의 보장만으로 만족하지 않고 모든 국민이 보다 나은 생활수준을 유지할 것을 목표로 함과 동시에 소득재분배정책에 의해 기회균등을 도모하고자 하는 정책을 추구한다.

2. 보편주의와 소득재분배

복지국가 스웨덴의 특징을 설명할 때 포괄적 보편주의라는 용어가 종종 인용된다. 그러나 현실적으로 포괄주의 또는 보편주의적 사회복지정책의 정의를 명확히 구분하기란 쉽지 않다. 학자에 따라 의미하는 내용이 다를 수 있고 나라마다 다른 해석이 가능하기 때문이다.

비록 그러하더라도 이 정책의 핵심은 모든 사람을 정책대상으로 포괄하느냐 그렇지 않으면 정책대상을 일부 특정인에게만 국한시키느냐라는 관점을 기준으로 삼는다면 그 구분이 가능하다.

포괄적 보편성은 사회적 평등, 사회적 공평 또는 정책의 효율성을 크게 좌우한다는 것이 많은 연구자에 의해서 실증되고 있다. 소득재분배과정에 관한 논의가 그중의 하나다. 스웨덴의 세제는 유럽의 다른 나라들에 비해 그 누진율이 높지 않다. 사회보장급부 또는 사회복지서비스 등이 보편주의 원리에 따라 배분되고 있는 것은 이해할 수 있으나, 세제까지도 누진세제보다는 비례세제에 중점을 둔다는 것은 소득재분배 효과를 무시하는 것이나 다름없다는 비판이 있을 정도다.

그러나 스웨덴은 그러한 비판에 대해 소득재분배 효과를 높이기 위해서 반드시 누진세제 또는 선별적 복지정책에 의존할 필요가 없다는 입장이다. 그 이유는 비록 세율이 동등하더라도 고소득자와 저소득자 간에 지불하는 세액의 차이가 있고, 사회보장급부가 원칙적으로 소득비례이기는 하지만 급부액에 상한제가 설정되어 있어 문제가 없다는 것이다(Arther, 1993).

이 경우 중요한 것은 이전지출 총액의 크기다. 사회복지정책의 포괄성과 보편성의 정도가 높을수록 재분배의 효과가 높다는 것이 국제적으로도 인정되고 있는 사실이다. 예를 들어, 노인빈곤문제와 관련해서 선별적 복지정책을 채택하고 있는 미국, 호주 등의 국가에 비해 보편적 복지정책을 채택하고 있는 스웨덴이나 핀란드 등의 국가에서 노인들의 빈곤격차가 크게 나타나지 않는다는 것이 이를 입증하고 있다.[3)]

3. 보편주의와 사회적 시민권

1) 사회적 시민권의 의의

소득재분배정책은 포괄적 또는 보편적일수록 재분배의 효과를 높일 수 있다는 점 때문에 복지국가 운영의 중요한 수단이 될 수 있다. 동시에 국민의 광범위한 지지를 얻을 수 있고 또한 국가의 도덕적 권위를 높일 수 있다. 그리고 사회적 시민권 확립에 크게 공헌할 수 있다.

영국의 학자 마셜(Marshall, 1972)은 시민권을 시민적 시민권, 정치적 시민권 그리고 사회적 시민권의 세 가지 유형으로 분류하였다. 시민적 시민권이란 자유권이고 정치적 시민권은 참정권, 즉 정치적 참가의 권리다. 사회적 시민권은 교육, 의료, 사회복지에 대한 권리를 의미한다. 이 세 가지 유형의 시민권은 모두 평등을 원칙으로 한다. 시민권은 사람들을 불평등한 사회계급으로 분류하는 것이 아니고 사회적 시민권의 확대에 의해서 계급간의 격차 축소를 가능하게 하는 것이다.

포괄적 · 보편적 복지정책의 특징은 시민을 사회적 계층에 의해서 차별

---

3) 포괄적 · 보편적 모델에서는 모든 국민을 대상으로 하며 최저한의 보장만이 아니라 일정한 문화적인 생활수준까지도 보장한다. 내용 면에서는 기초소득보장과 소득비례보장에 의한 협동주의 모델을 병합시킨 형태라 할 수 있다. 그러나 이것은 직업그룹별 소득보장은 아니고 모든 국민을 포괄하는 소득보장이다. 1955년 스웨덴이 도입한 의료보험과 1960년에 도입한 기초연금은 국민부가연금에 의해서 보완되었기 때문에 스웨덴의 복지정책은 표준보장모델이라고 할 수도 있다. 스웨덴 이외에도 노르웨이와 핀란드가 이 모델을 채택하고 있다.

하지 않고, 원조를 필요로 하는 시민 또는 빈곤한 시민을 일반인으로부터 선별하거나 특별한 사람으로 취급하지 않는 것이다. 또한 포괄적 · 보편적 복지정책은 모든 사람들이 자립한 시민으로서 사회참가 또는 자기실현을 할 능력과 기회를 대등하게 가질 수 있도록 보장하는 것을 중시한다.

자기실현의 주체는 자립한 시민이지 복지국가가 아니다. 복지국가의 책무는 여러 가지 장애로 인해서 자신의 역량으로는 사회참여가 불가능하거나 결함이 있는 사람에 대하여 사회적 시민권이라는 관점에서 보장해 주는 것이다.

스웨덴에서는 최근 경제적 효율의 관점에서 지금까지의 복지정책을 재점검하고 복지재정의 대폭적인 감축을 주장하는 경제학자들도 있으나, 이러한 학자들조차 포괄적 · 보편적 복지정책에 관한 지지의 태도에는 변함이 없다.

2) 포괄적 · 보편적 복지정책의 도덕성

스웨덴은 국민 모두가 평등하다는 것을 기본으로 하는 시민권이 법적으로 보장되어 있다. ① 자유로운 의사의 표현(통치법 제1장 제1조), ② 모든 사람이 동등한 가치를 지님과 동시에 개인의 자유와 존엄(통치법 제1장 제2조), ③ 종교의 자유(통치법 제2장 제1조)에 명시되어 있는 바와 같이 개인의 가치관에 대한 국가의 중심성이 보장되어 있다.

포괄적 · 보편적 복지정책이 지니는 또 하나의 장점은 정책이 공정한 방법에 의해서 실시되고 있는가에 대한 수속의 공정성이다. 포괄적 복지정책 모델에서는 서비스 등의 수급대상자에 대한 필요성(needs) 인정절차 또는 자산조사(means test)에 의해 선별적으로 조치하는 행정수속이 필요하지 않다.[4)]

4) 스웨덴의 복지제도는 다음과 같은 세 가지 점에서 포괄적인 것으로 지목되고 있다. 첫째, 특정한 문제가 있는 집단을 대상으로 복지를 제공하는 것이 아니라 국민 전체를 대상으로 한다는 점이

이에 비하면 선별모델에서는 그 실시과정에서 수급자의 민주적 관리가 용이하지 않고, 신청자에 대한 불신 또는 행정기관에 의한 권력남용의 문제가 발생하는 등 수급자에 대해서 일반인과 동일한 인간존중의 태도를 취한다는 것은 용이하지 않다.

또한 시간적으로 여유가 있고 정보나 지식에 접할 기회가 많은 사람은 그렇지 못한 사람에 비해 서비스의 수급에서도 우선하여 수급받을 여건에 해당하여 정책 실시과정에서 결과적으로 공정성을 잃게 되고, 그 결과 복지정책 자체의 지지에 손상을 입게 된다는 지적도 있다. 그것은 시민사회 내부에 수급자와 일반시민이라는 이중구조가 형성되고 빈곤자의 세대적 재생산과 빈곤자의 고정화 · 영구화로 연결된다.

반면 스웨덴이 추구하는 포괄적 · 보편적 복지정책은 그 정책 자체가 지닌 절차의 공정성으로 인해 시민사회의 내부 분열을 방지함과 동시에 사회적 시민권의 확대와 강화를 통하여 계층 간의 격차를 축소시키고 생활수준의 균등화를 촉진시킬 수 있다는 특징이 있다.

4. 목적 또는 수단으로서의 평등

복지국가에서의 평등은 자유주의적 의미에서 기회균등의 범주에 그치지 않고 계급격차를 축소한 사회생활에서의 실질적 평등을 의미한다. 이러한 의미에서의 평등은 스웨덴 복지국가의 중요한 목적 중 하나일 뿐 아니라 사회민주주의의 중요한 목적이기도 하다.

66

다. 그 전형적인 예로는 국민 누구나를 대상으로 하는 질병에 대한 국민의료서비스와 특정 연령 이상의 국민 모두를 대상으로 하는 비기여형(non-contribution) 노령연금제도를 실시하고 있다는 점이다. 둘째, 복지프로그램이 입법조치에 의해 제도화되어 있어 모든 국민은 사회복지와 사회보장을 받을 권리를 보유하고 있으며, 개인의 책임을 중시하던 종전의 사고에서 벗어나 집단의 책임으로 전환했다는 점이다. 셋째, 복지는 일상생활과 관련된 모든 상황을 대상으로 제공된다는 관점, 그중에는 가족문제, 여가활동 그리고 정치에의 참여 등도 포함된다.

스웨덴은 복지국가라는 개념이 부각되기 이전부터 연금이나 의료 등과 같은 사회정책이 평등을 실현하기 위한 중요한 전략이기는 하였지만, 사회정책만으로는 평등한 사회의 실현은 불가능하고, 평등한 사회를 실현하기 위해서는 노동생활에서의 민주주의나 소유구조의 변혁 등을 필요로 한다는 점을 인식하고 있었다.

스웨덴의 사회민주주의는 교조적 · 관념적 평등개념을 일찍이 포기하고 자기실현 기회의 평등화, 자산보유의 민주화와 평등화, 정치적 · 결정과정에서의 평등한 참가 등 실질적인 정책수단을 통해서 정치적 · 사회적 평등을 지향하고 있다. 스웨덴에서는 빈곤의 근절이나 계층 격차의 축소가 소득재분배를 통해 실현 가능하다고 보기보다는 개인이나 가족의 사회적 시민권을 확대하고 경제적 자립의 수준을 높임으로써 평등을 실현할 수 있다는 입장을 취하고 있다.

평등에 관한 또 하나의 중요한 논점은 경제적 효율성과의 관계다. 스웨덴의 사회민주주의가 성공을 거두고 있는 또 하나의 원인은 평등과 경제적 효율성이라는 이질적 개념을 합목적적으로 통합시킬 수 있었기 때문이다. 평등과 경제적 효율성의 융합이 아니라 평등이 경제적 효율성을 높이기 위한 수단으로 자리 잡은 점이 스웨덴 사회민주주의의 특징이다.

다시 말해서 구매력의 균등화는 경제정책의 전제이고, 가족정책은 인구적정화에 대한 투자이며, 보건의료자원의 공정한 분배 또는 교육을 받을 기회 균등의 보장은 노동생산성을 높이기 위한 기본적인 조건으로 보고 있다.

평등의 확대는 자유의 확대와 연결된다. 복지국가에서의 평등과 자유는 상호 보완적 관계에 있다. 자기결정에 의한 선택은 복지국가의 기본적인 가치기준이다. 그러나 복지국가에서의 자유는 자유주의자들이 말하는 무제한의 방임적 자유와는 다르며, 사회가 직면한 중요한 과제의 해결을 위해 필요한 경우에는 부분적인 자유의 규제는 용인된다.

스웨덴의 복지국가는 평등의 실현에 기여했을 뿐만 아니라 계급을 초월한 보편적 사회연대의 실현을 가능하게 했다고 볼 수 있다. 그것은 미국이

나 영국과 같이 계급성이 강한 사회와 민간주도의 복지제도하에서의 개인주의와는 다른 측면이 있다.[5)]

5. 민주주의의 기본적 가치

스웨덴의 공교육이나 사회복지사업 모두 민주주의적 가치관 위에서 운영되고 있다. 민주주의는 오늘날 중요한 가치로 평가받고 있지만 그 정의가 반드시 통일되어 있다고 단정할 수는 없다. 예를 들면, 마셜(1972)은 그의 저서 『복지자본주의의 가치문제(Value problems of welfare capitalism)』에서 민주주의를 복지국가의 정치적 수법 또는 과정으로 이해하고 있다.[6)]

민주주의는 개인의 이익이나 의견을 조정하는 수단이며, 그 통치는 자기통치능력을 신뢰하는 시민의식으로부터 성립된다. 또한 민주주의는 개인의 자율(자유)과 대등한 가치(평등) 및 대등한 권리를 수반하는 통치형태다.

복지국가가 강조하는 민주주의는 국가의 정책의사결정과정에 시민의 참여를 의미한다. 모든 사람의 의견이 존중되고 개인의 자유로운 의사에 의한 합의 형성이 가능한 것은 모든 사람이 자진해서 그 합의 형성(결정) 과정에 참여했을 때다.

완전한 참여는 현실적으로 어려운 일이다. 하지만 복지국가에서는 한 사람이라도 더 많은 인원을 참여시키는 것이 중요하다. 왜냐하면 복지국가에서는 평등을 민주주의의 기본적 가치로 생각하기 때문이다.

5) 에스핑앤더슨에 의하면, 스웨덴에서의 복지국가 발전 과정은 초기에는 프롤레타리아들에 의한 소규모의 사회주의적 연대에서 점차 소시민까지 포함하는 연대의 개념으로 발전하는 과정을 밟았다.

6) 마셜은 사회보장의 가치를 둘러싼 현재의 문제상황과 사회보장이론이 갖고 있는 앞으로의 방향성에 대하여 시사하는 바가 크다. 마셜의 업적 중에서도 특히 시민권이론과 민주 · 복지 · 자본주의 연결사회 모델에 관한 논의는 현대 사회보장이론을 구축하는 데 크게 기여하였다.

복지국가 스웨덴에서 정치는 일부 엘리트의 책임이 아니라 국민 전체의 책무로 간주한다. 또한 스웨덴의 민주주의는 표현의 자유나 참정권 등 전통적 의미에서의 민주적 권리 행사에 머물지 않고 지방자치, 노동조합, 직장조직 등 다양한 사회형성과정에 참여하는 것을 요구하고 있다.

또한 스웨덴의 사회민주주의는 민주주의적 가치기준의 적용을 정치분야뿐만 아니라 경제 및 사회분야 전반에 걸쳐 요구한다. 규제나 책임이 수반되지 않는 경제적 · 정치적 권력은 민주주의 사상과 상반되는 것이며, 이들의 권력행사는 공적인 통제의 범위 내에서 분산되어 행사되어야 한다고 본다. 이러한 점에서 스웨덴에서는 지금까지 장기간에 걸쳐 민주주의의 심화와 권력의 분산화를 위해 부단히 노력해 왔다.

제2절 노인복지의 원칙 및 정책

1. 노인복지의 기본원칙

스웨덴의 노인복지정책에는 몇 가지 기본원칙이 있다. 따라서 노인복지정책의 기본방향을 이해하기 위해서는 우선 그 원칙이 어떤 것들인지를 알아둘 필요가 있다.

1) 정상화의 원칙

정상화(normalization)의 원칙이란 서비스를 제공함에 있어서 요보호노인이 가능한 한 지역사회 내에서 통상적으로 생활을 계속할 수 있도록 배려함으로써, 문제가 없는 일반인들과 다름없는 형태로 생활할 수 있게 도와주어야 한다는 것이다. 따라서 도움을 제공할 때는 차별을 한다거나 남들에 의해서 주목받는다는 느낌이 들지 않도록 유의해야 한다. 노인이나 장애인들이 시설에 머물기보다는 가급적이면 평상시 자신이 살던 주택에 살면서 주민들과 더불어 정상적인 생활을 할 수 있도록 도와주어야 한다.

2) 전체성의 원칙

전체성(whole)의 원칙이란 요보호노인에게 서비스를 제공할 때, 그가 처한 환경을 폭넓은 관점에서 통찰하고 접근하는 태도를 의미한다. 요보호노인 개개인의 욕구를 심리적, 신체적 측면에 걸쳐 종합적으로 파악하고 분석하여 문제를 해결해야 한다. 따라서 요보호노인이 겪는 문제의 직접적인 원인을 해결하는 데만 주력하지 말고 그의 일상생활 전반에 걸쳐 삶이 향상될 수 있도록 지지와 도움을 제공하는 것이 중요하다.

3) 지속성의 원칙

지속성(continuity)의 원칙이란 요보호노인에게 제공되는 서비스가 간헐적 또는 일시적인 조치로 진행되어서는 안 되며, 가급적 동일한 서비스 제공자가 요보호노인에게 더 이상의 서비스를 제공하지 않아도 되는 상태에 도달할 때까지 일관적이고 지속적으로 서비스를 제공해야 한다는 것을 의미한다. 또한 이 원칙에는 서비스 제공자가 휴가 상태에 있거나 또는 기타 돌발상황으로 소정의 업무를 수행할 수 없는 경우에 대비하여 원활한 팀워크로 서비스가 지속되도록 하는 배려도 포함하고 있다.

4) 융통성의 원칙

융통성(flexibility)의 원칙이란 요보호대상 노인에게 서비스를 제공함에 있어서 기존의 관습에 얽매이거나 기존의 틀을 벗어나면 안 된다는 고정관념에 사로잡혀서 모든 대상자를 일률적으로 다루어서는 안 된다는 것이다. 개인이 처해 있는 상황은 각기 다를 수 있다는 전제하에 다양한 욕구에 효과적으로 부응할 수 있도록 융통성 있게 서비스를 제공하여야 한다는 것이다.

5) 접근성의 원칙

접근성(vicinity)의 원칙이란 요보호노인에게 사회적 서비스를 제공함에 있어서 요보호노인과 서비스제공자가 언제나 필요할 때 손쉽게 만날 수 있도록 접근성이 보장되어야 한다는 것이다. 접근성에 문제가 있는 경우에는 도움을 필요로 하는 긴급한 상황에서 적절한 서비스가 이루어지지 못하는 사태가 발생할 수도 있다. 또한 접근성에 포함된 의미 중에는 노인이 부득이한 사정으로 시설에 입소했을 경우 가능한 한 가족이나 친지들과의 만남이 중단되지 않도록 하는 배려도 있다. 그러기 위해서는 시설 자체가 노인이 과거에 살던 지역에서 멀리 떨어져 있어서는 안 된다는 의미도 포함된다.

6) 자기결정의 원칙

자기결정(self determination)의 원칙이란 요보호노인 각자가 자신의 문제는 자기 스스로 결정할 권리가 있으므로 노인에게 서비스를 제공함에 있어서도 정부나 사회는 그 결정을 존중하는 선에서 도움을 주어야 한다는 뜻이다. 자기결정은 일상생활에 대한 자기책임을 전제로 한다. 자기결정부가 존중되지 않는다는 것은 인간으로서의 독립된 인격이 부정된다는 것을 의미한다. 자기결정부와 독립된 인격은 상호 연관되어 있으며, 이는 인간의 존립을 가능하게 하는 중요한 전제가 되므로 서비스를 제공할 때 자기결정부는 최대한 존중되어야 한다.

7) 사회참여와 적극적인 활동의 원칙

사회참여란 노인들이 늙었다는 이유로 사회의 뒷전에 머물러 있을 것이 아니라, 정치 · 문화 · 종교 등 모든 분야에서 또는 지역사회의 발전을 위해서 도움을 주거나 좋은 영향을 미칠 수 있는 봉사활동 등에 적극 참여하도록 유도해야 한다는 것이다. 그리고 적극적인 활동이란 노인들 각자가 자신의 체력, 능력 또는 취미에 따라 타인들과 협력하며 보다 적극적으로 대인관계를 유지시키고 발전시켜 나가도록 유도하는 정책을 펴야 한다는 것이다.

2. 노인복지 자원배분의 효율화 정책

1980년대 이후 구미선진국의 여러 나라들은 연금제도, 의료보험제도, 노인복지서비스 분야에 있어서 큰 폭의 개혁을 단행하고 있다. 이는 고령사회의 심화로 인한 복지예산 과중부담, 경제성장률의 둔화로 인한 조세수입원의 감소 등의 요인으로 인해 현실적으로 종전의 사회보장제도를 원형 그대로 유지하는 데 적지 않은 부담이 되고 있기 때문이다.

이러한 맥락에서 스웨덴은 최근 국민의 재정부담을 더 높이지 않는 상태에서 노인복지의 수요를 충족시키기 위한 대안을 자원배분의 효율화에 두고 있다. 스웨덴이 추구하고 있는 자원배분의 효율화 정책 중에는 다음과 같은 내용이 포함되어 있다.

1) 비용의 자부담을 유도하는 정책

스웨덴이 1980년대 이후 적극적으로 추진해 온 노인대상 서비스 정책 중에는 서비스에 소요되는 비용 또는 인력의 많은 부분을 본인 스스로 해결하도록 유도한다거나, 가족 · 이웃 · 비영리 민간단체 등 비공식부문의 역할을 확대시키는 정책이 포함되어 있다. 노인들이 당면하는 문제 중 많은 부문을 가급적 본인 스스로의 노력으로 해결하거나 그것이 용이하지 않을 때는 가족 또는 이웃 등 비공식 자원을 통해서 해결하도록 유도하는 것이며, 그래도 문제가 해결되지 않을 때에 한해서 국가 또는 지방자치단체가 개입한다는 정책이다. 이러한 정책을 강력히 추진함으로써 현재 스웨덴은 노인대상 복지예산 절감에 많은 효과를 거두고 있다.

2) 시장기능의 확대정책

스웨덴은 노인복지분야에서 시장기능을 확대하는 정책을 통해서 복지자원 배분의 효율화 정책을 펴고 있다. 스웨덴은 1980년대까지만 하더라도 거동이 불편한 독거노인들의 경우 그들이 원하기만 하면 운영비의 전액 또는 대부분을 국가 또는 지방자체단체가 부담하는 요양시설이나 노인병동에 입소가 가능하였다. 그래서 시설에서 생활을 해야 할 만큼 노쇠현상이 심하지 않은 노인들까지도 시설에서 생활함에 따라 국가로서는 무거운 재정적 부담을 감수할 수밖에 없었다.

그러던 것이 에델개혁 이후부터는 요양시설 또는 노인주택의 건설 및 운영과 관련하여 시장기능의 확대정책을 통해 많은 입소 노인들이 비용의 대부분을 자부담하도록 하는 정책을 펴 나가고 있다.

노인주택에 입주하고 있는 노인들의 경우 저소득자에게는 임대료를 보조해 주고 있기는 하나, 일상생활에서 도움을 받아야 할 각종 서비스, 예를 들어 홈헬프서비스나 배식서비스 등은 옵션으로 추가요금을 받도록 하고 있다. 따라서 입주자들은 생활비 절약을 위해서도 자신이 할 수 있는 일은 스스로 해결하게 된다. 이와 같은 정책은 노인들 자신의 신체적 기능유지에 도움이 될 뿐 아니라 사회자원의 절감이라는 일석이조의 효과가 있다.

노인주택의 건설 및 운영 면에서도 민간자본의 도입정책을 적극적으로 펴 나가고 있을 뿐 아니라 재가노인들을 대상으로 하는 홈헬프서비스, 식사서비스, 간병서비스 등에서도 요금의 일부를 본인부담 또는 시장기능에 의해서 해결하도록 하는 정책적인 전환이 이루어지고 있다.

3) 생산적 복지정책의 개발

스웨덴에서 추구하고 있는 노인대상 정책 중 또 하나의 새로운 흐름은 복지의 생산적 측면을 중시하는 정책을 펴고 있다는 점이다. 이는 노인을 경제의 무거운 짐으로 간주할 것이 아니라 생산과 사회발전에 기여할 수 있는 유용한 인적자원으로 인식하는 정책이다.

주로 고령전기 노인들을 대상으로 하는 이러한 정책 중에는 건강한 노인들이 건강이 좋지 못한 고령후기 노인들의 간병서비스 프로그램 및 각종 서비스산업 분야의 일에 파트타임으로 참여하도록 하고, 그 대가로 일정액의 수당을 지급함으로써 복지예산의 절감효과를 가져오게 하는 것도 있다. 이러한 정책은 노인들에게 사회참여의 기회를 제공함으로써 그들에게 삶의 보람을 주는 이중효과를 거둘 수 있다.

자원재분배 정책 중 또 하나의 중요한 동향은 의료적 케어보다는 복지서비스를 고령자 개호의 중심적 과제로 삼고 있는 점이다. 각 병원의 노인의료 병동에서는 치매성 고령자들을 대상으로 기능회복훈련, 음악요법, 운동요법, 가정적 환경의 조성과 같은 프로그램을 대폭 확대하고 있을 뿐만 아니라, 투약요법을 최소화시켜 자원재분배의 효율성을 높이고 있다.

제3절 스웨덴 복지국가의 특징

1. 복지자원 조달방법

복지국가가 실효성 있는 복지정책을 실천에 옮기기 위해서는 이를 뒷받침할 재정이 확보되어야 하고 그 재정을 확보하기 위해서는 경제적 기반이 튼튼해야 한다. 그러한 의미에서 국가의 고용정책은 매우 중요하다. 이와 관련된 스웨덴의 고용정책을 살펴보면 다음과 같다.

대부분의 선진자본주의 국가들은 케인스적 완전고용정책을 추구하고 있지만 스웨덴의 경우는 독특한 점이 있다. 일반적으로 모든 국가에서는 완전고용을 위한 실업률 감소정책을 시행할 때 잉여노동력을 평균임금보다 훨씬 낮은 공공근로사업에 투입하는 잔여적 정책을 추구하고 있는 데 반하여, 스웨덴에서는 국가보조에 의한 직업훈련과 노동자의 이동성 증대를 통하여 취업을 원하는 모두에게 적정수준의 임금을 부여하는 일자리를 제공하는 보다 적극적이고 제도적인 고용정책을 추진하고 있다(Esping-Andersen & Kospi, 1991).

이러한 적극적인 노동시장정책에 힘입어 스웨덴의 실업률은 같은 케인스적 완전고용정책을 채택하고 있는 다른 국가들보다 훨씬 감소하는 추세다. 스웨덴의 실업률은 1960년대에는 2%선을 유지했고, 대부분의 선진자본주의 국가에서 완전고용에 실패했던 1970년대 중반 이후에도 3%를 넘지 않았다. 이 같은 성과는 그 자체가 가장 중요한 복지의 원천이기도 하지만 복지국가의 기반을 튼튼히 하는 데도 커다란 기여를 했다(김영순, 2006).

2. 사회보장정책의 포괄성 · 완벽성

사회보장정책의 완벽성은 스웨덴 복지국가의 특성을 가장 잘 보여 주는 항목이다. 영국의 경우, 사회보장의 포괄성을 성취한다고 하더라도 급여의 적정성에 문제가 있으면 보편주의 원칙은 손상될 수밖에 없다. 국가가 제공하는 복지수준이 낮으면 임금소득자들은 각자 자신의 능력으로 민간시장에서 필요한 부분을 채우려 하기 때문에 결과적으로 계층에 따른 복지의 이중화 현상이 나타난다.

그러나 스웨덴의 경우는 국가에서 제공하는 복지가 모든 종류의 사회적 위험을 포괄했을 뿐 아니라 높은 급여수준으로 사회보장의 완벽성을 기하고 있다. 이러한 사회보장의 완벽성은 그 자체가 계층별 소득격차를 줄이는 역할을 하고 있을 뿐만 아니라 복지의 계층화를 줄임으로써 평등화에 기여하고 있다. 그리고 그 결과는 민간부문에 의한 복지를 지극히 미미한 상태에 머물게 하는 결과를 초래하고 있다(김영순, 2006).

제4절 고복지 · 고부담의 스웨덴 사회

1. 1980년대의 상황

스웨덴은 1980년대에 접어들면서 경제사정이 거의 절망적이라 해도 과언이 아닐 정도로 악화되었다. 경제성장은 마이너스를 기록했고, 국제수지 역시 몇 년 동안 지속적인 적자를 기록하고 있었다. 또한 공공부문의 적자는 GDP의 15%, 실업률은 총경제활동인구의 5%를 넘어서는 상황이었다. 이러한 현상이 나타난 원인은 석유파동으로 인한 경제불황 때문이기도 했지만, 다른 한편으로는 그동안 과도하게 팽창했던 지나친 복지정책에도 원인이 있었다.

1982년 선거에서 재집권에 성공한 사회민주당은 이러한 경제적 위기를 극복하고 복원시킴으로써, 집권에 도움을 준 지지자들의 욕구에 부응해야 하는 과제를 안게 되었다. 이러한 맥락에서 사회민주당은 당 내 각 파의 논의를 거쳐 앞으로 나아갈 사회민주당의 정책방향을 '제3의 길'로 설정하였다.

사회민주당이 지향한 '제3의 길' 정책을 요약하면 다음과 같다. 첫째, 새로운 상황 속에서 종전과 같은 팽창적 복지지출을 지속하는 것은 더 이상 가능하지 않다. 둘째, 앞으로 복지지출은 가능한 한 현 수준을 고수하도록 노력한다. 셋째, 정부는 복지정책의 기본 틀을 고수하되 불가피하게 삭감이 필요한 경우, 그 부담을 골고루 분산시킴으로써 기존 복지국가의 제도적 특징은 지켜 나가는 것 등이다. 다시 말해서, 사회민주당은 기존의 복지수준을 고수하겠다는 것이 아니라 기존의 복지국가적 성격만 그대로 유지하겠다는 것이다(The Swedish Budget Statement, 1983, 1984).

사회민주당이 1982년 집권과 동시에 가장 먼저 손을 댄 것은 크로나화의 평가절하정책이었다. 1949년 이래 최대의 화폐 평가절하였던 이 조치는 수출의존도가 높은 스웨덴 산업의 국제경쟁력을 높임으로써 장기불황에 빠져 있던 경제를 회복시키는 데 크게 기여하였다. 그러나 수출증대가 경제회복으로 이어지기 위해서는 임금억제, 완전고용 그리고 소비억제정책이 요구되었다. 따라서 사회민주당은 소비억제를 위해 부가가치세를 인상하는 한편, 고소득계층의 재산세 및 소득세를 대폭 인상하는 조치도 병행하였다(The Swedish Budget Statement, 1983, 1984).

이와 같은 신경제정책은 경제회복이라는 측면에서는 커다란 성과를 거두었지만, 임금과 소비억제라는 형태를 통하여 임금소득자들에게 큰 부담을 안겨 주었다. 이것은 전형적 사회복지 모델에서 일탈한 정책이라 해석할 수 있다. 그러나 사회민주당의 이러한 신경제정책은 모든 계층의 희생을 요구하기 때문에 노동자계급 역시 임금억제와 더불어 약간의 복지혜택의 삭감을 감수할 수밖에 없었다.

영국의 대처 정부는 국민의 최저생활수준(national minimum) 유지에 대한 책임을 개인에게 돌리려는 경향이 있는 반면에, 스웨덴의 사회민주당 정부는 복지의 수급을 여전히 시민의 사회적 권리로 인정하였다. 따라서 재정적으로 어려운 상황에서도 선별주의의 강화는 이루어지지 않았다. 대처 정부는 도움 받을 가치가 없는 자를 엄격히 구분해 내고 그들의 노동유인을 강화하기 위해 각종 수급권의 규제를 실시했던 것과 달리, 스웨덴에서는 불평등을 완화하고 계급 간 통합을 지향하는 보편주의 원칙이 계속 유지되었다(김영순, 2001).

복지재편의 수단 역시 영국과는 다른 형태로 나타났다. 영국의 경우에는 점진적 민영화가 복지재편의 적극적인 수단으로 제시되었다. 그리고 그것은 각종 민간복지단체에 대한 규제완화와 조세감면, 그리고 공영기업의 매각 형태로 나타났다. 그러나 스웨덴에서 이러한 조치들은 거의 취해지지 않았다. 오히려 기존 국가 복지의 높은 급여수준을 그대로 유지하려고 노력함으로써 민영화는 가능한 한 억제하는 정책을 폈다(Olsson, 1990). 요컨대, 1980년대 이후 스웨덴의 복지재편원칙은 보편주의, 제도주의, 재분배적 성격 등 기존 복지국가의 성격을 그대로 유지하는 것이었다.

2. 스웨덴 사회의 최근 동향

스웨덴을 평가할 때, 높은 복지수준에 대해서는 찬사를 아끼지 않지만, 다른 한편에서는 세금 또는 사회보장비의 부담이 지나치게 높기 때문에 국민들이 근로의욕을 상실하고 있을 뿐 아니라, 기업들의 국제 경쟁력이 떨어져 경제가 활성화되지 못하고 있는 나라라는 이미지도 갖고 있다.

스웨덴은 1990년대 초 심각한 경제적 위기에 시달리면서 모두가 부러워하던 복지국가가 붕괴될 것이라고 예측한 사람도 적지 않았다. 그러나 1990년대 중반 이후 모든 기업이 구조조정을 위한 노력을 하였고, 정부 역시 긴축재정을 위한 다각적인 개혁을 단행하였다. 또한 국제 경제환경의 호전으로 경제는 순조롭게 회복되었다. 특히, 1990년대 말에서 2000년대 전반에 걸쳐 IT 관련 사업이 눈부시게 성장한 것 등에 힘입어 지금은 기업 환경이라는 측면에서도 가장 모범적인 국가라는 평을 받기에 이르렀다.

스웨덴은 1990년대 초에 급증한 재정적자를 해결하기 위해서 공공부문의 세출을 적정한 규모로 억제하는 노력을 계속해 왔으나, 세금 또는 사회보장비는 세계 최고의 수준을 그대로 유지하였다. 그러한 상황하에서도 스웨덴은 상당한 수준의 경제활력을 유지할 수 있었다.

〈표 8-1〉은 각국의 조세·사회보장부담의 수준을 표시한 것이다. 표에서 보는 바와 같이 스웨덴의 조세·사회보장부담의 대국민소득비(국민부담률)는 75.4%(2000년 기준)로 5개국 중에서 가장 높다. 이는 미국의 2배에 해당한다.

스웨덴의 1990년대 초 경제위기는 제2차세계대전 이후 최악의 상태라고 말할 수 있을 정도였다. 1991년부터 1993년까지 3년 동안은 계속해서 적자성장을 기록하였다. 1987년부터 1990년까지는 흑자를 기록하고 있던

〈표 8-1〉 조세·사회보장부담의 대국민소득비의 국제비교 (단위: %)

국가	연도	조세부담의 대국민소득비	사회보장부담의 대국민소득비	국민부담률
스웨덴	2000	55.8	19.7	75.4
미국	1998	26.2	9.8	35.9
영국	1999	40.0	10.0	50.0
독일	1999	31.0	25.7	56.7
프랑스	1999	40.6	25.5	66.1

출처: OECD(2002). *Social expenditure database*.

공공부문의 재정도 1991년부터 적자로 전락해서, 1993년의 일반정부 재정의 적자는 GDP 대비 10% 이상, 그리고 채무 잔고는 GDP 대비 70% 이상에 도달했다. 스웨덴은 전통적으로 완전고용정책을 취함으로써 유럽국가 중 가장 낮은 수준의 실업률을 유지해 왔으나, 이 시기에는 실업률이 급격히 증가하면서 1993년에는 그 비율이 8%를 초과하는 현상이 나타나기도 했다.

이러한 상황하에서 사회민주당은 1994년 9월에 실시한 총선에서 45.3%의 득표율로 보수중도파를 제치고 재집권하게 된다. 당시 사회민주당이나 보수중도파 모두 재정적자를 해소시키는 것이 스웨덴 경제의 진정한 발전을 위한 전제조건이라는 인식에 대해서는 기본적으로 의견을 같이하고 있었다. 특히, 사회보장제도를 포함한 재정 전반에 걸쳐 대대적인 개혁을 단행하는 것이 새로 집권한 사회민주당의 가장 중요한 과제였다.

재정적자 삭감의 구체적인 방책은 각 정당마다 견해가 조금씩 달랐으나, 사회민주당은 주로 고소득자를 대상으로 한 증세와 광범위한 분야에 걸친 세출삭감을 통해서 재정적자를 감소시키는 방침을 택하였다. 또한 사회보장제도에 관해서는 현금급부 분야에 있어서 최우선적으로 세출삭감을 하였고 노인케어, 보육, 보건의료 등 서비스 분야에 있어서는 가급적 현행수준을 그대로 유지한다는 기본방침을 설정하였다.

이와 같이 노인케어에 대해서는 가능한 한 기존의 서비스 수준을 그대로 유지한다는 것이 정부의 기본방침임에도 불구하고 현실적으로 지방세의 감소, 중앙정부로부터의 보조금 삭감 등에 따른 지자체의 재정악화로 인해서 노인케어의 수준을 종전대로 유지하는 것이 쉽지 않았다. 그래서 각 지자체들은 운영의 효율화를 도모하는 한편, 수발의 필요성이 높은 고령후기노인에게 서비스를 집중시킴과 동시에 민간위탁과 노인복지시설의 수발인력을 줄이는 등의 방법으로 예산부족으로 제기되는 문제들을 보완해 가고 있다.

제9장 | 에델개혁과 사회서비스법

제1절 에델개혁의 배경과 내용

스웨덴은 1950년대에 고령화 비율이 이미 10%를 넘어섰다. 따라서 노인복지문제는 중요한 정책과제로 인식될 수밖에 없었으며, 노인복지 정책의 효율화를 위한 많은 노력을 기울여 왔다. 현재 스웨덴의 노인복지수준은 세계 최고라고 할 수 있으나, 복지의 수준을 여기까지 끌어올리는 데는 적지 않은 시행착오를 반복하였다. 그중에서도 1980년부터 검토하기 시작하여 관계자들 간에 다각적인 논의를 거쳐 1992년에 단행된 에델개혁은 스웨덴의 노인복지정책 수립과정에서 매우 중요한 의의를 지닌다.[1)]

1) 서구에서는 1980년대 이후 인구고령화와 저성장 요인 등으로 인해서 제기되는 사회보장비의 재

스웨덴의 노인복지정책을 올바르게 이해하기 위해서는 1992년에 채택된 에델개혁과 관련된 정책의 내용을 알아둘 필요가 있다. 종전까지 보건의료서비스 관련 행정과 복지서비스 관련 행정은 각기 분리되어 있었는데, 1992년에 단행된 에델개혁에서는 이것을 통합하여 하나의 체계하에 운영토록 하였다. 이것은 복지서비스를 질적으로 향상시키면서도 소요예산은 대폭 감축시킬 수 있다는 발상에서 이루어진 정책이다.

1. 에델개혁의 배경

스웨덴에서 에델개혁이 단행된 배경을 살펴보면 다음과 같다(Swedish Institute, 1998).

첫째, 지방자치단체 간 책임분담의 문제다. 과거 스웨덴의 보건의료서비스 실시 주체는 광역자치단체인 랜스팅(Lansting)이었고, 복지서비스 실시 주체는 기초자치단체인 코뮌(Kommun)이었다. 고령후기 노인들의 경우 보건의료와 수발 · 주거 · 가사조력 등 복지서비스 문제가 병행하여 발생하는 것이 일반적인 현상임에도 불구하고 그 책임주체가 분리되어 있음으로 인해서 혼선이 일어나기도 하는 등 양자 간의 제휴가 불충분하였다. 이러한 사정으로 노인복지업무를 수행할 때 효율성의 문제가 제기되기도 하였다.

둘째, 후기고령자의 증가추세다. 스웨덴의 고령화 비율은 1950년대에서 1980년대에 이르는 기간 중 급격히 상승하여 1950년에 10.2%였던 것이 1990년에 17.8%까지 높아졌다. 그 이후 2005년경까지 고령화 비율의 상

❝

정적자에 대한 대안을 마련하기 위해 개혁을 단행하는 국가들이 적지 않았다. 스웨덴 역시 예외일 수는 없었다. 1992년에 단행한 에델개혁이 바로 그것이다. 이 개혁의 내용은 대략 다음 네 가지로 요약된다. ① 노인복지서비스와 노인의료서비스의 통합, ② 복지를 위한 권한과 재정을 기초자치단체 수준으로 대폭 이양, ③ 만성질환 노인에 대하여 입원 또는 시설보호에서 재가서비스 체제로의 이양, ④ 노인의료비와 노인대상 서비스에 소요되는 비용의 절감 등이다.

승폭은 나타나지 않았으나, 이 기간 중 80세 이상 고령후기 노인인구는 1990년에 37만 명에서 2005년에 48만 5천 명으로 급증하였다. 고령후기 노인들의 증가와 더불어 치매성 노인 등 수발을 필요로 하는 노인비율의 증가현상이 나타났고, 이에 대처할 적절한 정책의 강화가 요구되었다. 고령화 비율은 2005년 이후 다시 상승하기 시작해서 2035년까지는 22.4%에 이를 것으로 전망되고 있다(Swedish Institute, 2003).

셋째, 사회적 입원노인의 증가현상이다. 노인들 중에는 입원치료가 완료되어 퇴원을 해야 할 처지임에도 불구하고 이들을 받아들일 수 있는 복지서비스 시설의 부족, 서비스 분야의 업무 미숙 때문에 적시에 퇴원하지 못하는 상황이 반복되었고, 이로 인해서 사회적 입원환자의 증가라는 문제가 나타났다. 이러한 사회적 입원환자의 증가는 병원으로서는 급성환자를 위한 병상 부족이라는 문제와, 국가적 차원에서는 의료비의 과부담이라는 문제를 야기하였다.

넷째, 시설입소자의 자기부담액에 대한 불공평 문제다. 에델개혁 이전에는 광역자치단체가 운영하는 요양시설은 의료시설로 구분되었고, 기초자치단체가 운영하는 요양시설 · 노인홈 · 서비스하우징 · 그룹홈 등은 노인복지시설로 간주되었다. 그런데 광역자치단체가 운영하는 요양시설 또는 노인병원은 의료관련 법규에 의거하여 자기부담액이 매우 경미하였으나, 사회적 서비스법에 의해서 운영되던 기초자치단체 소관의 입소시설은 자기부담액이 상대적으로 높다는 이유로 부담액의 불공평 문제가 제기되었다. 에델개혁에서는 이러한 불합리하고 비효율적인 문제들을 해결하고자 하였다.

2. 에델개혁의 내용

1) 소규모시설로의 전환

노인복지서비스 실시 책임주체의 일원화와 자원이용의 효율화를 목적으로 1992년에 단행된 에델개혁의 주요 내용은 다음과 같다.

노인보건의료서비스와 관련된 모든 업무를 이전까지는 광역자치단체인 랜스팅에서 담당해 오던 것을 기초자치단체인 코뮌이 관할하게 되었고, 이에 소요되는 재원조달권 역시 코뮌으로 이관되었다.[2] 이와 같은 조치로 인해서 그때까지 랜스팅이 운영하던 약 500개소의 장기요양보호시설의 운영을 코뮌으로 이관하였고, 요양보호시설도 과거에는 100~150명 정도를 수용하는 큰 규모였으나 개혁이 단행된 이후에는 소규모의 시설로 재편하지 않을 수 없게 되었다.

코뮌 등 소규모의 행정구역 내에는 시설에 수용될 정도의 요보호노인들이 그리 많지 않았다는 것도 시설을 소규모화한 원인 중의 하나이지만, 재가복지서비스에 의해서 노인들의 복지욕구를 충족시키는 것이 시설보호보다는 복지예산을 더욱 절감할 수 있었다. 그래서 코뮌에서는 종전까지 시설에서 보호하던 노인들까지도 가급적이면 재가복지서비스에 의해서 그들의 복지욕구를 충족시키는 방향으로 개혁을 단행하였다.

2) 고령후기 노인 중점주의

에델개혁에서는 노인복지 자원분배에 관한 기본방향을 전환하였다. 종

2) 에델개혁에서 노인에 대한 보건의료서비스의 실시 책임주체를 기초자치단체로 일원화하였다고는 하지만 이는 노인의 보건의료서비스의 모든 것을 전부 기초자치단체로 이관하였음을 의미하는 것은 아니며, 일부의 보건의료서비스는 개혁 후에도 계속 광역자치단체가 담당하였다. 예를 들어, 지금도 노인들이 감기에 걸리면 광역자치단체가 지역단위로 설치 · 운영하는 지역진료소의 의사로부터 진료를 받고, 수술을 필요로 하는 경우는 광역자치단체가 운영하는 종합병원에 입원한다.

전까지는 65세 이상 모든 노인에게 의료와 복지서비스의 혜택을 주는 소위 보편주의 정책을 펴 왔지만, 80세 이상 후기 노령자에게 집중하여 복지서비스 혜택을 부여하는 방향으로 정책전환이 이루어졌다.

스웨덴 정부가 이와 같은 정책을 펴게 된 배경은 다음과 같다. 대부분의 60~70대 노인들은 여전히 양호한 건강상태를 보이고 활동능력도 비교적 왕성하기 때문에 이들에게 생계유지를 위한 연금만 지급하면 큰 문제가 발생하지 않지만, 80세가 넘으면 건강상태도 나빠져 일상생활을 독자적으로 해 나갈 수 없는 경우가 많고, 특히 이들 중 75% 이상이 배우자를 상실한 상태에서 혼자 생활하게 되는 경우가 일반적이다. 또한 그중 25% 내외가 치매나 중풍 등의 증세를 보이고 있다는 것은 60~70대 노인에 비해 80대 이상의 노인문제의 해결을 어렵게 할 수밖에 없다. 따라서 이들에게 사회적인 복지서비스를 제공하는 것이 필요하다고 판단하고, 노령자에게 복지서비스 혜택을 부여하는 방향으로 정책을 전환하게 된 것이다.

3) 복지와 의료행정의 일원화

대부분의 국가는 노인에 대한 간호와 의료행위는 의료기관이 전담하고 복지서비스 프로그램은 사회복지 전담기구가 담당하는 것을 통례로 하고 있다. 그러나 에델개혁은 고령후기 노인들을 대상으로 하는 진료와 간병간호, 그리고 복지서비스에 관한 모든 업무를 하나의 행정체계 속에 통합시킴으로써 업무수행의 효율성을 높임과 동시에 노인복지비용도 대폭 감축시켰다.

에델개혁에 의해서 종전까지는 재가노인과 시설입소노인에 대한 간병간호는 광역자치단체인 랜스팅 산하기구인 지역진료소 책임하에 이루어졌던 것이, 개혁 이후부터는 기초자치단체인 코뮌이 그 업무의 책임을 지게 되었고, 지역진료소는 요청이 있을 때에 한해서 이를 지원하는 체제로 전환하였다.

4) 의사권한의 축소

노인들을 대상으로 하는 진료와 관련된 서비스를 제공할 때, 의사의 권한 중 많은 부분을 간호사에게 이관하고, 간호사의 권한 중 일부는 간호보조원 또는 간병사(care worker)에게, 그리고 수발사 업무의 일부는 단순근로자에게 이관하는 조치를 취하였다.

이러한 조치를 취하게 된 배경은 보다 많은 노인이 손쉽게 서비스를 받을 수 있도록 함과 동시에 국가의 복지비용도 훨씬 절감할 수 있다는 판단 때문이다. 간호사에게 의료행위의 일부를 부여한다는 것은 안정성에 문제가 있다는 지적도 있으나, 정부의 판단은 간호사는 환자를 다루는 교육을 받았으므로 일정 수준의 경력이 있는 간호사는 치매나 중풍 등의 노인성 질환에 대한 간단한 진료행위에서 의사와 동등한 의료행위를 할 수 있을 뿐만 아니라, 의료복지 수요를 보다 신속하고 효율적으로 소화해 낼 수 있다는 것이다.

5) 사회적 입원환자의 감축노력

에델개혁에서는 노인의 사회적 입원을 대폭 감소시키는 방향으로 정책을 수립하였다. 노인에 대한 병원치료는 광역자치단체의 책임이고, 주거와 수발을 비롯한 기타 노인에 대한 모든 서비스는 기초자치단체의 책임이라는 점을 앞에서도 이미 언급하였다. 에델개혁에서는 노인들이 병원에서 의학적 치료가 완료되어 퇴원할 것을 통보받은 날로부터 5일 이내에 기초자치단체는 해당환자를 인도받도록 규정하고 있다. 만일 기초자치단체가 해당기일 내에 환자를 퇴원시키지 못할 경우에는 그날부터 퇴원하는 날까지의 입원비를 부담하도록 하고 있다. 입원비는 사회복지서비스로 대처하는 비용보다 고액이기 때문에 기초자치단체로서는 사회적 입원으로 인한 비용부담을 하지 않기 위해서라도 퇴원수속을 서두르지 않을 수 없도록 하였다.[3)]

6) 보건서비스 인력의 재배치

에델개혁이 단행됨에 따라 광역자치단체의 보건의료부문 소속직원 중 간호사, 보조간호사, 물리치료사 등 약 5만 5천 명이 기초자치단체의 직원으로 전환되었다. 이는 노인의 간병, 간호 또는 수발과 관련된 업무가 기초자치단체로 이관되었기 때문이다. 기초자치단체가 재가노인복지서비스 업무를 수행하는 과정에서 의사의 도움이 필요할 경우에는 의사를 기초자치단체로 파견근무시킬 뿐, 의사의 소속 자체를 기초자치단체로 이관시키지는 않는다.

7) 고령전기 노인의 사회활동지원

에델개혁에서는 은퇴한 노인들 중 건강이 양호한 고령전기 노인들을 보다 적극적으로 사회활동에 참여할 수 있도록 유인하는 다각적인 정책을 펴고 있다. 그중에는 취미오락 프로그램, 사회봉사활동 프로그램, 학습 프로그램 그리고 파트타임으로 취업할 수 있도록 하는 프로그램 등의 개발이 있다. 노인들의 사회참여가 활발할수록 지역사회 발전에 도움이 될 뿐 아니라 노인들 자신의 건강증진에도 기여할 수 있기 때문이다.

위에 열거한 프로그램의 가장 두드러진 특징은 고령전기 노인들을 사회복지서비스 분야의 인적자원 공급원으로 활용하는 정책을 펴고 있다는 점이다.

보건복지성 산하의 사회복지청이 노인들의 인적자원을 사회복지서비스 분야에 집중적으로 투입하고 있는 이유는 ① 노인들로 하여금 사회활동을

3) 병원에 입원한 노인들 중에는 의학적 치료가 완료되어 요양시설로 이전해야 하는 경우라 하더라도 이런저런 핑계를 대며 좀처럼 퇴원하지 않으려는 경우가 있다. 노인환자들은 건강보험규정에 의해서 입원비를 내지 않고도 양질의 서비스를 받으며 입원생활을 할 수 있는데, 요양시설에서는 본인이 일정비율의 비용을 부담해야 하기 때문이다. 그러므로 사회적 입원환자 축소를 위한 조치는 재정적 부담의 감축을 위한 노력의 일환이다.

계속하도록 하는 것이 본인들의 건강유지에 도움이 되고, ② 노인을 사회적 고립에서 탈피시키는 효과가 있고, ③ 연금수급자인 노인들의 인력을 활용한다는 것은 복지예산의 절감이라는 효과도 동시에 기대할 수 있기 때문이다. 현실적으로 재가노인복지 분야에서 유급 파트타임으로 근무하거나 자원봉사활동을 하는 인적자원 중 48% 내외가 60세 이상 노인들로 충당되고 있다.

8) 이용자 중심주의의 원칙 적용

에델개혁에서는 노인복지서비스를 실천함에 있어 이용자 중심주의와 자기결정권의 원칙을 채택하고 있다. 에델개혁 이후 스웨덴 노인들은 자신이 제공받고 있는 서비스에 깊이 참여하고 있다. 서비스를 받아야 할 노인들이 자신이 이용할 서비스의 질과 양을 결정하기도 하고, 현재 이용하고 있는 서비스의 내용을 변경하는 일에 관여하기도 한다. 이것은 노인에 대하여 복지서비스를 제공함에 있어서 자기결정의 원칙과 이용자 중심주의 정책을 채택하고 있기 때문이다.

이용자 민주주의(user' s democracy)라고 불리는 이러한 정책에 의해서 스웨덴은 기초자치단체에 반드시 노인들로 구성되는 고령자위원회를 설치하여 해당자치단체 내에 거주하는 노인들에 대한 정책입안과정에 실질적인 영향력을 행사하고 있다. 고령자위원회의 역할은 고령자 복지정책의 입안, 주택 · 시설 · 환경의 정비, 사례관리에 있어서의 케어계획의 변경, 식사서비스, 이동서비스 등에 영향력을 행사하는 일이다. 고령자위원회의 활동과 운영에 필요한 예산, 사무직원과 사무실의 확보 등에 관해서는 자치단체의 의회에 요청해서 해결한다.

기초자치단체 내에는 고령자위원회 이외에도 이용자의 의견을 집약해서 서비스 향상에 영향력을 행사하는 이용자위원회(user' s council)도 있다.

이용자 민주주의의 장단점을 살펴보면 다음과 같다. 장점으로는, 첫째 이용자가 민주주의적 절차에 참가할 수 있다. 둘째, 이용자의 경험 등을 바탕으로 복지서비스의 개선 또는 향상에 기여할 수 있다. 셋째, 서비스의 제공자, 정치가, 이용자의 협동성이 확보된다는 것이다. 한편 단점으로는, 첫째 복지서비스 관련사항 전체를 보기보다는 이용자의 시야에 한정되는 경향이 있다. 둘째, 문제해결에 소요되는 기간이 장기화되는 경향이 있다는 점이다.

3. 에델개혁에 대한 평가

스웨덴은 에델개혁이 성공하고 있는지 여부를 알아보기 위해서 수년마다 에델개혁의 실시 상황에 대해서 평가작업을 하고 있다. 최근에 조사된 평가보고에 의하면, 다음과 같은 점이 지적되고 있다(Johansson, 2002).

1) 사회적 입원환자 수의 대폭 감소

에델개혁으로 인해서 병원에서의 사회적 입원환자 수가 대폭 감소하는 성과가 있었다. 일반병동에서 사회적 입원환자의 비율은 1990년에 15% 이상이었던 것이 2000년에는 6% 미만으로 감소하였다. 그리고 노인병동의 경우는 사회적 입원환자의 비율이 1992년에 20.8%였으나 2000년에는 10.7%로 감소하였다.

2) 노인주거시설 입소자 수의 대폭 증가

에델개혁으로 인해서 노인주거시설 입소자 수가 대폭 증가하였다. 서비스하우징, 노인홈 등 케어프로그램이 운영되는 노인주거시설 입소자 수는 에델개혁이 단행되기 이전인 1992년 초에는 11만 9천 명이었으나 2000년에는 16만 2천 명으로 증가하였다. 특히, 치매성 노인을 위한 그룹홈 입소자가 급격히 증가하였다. 이는 80세 이상 고령후기 노인의 증가추세와도 관련이 있지만, 사회적 입원을 감소시키기 위한 정책적 노력의 성과이기도 하다.

3) 노인케어에 대한 의료진의 관여 축소

에델개혁으로 인해서 노인케어에 대한 의료진의 관여 폭이 감소되고 있다. 에델개혁이 단행된 후에는 고도의 의료적 케어를 필요로 하는 노인들까지도 서비스하우징이나 노인홈으로 이송되는 사례가 종종 발생하고 있다. 이는 에델개혁 이후 노인대상 복지서비스 제공의 책임주체가 보건의료를 담당하는 광역자치단체가 아니라 노인복지서비스를 주관하는 기초자치단체라는 사회적 통념에 영향을 받고 있기 때문으로 해석된다.

스웨덴은 에델개혁이 실시된 후 10년간에 걸쳐서 어떤 효과가 있었는가에 대한 종합평가를 한 바 있다. 2000년 4월에 사회복지청(Socialstyrelsen, National Board of Health and Welfare)의 발표에 의하면, 개혁의 성과로는, 첫째 종합병원 입원환자(bed-blocker)가 현저하게 감소하였다. 개혁 전인 1990년에는 병원의 입원환자 중 20% 내외가 입원치료가 필요치 않는 와상노인들이었는데, 개혁 후에는 이러한 입원환자들이 대폭 감소하는 결과가 나타났다. 둘째, 개혁으로 인해서 지금까지 지출되던 의료와 관련된 비용이 감소하는 효과를 보였다.

제2절 사회서비스법

스웨덴에는 노인복지관련 사항만을 규정한 단독법은 존재하지 않는다. 따라서 노인복지와 관련된 복지서비스는 사회서비스법(Social Service Act)에 의해서 이루어지고 있다.[4] 1982년도에 제정되어 현재까지 시행되고 있는 사회서비스법은 공적부조법, 아동 · 청소년사회양호법, 알코올 · 약물남용자케어법, 보육법 등 사회서비스와 관련된 모든 법을 하나의 통합된 법으로 묶었다는 데 의의가 있다.

이 법이 제정된 배경을 살펴보면, 1960년대 중반부터 사회발전의 흐름에 맞추어 보호 또는 치료를 위한 보다 나은 방법과 기초자치단체의 차원에서 보다 효과적인 서비스를 제공하기 위해서는 통합의 필요성이 있다는 의견이 대두되기 시작하였다. 그리고 이를 위한 가능성을 조사하기 위하여 1967년에 사회조사위원회는 기초자치단체의 사회보호운영체계에 대한 중간보고서를 제출하였다.

이 보고서에 의하면, 기초자치단체 내에 설치되어 있는 사회보호위원회, 아동보호위원회, 금주보호위원회 등 각종 위원회의 업무를 통합하여 하나

4) 사회서비스법이 제정된 이론적 배경에는 뱅크미켈센(Neils Erik Bank-Miikkelsen)의 정상화의 원리 · 사상과 관계가 있다. 뱅크미켈센이 일관되게 주장하는 중심적 사상은 인간은 모두가 평등한 존재라는 점이다. 따라서 복지정책을 펴 나감에 있어서도 장애인, 노인 등을 대상으로 하는 특별법이 제정되기보다는 일반시민과 동일한 일반법으로 원조해야 한다는 것이다. 스웨덴에서 1980년대에 모든 특별법(all special registration)을 폐지하고 일반 사회법(general social registration)이 장애인, 노인을 포괄토록 한 것도 정상화 원리가 받아들여졌기 때문이다. 1982년에 제정된 사회서비스법은 정상화 원리의 귀결로서 성립된 법률로 보아야 한다. 이 법률에는 특별한 요구가 있는 사람들에 관한 규정이 모두 포함되어 있다. 사회서비스법은 사회복지에 있어서 시설수용주의에서 지역 또는 가정에 뿌리를 내리는 서비스로의 정책적인 전환을 시도한 흔적이 강한데, 이러한 변화도 모두 정상화 원리에 근거를 두고 있다.

의 단일화된 위원회, 즉 사회복지위원회로 단일화해야 예산의 절감, 서비스의 효율성을 높일 수 있다는 결론을 내렸다. 그리고 스웨덴 의회는 이 보고서의 타당성을 인정, 1980년 사회보호와 관련된 개별적인 여러 개의 법을 통합한 사회서비스법을 제정하기에 이르렀고, 1982년 1월부터 시행에 들어갔다.

1. 사회서비스법의 목적과 이념

사회서비스법의 탄생은 여러 가지 면에서 사회적인 원조를 필요로 하는 사람들에 대한 지금까지의 생각을 근본적으로 뒤집는 것이었다. 특히 주목할 점은 이 법이 강제법의 성격을 띤 종래의 법의 성격을 전면적으로 부정했다는 데 있다. 자신의 문제는 스스로 결정한다는, 즉 인간의 능력에 대한 신뢰와 존중이 새로운 사회서비스법의 근본원리로 자리매김하였다. 따라서 원조를 필요로 하는 사람을 관리 · 통제하는 것이 아니고, 그들이 일상생활을 영위함에 있어서 필요로 하는 사항을 도와주는 성격의 법임을 명백히 하고 있다.

자기결정권이 중요한 것은 복지자원 이용자의 사회적응이 자기결정을 출발점으로 삼고 있기 때문이다. 자기결정권이 부여되지 않는다는 것은 인간으로서의 독립된 인격이 부정된다는 것을 의미한다. 사회서비스법이 정한 사회서비스의 임무는 자아실현의 기회를 충분히 부여받지 못하고 있는 사람을 도와주자는 데 있다.

사회서비스법이 지향하는 또 하나의 이념은 개별화에서 통합화로의 전환이라고 할 수 있다. 새로운 사회서비스법이 가장 강조한 것은 종래와 같이 문제의 개별화라는 시점에서 벗어나 통합적인 관점에서 사회복지사업을 실천한다는 것이다. 통합적인 시점이라 함은 앞 장에서도 언급한 바와 같이 개인 또는 집단의 사회적 상황이나 사회적 문제는 고립된 현상이 아니라 사회적 환경 전체와의 관계에서 파악되어야 한다는 시각이다.

사회서비스법이 종래의 복지관계법과 차이가 있다는 점을 가장 명확하게 표현하고 있는 것은 제6조 '원조를 받을 권리' 에 관한 규정이다. 이 규정에 의하면, 사회서비스를 받는다는 것은 행정기관에 의한 일방적인 행위가 아니고 시민의 구체적인 권리(사회적 권리)다. 사회서비스법은 개인에게 권리를 부여함과 동시에 행정기관에는 의무를 부과하고 있다.

사회서비스법이 지닌 또 하나의 특징은 원조를 받을 수 있는 내용이 보다 구체화되어 있다는 점이다. 종전의 사회복지 관련법에서 원조를 받을 수 있는 권리는 질병, 고령, 노동능력의 결함 등의 조건에 의해서 좌우되었으나, 사회서비스법에서는 보편적 권리로 바뀌었다. 그리고 도움을 받을 수 있는 내용도 생계유지를 위한 경제적(금전적) 원조에 머무르지 않고, 신체적 보살핌과 가사조력 등 일상생활과 관련된 실질적 원조에 이르기까지 타당한 생활수준을 유지하는 데 필요로 하는 다양한 욕구를 충족시키는 내용으로 확대되었다.

사회서비스법은 이상과 같은 특징도 있지만 법을 시행하는 과정에서 많은 문제점이 드러나기도 했다. 첫째는 사회복지제공자 사이에 책임성의 분리와 그에 따른 비효율적인 운영의 문제이고, 둘째는 형평성의 원리에 어긋나는 사회복지서비스 비용의 문제로 요약할 수 있다.[5)]

5) 스웨덴의 사회복지서비스는 일반적으로 의료적인 보호를 광역자치단체의 책임하에 두고 있고, 사회서비스는 기초자치단체의 소관으로 하고 있다. 각각의 서비스 제공자는 자체 소관 프로그램과 예산을 확보하여 서비스를 제공하고 있기 때문에, 이러한 책임의 분리는 노인의 보호와 관련해서 종종 책임성에 관한 혼선을 초래하기도 한다. 예를 들면, 의료적인 치료와 사회적인 보호의 경계선을 어떻게 구분하여야 할 것인가다. 치매환자나 와상상태의 노인을 돌보는 경우, 그들을 의료 파트에서 보살펴야 하는지 사회서비스 파트에서 보살펴야 하는지의 문제가 있다. 이러한 불명확한 책임성에 의한 혼선은 서비스 제공자 사이의 협력관계를 어렵게 할 뿐 아니라 사회서비스의 원칙을 적용하는 데도 어려움을 가중시키고 있다.

2. 사회서비스법의 내용

사회서비스법은 서문을 포함하여 전체 24개의 주제를 78개의 조항으로 나누어 구성하고 있다. 제1조에는 사회복지법의 목적을 제시하였고, 제2조에서 제4조까지는 지방자치단체의 책임, 제5조에는 사회복지위원회의 과업, 제6조에는 서비스를 받는 자의 권리, 제7조에서 제10조까지는 사회복지위원회의 사업지침 등을 규정하고 있다.

사회서비스법 중 노인보호와 관련된 법조항으로는 제10조의 사회복지위원회의 사업지침, 제19조와 제20조의 노인보호, 그리고 가정간호와 노인주거시설보호와 관련이 있는 제22조, 제23조, 제24조의 6개항이라 할 수 있다.

1) 사회서비스법 제1조의 내용

공적 사회서비스는 ① 민주주의와 사회적 연대의 기반 위에 국민의 경제적 · 사회적 안정, 생활조건의 평등 및 사회생활에의 적극적 참여를 촉진한다. ② 사회서비스는 국민 개개인의 사회적 상황에 대한 책임을 고려하며 개인 또는 집단의 자원을 개방하고 발전시켜야 한다. ③ 서비스와 관련된 업무는 프라이버시 존중에 기반을 두어야 한다.

2) 사회서비스법 제5조의 내용

사회서비스법 제5조에서는 사회복지위원회의 역할과 관련된 사항을 규정하고 있다. 사회복지위원회는 ① 국민들의 생활에 어려운 문제가 있는지 여부를 상세히 파악하여야 하고, ② 지역살림과 관계가 있는 모든 사업계획의 수립과정에 참여하여 지역주민들이 생활하기에 좋은 환경을 조성하는 데 노력하며, ③ 주민들에게 사회서비스의 내용을 홍보하는 한편, ④ 방문활동 또는 기타의 방법으로 보다 좋은 생활환경을 조성하도록 노력할 뿐만 아니라, ⑤ 경제적 지원 또는 신체적인 보살핌을 필요로 하는 개인·가족에 대한 대책을 강구해야 한다.

3) 사회서비스법 제10조의 내용

제10조 제1항에는 다음과 같은 사항이 명시되어 있다.

사회복지위원회는 노인들에게 재가서비스, 이송서비스, 주간활동 원조 등의 제공을 통하여 노인들이 자신의 집에서 생활할 수 있고, 이웃 간의 만남도 종전과 같이 유지할 수 있도록 해야 한다고 규정하고 있다. 특히 이 조항은 사회서비스법 제정의 근간이 되는 정상화의 원칙을 강조한 것이라 할 수 있다. 위의 원칙하에 사회복지위원회는 노인의 사회적 고립을 예방하도록 다각적인 방안을 제시하고 있다. 구체적인 방안으로는 주간보호소의 설치와 운영, 여가장소와 여가프로그램을 제공할 수 있도록 노력해야 함을 규정하고 있다.

4) 사회서비스법 제19조와 제20조의 내용

제19조에는 사회복지위원회가 가능한 한 노인의 독립적인 생활 및 타인과의 적극적이고 의미 있는 삶을 영위하도록 힘써야 한다고 명시하고 있다. 사회복지위원회는 이러한 일들을 실천에 옮기기 위해 노인의 주거, 재가서비스, 방문활동, 교통편의 등의 필요한 서비스를 제공해야 한다고 규정하고 있다.

제20조는 사회복지위원회는 노인에게 좋은 환경의 주거시설에서 생활할 수 있도록 하기 위하여 서비스와 보호체계가 겸비된 특별한 주거시설을 마련하고 입주할 수 있도록 해야 한다고 규정하고 있다. 특히 주거시설과 관련해서는 ① 신체적인 장애가 있는 노인들이라 하더라도 독립적인 생활이 가능하도록 제반장치가 겸비되어 있어야 할 것, ② 노인주거시설에는

하루 24시간 서비스가 제공됨으로써 입주자들이 안정감을 느끼도록 하여야 할 것, ③ 입주자들이 사회적 서비스나 의료적 보호가 필요할 때에는 즉각적인 대처가 가능해야 할 것을 규정하고 있다.

5) 사회복지법 제22조에서 제24조까지의 내용

제22조는 사회서비스를 제공할 때 기본원칙인 지속성, 융통성 및 접근성의 원칙이 적용되는 조항으로, '사회복지위원회는 자신의 집 이외의 장소에서 보호할 필요가 있는 사람들을 위하여 주거시설을 확보해야 한다. 또한 그러한 주거시설은 친인척 간의 유대감을 존속시키고 가정과 같은 환경을 갖추도록 보호체제가 이루어져야 한다.' 고 규정하고 있다.

제23조와 제24조에서는 광역자치단체와 기초자치단체는 노인요양시설 설치에 대한 계획을 세우고, 동 시설의 운영에 대한 책임을 나누어야 한다는 내용을 규정하고 있다.

제10장 | 노인주거와 요양시설

제1절 노인주거정책의 기본이념

1. 재가노인 주거생활지원 정책

스웨덴 노인주거정책의 특징은 노인도 일반인과 더불어 생활하도록 해야 한다는 소위 정상화이론에 입각해서 수립되고 있다는 점이다.[1] 노인은

1) 덴마크 출신의 뱅크미켈센(Bank-Mikkelsen)은 정상화이론을 전개한 학자로 세계적인 명성을 얻고 있다. 정상화이론 또는 사상은 1950년대 덴마크에서 주장되기 시작해서 구체화된 이념이다. 이 사상은 UN에서도 공감을 나타내 '국제 장애자의 해' 의 슬로건을 완전 참가와 평등이라는 기본적인 사상으로 자리 잡게 하였다. 1960년 이후 서구 여러 나라들은 사회복지서비스 분야에서 시설수용 중심주의에서 지역에 뿌리를 내리는 서비스로 전환하는 경향을 나타내고 있는데, 이러한 변화는 모두 정상화이론에 근거를 두고 있다.

사회에서 고립되기를 원하지 않는다. 그들은 가급적이면 자신이 젊었을 때 생활하던 지역에 그대로 머물면서 오랜 세월 동안 교류관계를 맺어 왔던 친척, 친지들과 더불어 협력하며 노후를 보내고 싶어 한다. 그러나 필요에 의해 또는 어쩔 수 없이 양로시설이나 요양시설로 거주지를 옮겨야 할 경우, 자신이 살던 지역으로부터 멀리 떨어진 시설로 가는 경우가 발생한다. 이때 노인들은 이주한 그날부터 지역사회와 완전히 고립된 생활을 할 수밖에 없다. 하지만 스웨덴에서는 이것을 노인복지의 기본이념과는 상반되는 것으로 받아들이고 있다. 그래서 거동이 불편하여 누군가의 보살핌을 받아야 할 처지에 놓여 있는 노인이라 하더라도 가급적이면 시설에 보내지 않고 자신이 오랫동안 살아왔던 정든 지역사회에 그대로 머물면서 불편 없이 노후생활을 할 수 있도록 하는 다각적인 정책적 지원을 하고 있다.

이 중에는 신체적으로 자유롭지 못한 노인이 휠체어를 이용해야 할 상황이 발생했을 경우, 주택 내에서 휠체어를 이용해서 취사장, 거실 또는 화장실 등을 자유로이 이동할 수 있도록 주택 내부구조를 개조하는 데 필요한 비용을 정부가 보조해 주기도 하고, 간병과 간호 또는 몸시중을 받아야 하는 노인에 대해서는 그들이 필요로 하는 서비스를 받을 수 있도록 전문인력을 가정으로 파견하는 프로그램을 운영하고 있다.[2)]

이와 같은 정책이 성공적으로 수행됨에 따라 현재 스웨덴 전체노인 중 90% 내외는 젊었을 때부터 살아왔던 자기 집, 즉 일반주택에서 생활한다.

스웨덴의 노인주거와 관련된 복지의 방향은 양적인 측면에서 질적인 측면으로 전환되고 있으며, 최근 20년간의 정책은 탈시설화와 시설의 소규모화로 요약할 수 있다. 종전까지의 노인홈, 너싱홈은 시설의 규모가 컸고 입

2) 노인 중에는 시설에 입주할 수 있는 우선권이 있는데도 불구하고 자기 집에서 생활하기를 고집하는 경우도 있고, 그와는 반대로 시설에 입주하기를 원하지만 시설에 수용될 만큼 건강이 나쁘지 않다고 판정되어 입주하지 못하는 노인도 있다. 지방자치단체에서는 주당 30시간의 서비스가 필요한 경우를 경제적 측면에서의 손익분기점으로 간주한다. 따라서 지방자치단체는 해당노인에게 제공해야 할 사회서비스가 주당 30시간을 초과하는 상황이면 그 노인은 시설에서 생활하도록 하는 것이 경제적이라는 이론에 근거하여 시설에 입소하도록 조치를 취한다.

소자의 자주성, 자립성이 유지되지 못한다는 비판이 적지 않았다. 그러한 폐단을 시정하기 위해 노인시설을 신축 또는 개축하는 경우에는 시설의 규모를 소형화시키고, 가급적이면 일반주택에 거주토록 하고 필요한 서비스는 가정으로 배달하는 방향으로 유도하고 있다.

또한 시설을 분권화해서 종업원들이 일하기 좋게 한다든지, 입소자의 자주성을 존중하는 방향으로 운영이 이루어지고 있다. 예를 들어, 입소자의 기상시간, 식사시간을 자유롭게 하는 조치 등이 이에 속한다.

탈시설화란 시설 배제가 아니며 오히려 시설의 거주환경 향상을 의미하는 것이다. 노인시설 입소자에게 1인 1실 원칙으로 전환시킴과 동시에 시설규모의 축소를 통하여 입주자들이 일반주택에서 생활하는 것과 거의 동일한 환경에서 생활을 할 수 있도록 하는 노력도 모두 탈시설화 정책의 일환이다.

2. 고령자용 특별주택의 개발

고령화 사회에서는 정상화 또는 탈시설화 정책을 펴고 있는 국가라 하더라도 시설에 수용해야만 하는 노인이 있기 마련인데, 스웨덴 역시 예외일 수는 없다. 스웨덴의 노인대상 주거시설의 역사는 하드웨어와 소프트웨어 부문 모두에 걸쳐 그간 많은 시행착오가 있었고, 동시에 그에 따르는 개선작업이 꾸준히 이루어져 왔다.

노인홈, 즉 요양시설은 자택생활에 많은 불편을 느끼는 고령후기 노인들을 입소시키기 위한 공적 시설이며, 1960년대에 대량으로 건설되었다. 그것은 당시 고령자의 주택사정이 좋지 못했다는 점과 노부모 부양에 대한 가족기능이 현저하게 저하되면서 건강이 좋지 못한 노인을 시설에서 생활하도록 하는 것이 바람직하다는 복지의 풍조가 일어났던 것과 관계가 있다.

그러나 당시에 건설된 시설은 대부분 거주공간의 협소함, 그리고 시설

생활의 고독함과 무료함이라는 문제를 해결하지 못한다는 비판에 직면하였다. 또한 당시까지만 하더라도 시설은 가급적이면 큰 규모일수록 좋다는 생각으로 100~300세대 규모의 시설이 속속 건설되었다. 그러나 이러한 시설에서는 직원들 간의 연대감이나 입주자들 상호 간에 상부상조하는 분위기가 조성되지 못한다는 문제점이 지적되었다.

따라서 1970년대 후반부터는 모든 시설의 거실마다 샤워시설과 화장실을 설치하도록 함과 동시에 시설 내에 입주노인과 지역주민이 공동으로 이용하도록 하는 공용의 편의시설과 여가시설을 마련토록 하였다.

제2절 노인주거시설의 유형과 기능

노인들은 연령이 비슷하다는 공통점을 갖고 있지만 신체조건, 건강상태, 교육수준, 경제적 수준 등의 다양한 부문에서 복합적인 성격을 갖는 집단이라 할 수 있다. 따라서 각기 다른 상황에 처해 있는 노후세대를 위해서는 한 가지 형태의 노인주택만으로는 주거욕구를 충족시키기 어렵다. 그러므로 노인주거시설을 건설할 때, 노인들로 하여금 각자 개인이 처해 있는 상황에 맞게 선택할 수 있도록 다양한 형태의 주택을 개발해야 한다.

스웨덴에는 노쇠현상 등을 이유로 가정에서 독립적으로 생활하기 어려운 노인들을 위해 개발한 고령자용 특수주택인 서비스하우스, 노인홈, 너싱홈, 그룹홈, 집합주택, 시니어주택 등이 있다.[3] 그 내용은 다음과 같다.

3) 현재 스웨덴의 65세 이상 노인 중 95% 내외는 단독주택이나 집합주택(노인용 아파트)에서 생활하고 있고, 극소수인 5% 내외만이 노인홈, 요양원, 서비스하우스를 비롯한 노인전용 특수주택

1. 서비스하우스

노인전용 집합주택라고 불리기도 하는 서비스하우스(service house)는 일반주택에서 혼자 생활하기에는 문제가 있는 노인들을 대상으로 그들이 생활하기에 편리하도록 설계됨과 동시에 운영 면에서도 노인을 돕기 위한 다양한 서비스가 제공되는 주택이다.

서비스하우스에 입주하기 위해서는 기초자치단체 산하의 사회복지사무소에서 입주가 필요한지에 대한 여부를 판정받아야 한다. 입주판정의 기준으로는 ① 신체적 기능의 저하로 인해 자택에서 독립적으로 생활하기 힘든 경우, ② 혼자서 생활하는 데 여러 가지 불안요소가 존재하는 경우, ③ 자택에서 생활할 때 서비스 프로그램 접근성에 문제가 있는 경우 등이다.

입주판정을 받은 노인은 공적주택회사와의 계약에 의해서 시장가격에 가까운 주택임대료를 지불하지만, 경제적으로 여유가 없는 노인들은 소정의 임대료 중 85% 내외의 금액을 기초자치단체로부터 주택임대수당이라는 명목으로 보조를 받는다.

서비스하우스는 1인 1실을 원칙으로 하고 있다. 입주 시에는 과거 자신이 사용하던 가구의 반입이 가능하고, 방에서 식사를 위한 취사를 해도 되며, 공용식당을 이용할 수도 있다. 가족이나 친구가 방문할 경우를 대비하여 공용의 접객용 숙소(guest room)도 마련되어 있다.

서비스하우스의 규모는 작게는 50세대, 크게는 100세대 이상도 있다. 건축구조는 3~5층의 집합주택 형태이고, 세대당 넓이는 40~70m^2가 대부분이다. 주거형태는 1~3LDK[4]가 대부분이고, 그중 2LDK가 50% 이상

(special housing unit)에서 생활하고 있다. 85세 이상 노인의 경우에는 66% 정도가 일반주택에서, 그리고 34%는 요양시설 등 특수주택에서 거주하는데, 이러한 패턴은 앞으로도 지속되리라 예상된다.

4) LDK(living dining kitchen)의 L은 Living room(거실)을 뜻하고, D는 Dining room(식당)을, K는 Kitchen(부엌)을 의미한다. 2LDK는 방 2개, 거실, 식당, 부엌이 있는 약 46m^2 정도를, 3LDK는 방 3개, 거실, 식당, 부엌이 있는 약 66m^2 정도를 뜻한다.

을 차지한다. 주택 내의 공용설비로는 공용식당, 오락실, 미용실, 세탁실, 도서실 등이 있는데, 이러한 공용시설의 일부는 지역에 거주하는 일반노인들에게도 개방하는 등 다각적 이용방식을 채택하고 있다.

서비스하우스란 입주하는 노인들에게 자택이나 다름이 없다. 프라이버시나 쾌적함도 과거의 노인홈과는 근본적인 차이가 있다. 영국에도 이와 성격이 비슷한 노인용 보호주택(sheltered house)이 있지만 서비스하우스는 그것보다도 훨씬 더 일반주택에 가깝다.

또한 입주노인들의 안전을 위해서 시설 내에는 사무실 겸 당직실이 있다. 그리고 각 세대마다 당직실과 직통의 인터폰이나 호출버저가 설치되어 있고, 수세식 화장실이나 냉장고를 24시간 사용하지 않았을 때 가동되는 경보장치가 설치되는 등 이중, 삼중의 안전시스템이 가동되고 있다.

입주노인들은 대부분 아침과 저녁식사는 각자 방에서 취사하도록 되어 있지만, 점심식사만은 입주자 모두 공용식당을 이용한다. 서비스하우스에 배치되어 있는 직원들은 24시간 교대근무제로 관리업무를 수행한다. 입주노인 중 케어를 필요로 하는 경우는 일반주택에 거주하는 노인들과 동일하게 지역복지사무소에 홈헬프서비스를 요청하면 된다.

서비스하우스는 그 지역에 거주하는 전체노인들을 대상으로 홈헬프서비스센터가 병설되어 있는 곳이 많다. 홈헬프서비스센터에서는 지역노인들을 위한 배식서비스, 입욕서비스, 이미용서비스, 가사조력서비스 등의 업무를 수행하고 있다. 이러한 서비스는 서비스하우스에 입주하고 있는 노인을 포함하여 해당지역 모든 노인을 대상으로 한다.

2. 노인홈

1960년대에 건립한 노인홈(old age homes)은 서비스하우스에 비하면 거주공간도 협소하고 자취설비도 없는 구식 형태의 시설이다. 노인홈에서 생활하는 노인들은 자택에서 자립적으로는 생활할 수 없고 종종 의료서비스도 받아야 할 필요가 있는 노인들이다.

1960년대에 설립된 노인홈은 극빈시설이라는 이미지 때문에 한동안 노인들의 이용도가 낮았으나, 1980년대 후반부터 신축된 노인홈은 대부분 현대식 시설을 구비함으로써 과거의 극빈시설 이미지에서 탈피하였다.

입소를 희망하는 노인의 입소판정을 결정하는 곳은 지역복지사무소다. 1998년 현재 전국적으로 노인홈의 시설 수는 800개소 내외이고 거주자 수는 3만 5천 명 정도다. 1개 시설당 입주자 수는 평균 43명이며, 입주자의 85%는 80세 이상이고, 평균연령은 78세다. 1960년대에 건설된 노인홈은 방의 넓이가 14~20m²의 것이 많았지만 최근에 신축된 시설은 30~40m²가 대부분이다. 이곳에는 화장실, 샤워실, 취사시설 등이 갖추어져 있고 휠체어로 이동이 가능하도록 설계되어 있다. 노인홈의 입소비는 집세와 식대가 각각 따로 계산된다. 최근 지방자치단체에서는 노인홈을 시설이 아닌 주택으로 간주하는 경향이 나타나고 있다.

노인홈 입소자들은 서비스하우스 입소자에 비해서 많은 서비스를 받는다. 입주할 때에는 자신이 소유하고 있는 가구를 사용하는 것이 허용되며, 케어업무와 관련된 종업원은 24시간 교대제로 근무한다. 입주비용은 월 6,000~7,000EK(90~100만원) 정도다. 입주비용이 지나치게 높다고 생각할 수도 있으나, 입주자들은 지방자치단체로부터 받는 별도의 주택수당이 있기 때문에 경제적 부담을 이유로 입주하지 못하는 경우는 거의 없다.

1980년경까지만 하더라도 노인홈에 입주하고 있는 노인 수는 전국적으로 5만 명 내외였으나, 그 후 서비스하우스의 건설이 활성화됨에 따라 이곳에 입주하고 있던 높은 비율의 노인이 서비스하우스로 이동하는 현상을 보이고 있다.

1990년대 이후 스웨덴은 노인홈 운영과 관련된 새로운 경향이 나타나고 있다. 경제적으로 여유가 있는 노인들은 지방자치단체 주도하에 운영되는 협소한 서민용 시설보다는 보다 넓고 좋은 시설에서 노후를 보내려는 경향을 보임에 따라, 민간기업들이 이러한 노년층의 욕구를 충족시키기 위해 보다 고급설비를 구비한 노인홈을 건축하기 시작하였다. 앞으로 이 분야에 대한 민간자본의 투자는 더욱 확대될 전망이다.

3. 너싱홈

너싱홈(nursing home)은 항시 요양과 간병을 필요로 하는 고령후기 노인들을 입소시켜 가족적 분위기를 갖춘 환경에서 생활할 수 있도록 보살피는 시설이다. 이러한 시설은 종전까지는 광역자치단체가 운영주체였는데, 1992년 에델개혁에 의해서 그 운영주체가 기초자치단체로 이관되었다.

너싱홈에 입소하고 있는 노인 수는 전국적으로 5만 2천 명 내외이고, 입소형태는 1인 1실, 2인 1실, 4인 1실 등 다양하였으나, 최근에 이르러 입소노인의 프라이버시가 존중되어야 한다는 뜻에서 점진적으로 1인 1실의 형태로 개편되고 있다. 또한 방마다 화장실과 샤워시설이 설치되어 있다.

1992년 에델개혁 이후 너싱홈의 법적 성격은 보건의료시설에서 주택개념의 복지시설로 변경되었다. 너싱홈의 시설장은 간호사 자격 소지자가 하는 것을 원칙으로 하고 있으며 대개의 경우 의사는 상주하지 않는다.

스웨덴에는 세 가지 형태의 너싱홈이 존재한다. 그중의 하나는 종합병원 부설의 장기요양병원이고, 둘째는 기초자치단체가 운영하는 요양시설인데, 이는 기초자치단체가 일차적 케어의 일환으로 운영한다. 그리고 셋째는 민간단체가 영리를 목적으로 운영하는 요양시설이다.

최근 스웨덴에서 너싱홈이라는 것은 더 이상 법률상의 명칭이 아니며, 시설형태 간의 차이점으로도 그 구분이 점차 어려워지고 있다. 서비스하우스, 노인홈 등에도 수발을 필요로 하는 노인들이 입소하고 있는 경우가 허다하기 때문이다. 현재 기초자치단체가 운영하는 너싱홈이 87%, 민간단체가 운영하는 곳이 13%다.[5)] 시설의 규모는 작은 것은 5~10명 정도, 큰 것은 430명이 입소한 시설도 있어 시설 간의 격차가 크다.

너싱홈은 광역자치단체에서 기초자치단체로 이관된 이후 현재까지 60% 이상의 시설은 리모델링되었거나 증축되었다. 1998년 현재 입소자의 65%가 1인실에서 생활하고 있다. 너싱홈 입소자의 평균연령은 83세, 그중 69%가 여성이다.

입소비용은 지자체가 각자 자율적으로 결정하고 있어 지역에 따라 많은 차이가 있다. 시설임대료, 식사대 그리고 수발에 소요되는 비용 등을 각기 별도로 책정하는 시설이 55%, 시설임대료만 차이를 두고 나머지는 일률적으로 가격을 징수하는 곳이 20% 내외다. 1인실과 2인실은 임대료가 다르다.

4. 그룹홈

스웨덴의 그룹홈(group homes)은 최근 스웨덴의 사회적 서비스에서 매우 중요한 역할을 수행하고 있다. 시설의 형태는 하나의 미니요양시설로 보면 된다. 이곳에 입주하고 있는 노인들은 신체적 장애로 일상생활에서 타인의 도움을 받아야 할 노인도 있지만, 그보다는 치매성 질환으로 하루 24시간 간병과 간호를 받아야 할 노인들이 주로 입소한다.

그룹홈은 읍·면·동 단위로 몇 개소씩 설치되어 있는데, 이는 해당지역에 거주하는 노인들을 먼 곳에 있는 큰 규모의 요양시설이나 종합병원, 노인병동에 입원시키는 것보다는 지역단위에서 자치적으로 보살피는 것이

5) 1990년대 이후 스웨덴에는 민간기업이 운영하는 노인주거시설의 급격한 증가추세가 나타나고 있다. '제3의 길' 정책을 추구하기 시작하면서 지방자치단체가 시설에 대한 투자를 감축시키고 있다는 것도 그 원인 중 하나지만, 노인의 경우 지방자치단체가 운영하는 시설보다는 서비스의 질이 양호한 민간기업 운영의 시설을 선호하기 때문이다. 따라서 앞으로도 민간기업 주도의 노인시설은 계속 증가될 것으로 예상된다.

예산에서뿐 아니라 당사자의 정서적인 측면을 고려해도 훨씬 바람직하다고 판단되기 때문이다.[6)]

그룹홈의 1개소당 수용인원은 7~8명 정도(최대 10명)이고, 이들을 보살피는 직원은 간호사와 간병인을 포함하여 4명 이내다. 이들은 하루 24시간 교대근무를 한다. 주거형태는 1인 1실을 원칙으로 하고 있고, 방마다 화장실과 샤워시설이 있다. 식사는 공용식당을 이용한다. 그룹홈의 입주 여부는 치매성 노인의 경우 종합병원의 진단결과에 따라 기초자치단체 소속의 케어매니저가 결정한다.

스웨덴에서 그룹홈이 촌락단위로 대량 설치되기 시작한 것은 1992년 에델개혁 이후부터라고 할 수 있다. 이와 같은 정책을 펴게 된 배경에는 고령자의 불필요한 장기입원으로 인한 문제점을 해소하기 위해서이기도 하지만, 노인들로 하여금 지역사회로부터 고립되지 않고 여생을 보내도록 하고자 하는 또 다른 목표가 있기 때문이다.

입소노인을 보살피는 일 이외에 입소자들의 가족들과 연락하는 일도 그룹홈의 직원들의 중요한 역할 중 하나다. 입소자가 외부에 용건이 있을 때 직원들은 그들이 원하는 용건을 대행해 준다. 경우에 따라서는 직원이 입소노인의 금전관리 또는 재산관리 업무까지도 대행해 준다.

입소자에 대한 보건의학적인 관리는 그룹홈에 배치되어 있는 간호사가 담당하지만 필요한 경우에는 보건의료센터의 의사가 왕진한다. 민간단체도 그룹홈을 운영할 수 있다. 과거에는 민간단체가 운영하는 그룹홈도 보조금을 지급받을 수 있었지만, 에델개혁 이후부터는 민간단체가 운영하는

---

6) 그룹홈은 규모가 큰 요양시설에 비해 다음과 같은 장점이 있다. 첫째, 그룹홈은 읍·면·동 단위로 몇 개소씩 설치되어 있기 때문에 자신이 살던 정든 마을을 떠나지 않고도 입소생활이 가능하다. 둘째, 가족 또는 친지들과 같은 마을에 살고 있기 때문에 그들로부터 여러 가지 비공식적 지원을 받기가 용이하다. 셋째, 시설규모가 작기 때문에 일상생활을 함에 있어서 가족적인 분위기가 보장된다. 넷째, 큰 규모의 시설에 입소하는 것보다 입주에 소요되는 비용이 훨씬 절감된다. 이상과 같은 장점들 때문에 스웨덴에서는 앞으로 그룹홈 형태의 시설을 더욱 확장시켜 나갈 것으로 보인다.

시설에 대한 보조금지급제도는 폐지되었다.

최근 그룹홈의 규모가 약간씩 확대되는 경향을 나타내고 있다. 그룹홈의 시설규모가 커지는 것은 운영 면에서의 효율성을 높이기 위한 노력의 일환이다.

에델개혁 이후 스웨덴에서는 케어를 필요로 하는 노인을 보살피는 시설형태에 대해 너싱홈 형태보다는 그룹홈과 같은 소규모의 것이 더 이상적이라는 경향이 지배적이다. 따라서 앞으로는 너싱홈에 그룹홈을 병설하던 종전의 정책을 지양하고, 그 대신 너싱홈 자체를 그룹홈의 집합체와 같은 성격으로 변경하는 곳도 나타날 것이다. 즉, 이는 너싱홈 자체가 소그룹화하고 있는 것을 의미한다. 현재 일부 지방자치단체에서는 기존의 너싱홈을 서너 개 정도의 그룹홈으로 분할시켜 운영하는 사례도 있다.

5. 집합주택

집합주택(collective house)의 개념은 노인, 젊은이, 장애인 등이 모두 한데 어울려서 산다는 통합(integrate) 개념에 입각한다. 따라서 집합주택은 노인들만의 전용주거시설이 아니다. 스웨덴의 고령자 중에는 집합주택에서 생활하는 비율이 높다. 집합주택의 규모는 대체로 50~100세대 정도이며, 가족단위의 여러 세대가 독립적인 생활을 하지만, 공용시설로는 식당과 주방, 사우나, 주간보호센터, 보육시설 등이 있어 입주자 모두가 공동으로 이용하며 생활한다.

집합주택의 역사는 1950년대로 거슬러 올라간다. 이러한 주거형태가 전국적으로 확산된 배경에는 다음과 같은 두 가지의 요인이 있다. 하나는 여성의 사회진출이 급속히 확산됨에 따라 종전까지 여성이 담당해 왔던 가사노동을 간소화시킬 필요성이 발생하였다는 것이고, 다른 하나는 중산층 가정의 경우 가사도우미를 구하기가 어려워졌다는 것이다.

집합주택은 일반적으로 2층 구조로, 2층에는 가구별 주거시설로 구성되고, 1층에는 취사장, 식당, 다목적 강당, 보육시설, 주간보호센터, 사우나시설 등이 배치되어 있다.

6. 시니어주택

시니어주택(senior house)은 주로 55세 이상의 중산층을 대상으로 하는 주거시설이다. 시니어주택은 대부분 지역주민들로 구성되는 고령자주택협동조합에 의해서 설치 · 운영된다. 입주자격은 지역에 따라 각기 다르기는 하지만, 대체로 케어를 필요로 하지 않는 노인 누구나 입주할 수 있도록 규정한 곳도 있고, 연령제한을 정하고 있는 곳도 있다.[7)]

시니어주택이 스웨덴에서 최초로 건설되기 시작한 것은 1930년경부터인데, 지금도 정년퇴직한 건강한 노인들에게는 선호도가 높은 주거시설로 자리매김을 하고 있다.

이것은 비록 노인용 주거시설이기는 하지만 사회서비스법에 의한 케어주택은 아니므로 일반주택과 동일하게 취급된다. 따라서 지방자치단체는 이러한 주택의 운영과 관련하여 전혀 개입하지 않는다. 노인들이 시니어주택에 입주하기 위해서는 주택협동조합으로부터 입주권을 구입하는 것이 통례이기는 하지만 개중에는 임대방식을 택하는 곳도 있다.

노인들이 시니어주택을 선호하는 이유는 그곳에 입주하면 동년배 노인들과 어울려 취미 · 오락활동을 할 수 있다는 장점이 있기 때문이다. 이곳에 입주하고 있는 노인들은 일반주택에 거주하고 있는 노인들과 마찬가지

7) 시니어주택은 경제적으로 자립능력이 있는 중산층 노인들이 일상생활을 하면서 동년배의 친구들과 어울려 노후를 보낼 수 있도록 설계된 집합주택이다. 따라서 이러한 주택단지에 입주하면 고독감, 무료함을 해소시킬 수 있는 다양한 프로그램에 참가할 수 있다는 장점이 있다. 시니어주택은 노인복지시설이 아니기 때문에 사회적으로 제공되는 복지서비스 프로그램은 운영되지 않는다.

로 홈헬퍼의 도움이 필요할 때는 지역복지사무소에 도움을 요청할 수 있다. 시니어주택은 앞으로 스웨덴 노인들의 보편적인 주거형태가 될 가능성이 크다.

제11장 | 재가노인에 대한 복지서비스

제1절 재가복지서비스 정책

1. 사회적 서비스의 내용

스웨덴이 추구하는 노인복지정책은 노인들이 가능한 한 자신이 살고 있는 지역사회에서 일반주민들과 더불어 생활을 할 수 있도록 하는 것이며, 노인들이 겪는 건강상의 이유 또는 신체적인 장애로 인해 불편을 겪지 않도록 지역사회가 적절한 서비스를 제공하는 일이 중요하다는 인식에서 출발하였다.

스웨덴은 노인대상 복지서비스를 추진함에 있어서 재가복지에 중점을 두는 정책을 펴고 있다. 이는 노인복지를 위해서 배정된 재원을 보다 효율적으로 활용하고자 하는 전략 때문이다. 과거에는 노인요양시설이나 노인병원에 입소할 필요가 없는 노인들까지도 입소함으로써 복지예산의 낭비가 발생하는 경우가 적지 않았다. 실제로, 스웨덴 북부지방의 한 작은 도시에서는 요양시설 입소노인 중 약 40%가 부적절하게 시설에 입소하고 있었던 것으로 밝혀지기도 하였다(Thorslund & Parker, 1998). 이와 관련하여 1980년대 말 이후 부적절하게 시설에 입소한 노인 중 재가서비스만으로도 문제를 해결할 수 있는 대상자를 선별하여 서비스하우스나 재가서비스 등을 통해 그들의 문제를 해결하는 정책을 추진하였다. 재가서비스는 시설서비스보다 훨씬 저렴하기 때문에 한정된 예산으로 더욱 많은 노인에게 혜택을 부여할 수 있다.

스웨덴은 부적절하게 시설에 입소하고 있는 노인들을 선별 · 재배치함으로써 복지자원의 합리화를 모색할 수 있게 되었고, 그 결과 1980년부터 1990년에 이르는 10년 동안 스웨덴 전체 노인시설의 병상 수가 15% 내외 감소한 반면, 같은 시기에 각종 재가서비스 프로그램은 더욱 다양화 · 활성화되었고, 같은 예산으로 보다 많은 노인의 문제를 해결할 수 있게 되었다.

1990년대에 진입하면서 스웨덴은 재정적인 면에서 매우 어려운 시기를 맞이하게 되었고, 복지예산의 부족이라는 문제를 해결하기 위해 복지전달체계의 재수정이 불가피해졌다. 사회서비스법에는 도움을 필요로 하는 자는 누구나 그가 원하는 원조를 받을 수 있다는 권리가 명시되어 있으나, 1990년대 정부의 재정 사정은 그러한 권리를 국민이 제대로 행사할 수 있도록 하기에는 한계가 있었다.

1980년대까지만 하더라도 스웨덴에서 가족에 의한 노인케어의 경제적 효과성이 정치적으로 이목을 끄는 대상은 아니었다. 그러나 1990년대에 접어들면서부터 가족은 노인케어의 귀중한 자원이라는 것을 인식하기 시작했다. 가족에 의한 케어는 시설입소를 지연시키며, 비공식적 보호를 통하여 공적 자원을 줄일 수 있다는 인식이 커졌다. 그래서 이 시기부터 노인을 보살피는 가족에 대해 지원하기로 결정했다.

가족의 지원 형태는 가족에 대한 사회적 지원이다. 가족에 대한 사회적 지원은 그들의 부양부담을 경감시키는 것이 목적이다. 국립보건복지위원회의 보고서(Socialstyrelsen, 1996)에 의하면, 이 제도는 가족이 노부모와 동거하며 보살피거나 거의 매일 노부모가 계신 집에 가서 보살피는 가족의 경우, 국가가 재정적 지원을 하도록 되어 있다. 이 보고서에서 제시하고 있는 정책을 수용한 스웨덴은 1993년부터 노인을 부양하는 가족에게는 생계비(carer' s allowance)를 지원하기 시작하였고, 1996년 현재 이 제도에 기초해 생계비를 지원받고 있는 가족은 1만 2천 명을 상회하고 있다(Mossberg, 1998).

2. 사회적 서비스의 구분

1) 서비스 제공 주체

노인대상 사회적 서비스는 공식적 서비스와 비공식적 서비스로 구분된다. 공식적 서비스는 법령에 의해서 규정된 기관이나 자원봉사단체에 의하여 제공되는 서비스로, 국가나 지방자치단체의 지원을 받아 이루어지는 계획적 · 조직적 서비스다. 서비스의 종류로는 가정봉사원 파견서비스, 도시락 배달, 주간보호, 단기보호 그리고 케어매니지먼트 등이 포함된다.

한편 비공식적 서비스는 친척, 가족, 이웃, 친구 등에 의해서 제공되는 서비스로서 상호부조적인 성격이 강하다. 가족과 친족집단은 노인에게 개별적으로 도움을 주는 사회적 서비스의 주요한 원천이며, 생의 결정적인 단계에서 없어서는 안 될 중요한 서비스다. 친족집단은 긴급을 요하는 사태가 발생했을 때 즉각적인 서비스가 가능하고, 특히 정서적인 서비스를 받을 수 있다는 장점이 있다.

2) 서비스 제공 장소

노인대상 사회적 서비스는 제공 장소에 따라 재가서비스와 시설서비스로 나뉜다. 재가서비스는 가정봉사원 파견서비스, 주간보호, 단기보호를 중심으로 하는 포괄적인 서비스의 제공이 가능하다. 대다수의 노인들은 자신의 집을 포함한 근거리에서 공식적, 비공식적 혼합서비스를 제공받는다. 이때 도시와 농촌지역의 복지자원환경에 따라 서비스의 질에 차이가 있을 수 있다.

그리고 시설서비스는 일상생활을 영위하기 위하여 사회적 서비스가 필요한 노인이 일정한 시설에서 의식주를 제공받아 가며 생활할 수 있도록 배려한다. 시설서비스는 자격이 있는 전문가에 의해 하루 24시간 사회적 서비스를 제공받을 수 있다는 장점이 있다.

제2절 고령후기 노인대상 프로그램

재가노인이 심신기능의 저하로 인해서 가사조력 또는 간병, 간호서비스를 받을 필요가 있을 때 당사자 또는 가족이 기초자치단체인 마을의 복지사무소에 도움을 요청할 수 있다. 그러면 복지사무소의 관계자는 해당노인이 살고 있는 가정을 방문하여 실태조사를 한 후 도움을 주어야 할 형편인지 여부를 판단한다. 도움이 필요하다는 판단이 내려지면 도움의 유형과 빈도 등을 결정하여 서비스가 시작된다. 그리고 당초에 합의되었던 서비스의 내용은 그 후 필요에 따라 수정해 나간다.

건강상의 문제로 인해서 스스로 일상생활을 하기 어려운 고령후기 노인들을 대상으로 하는 프로그램에는 다음과 같은 것들이 있다. ① 가사조력 또는 간병 · 간호 등을 위한 홈헬프서비스, ② 긴급한 상황이 발생했을 때 구원을 요청할 수 있는 긴급호출시스템, ③ 자신의 문제를 전화로 상담할 수 있도록 하는 전화상담서비스, ④ 신체적 장애가 있는 노인들이 자택에서 생활하기 편리하도록 주택의 구조를 일부 개조해 주는 주택개조서비스, ⑤ 장애노인을 대상으로 하는 복지용구대여서비스, ⑥ 노인들의 안전을 도모하기 위한 야간순찰서비스, ⑦ 교통편의서비스, ⑧ 이 · 미용서비스 등이다.

1. 홈헬프서비스

홈헬프서비스란 일반주택이나 서비스하우스 등에서 생활하는 허약한 고령노인을 대상으로 그들의 요청에 의해서 청소, 세탁, 조리, 입욕보조, 일용품 구입 그리고 사회적 접촉 돕기, 말벗 서비스 등을 제공해 주는 것으로 시설에 입소하지 않고 자택에서 자립생활을 할 수 있도록 도와주는 것이다.

홈헬프서비스를 받고자 하는 노인은 해당지역의 복지사무소에 신청할 수 있다. 서비스를 받기 위해서는 소정의 비용을 부담해야 하는데, 수입정도에 따라 비용부담의 비율도 달라진다. 1998년 현재 자택에서 홈헬프서비스를 받고 있는 노인은 12만 6천 명 내외다. 이는 스웨덴 전체노인의 약 8.2%에 해당한다.

1) 홈헬프서비스의 발전과정

스웨덴에서 홈헬프서비스 프로그램이 시작된 것은 1920년대로 거슬러 올라간다. 당시 적십자사, 교회, 부녀회 등에 의해서 환자, 장애인을 보살펴

주기 위해 자원봉사활동의 일환으로 홈헬프서비스가 시작되었다. 1930년대에 접어들면서 가족해체 현상이 일어나고, 도움을 받아야 할 노인의 수가 증가함에 따라 노동의 대가를 받는 형태의 홈헬프서비스가 병행되었다. 이러한 과정을 거쳐 1952년에 사회청이 홈헬프사업에 대한 기초안을 마련하였고, 1957년에는 재가노인에 대한 홈헬프사업 지원을 국회에서 결의함에 따라 1964년부터 이 사업에 대한 국고보조가 시작되었다.

홈헬프서비스를 이용하는 노인은 1963년에는 16.5%이던 것이 1990년에는 10%, 1998년에는 8.2%로 점진적으로 감소하는 현상이 나타났다. 홈헬프서비스를 이용하는 노인의 수가 시일이 경과함에 따라 감소하는 이유를 살펴보면 ① 과거보다는 노인들의 건강상태가 좋아진 점, ② 건강에 이상이 있는 노인가구에 긴급호출전화가 가설된 점, ③ 지역마다 데이센터와 데이케어센터가 설치된 점, ④ 배식서비스 제도가 잘 정비된 점, ⑤ 주택환경이 개선된 점 등을 들 수 있다. 그 외에도 홈헬프서비스를 받기 위해 지불해야 하는 본인부담액이 높아지고 있는 점도 홈헬프서비스의 이용률 감소와 관련이 있다고 본다.

2) 홈헬프서비스의 이용률

1998년 홈헬프서비스를 이용하는 노인 중 80세 이상의 노인은 68%였다. 각 연령별로 홈헬프서비스를 이용하는 비율을 살펴보면 65~74세의 연령층에서는 2.4%에 불과하고, 85~89세의 연령층에서는 24% 내외가 홈헬프서비스를 이용하고 있었다. 또한 홈헬프서비스를 받고 있는 노인들 중 30% 내외는 남성이며, 연령이 높아질수록 여성노인의 비율이 증가하였다. 동일한 연령층에서도 남성보다는 여성층의 비율이 높았다. 그러나 90세 이상 연령층에서는 남녀차이를 거의 발견할 수 없었다. 또한 홈헬프서비스를 받는 노인 중 단신자의 비율은 79%에 이르렀다. 이와 같이 홈헬프서비스는 연령이 높을수록, 그리고 남성노인보다는 여성노인이 더 많이 이용하고 있음을 알 수 있다(Swedish Institute, 2003).

3) 이용자의 본인 부담

홈헬프서비스는 일정액을 본인이 부담하도록 하고 있다. 홈헬프서비스에 대한 본인부담액 산정방법은 지방자치단체에 따라 각기 다르며, 그 내용은 다음과 같이 분류해 볼 수 있다.

첫 번째, 보편적인 형태는 해당자의 수입과 제공한 서비스의 양에 의해서 결정되는 방법이다. 지방자치단체 중 69%가 이 방법을 택하고 있다. 두 번째, 해당자의 수입과는 관계없이 서비스를 제공하는 양에 의해서 요금을 결정하는 방법이다. 지방자치단체 중 16%가 이 방법을 택하고 있다. 세 번째, 서비스의 양과는 관계없이 해당자의 수입 정도만으로 서비스의 요금을 결정하는 것이다. 이는 지방자치단체의 12%가 사용하는 방법이다. 네 번째는 수입과는 관계없이 모든 이용자에게 동일한 요금을 받는 것이다. 지방자치단체의 3% 정도가 이 방법을 택하고 있다(Swedish Institute, 2003).

4) 케어업무 종사자

홈헬프서비스 업무에 종사하는 직원 수는 1983년에 약 8만 명 정도였으며, 이들은 모두가 지역복지사무소에 소속되어 근무하였다. 당시에 종일제 헬퍼는 거의 존재하지 않았으며, 76%가 시간당 급여를 받고 일을 하였다. 그러다가 13년 후인 1996년에 전체 헬퍼의 수는 7만 6천 명으로 감소하였다. 근무형태별로는 종일제 헬퍼가 13% 증가하였고, 시간제는 16%, 가족 헬퍼는 7%로 감소하였다. 이는 스웨덴의 홈헬프서비스가 시일이 경과할수록 종일제 직원에 의해서 수행되고 있음을 뜻한다.

2. 야간순찰서비스

스웨덴에서 실시하고 있는 재가노인을 위한 복지서비스 중 다른 나라에서 별로 실시되지 않고 있는 독특한 프로그램은 야간순찰서비스다. 홈헬프서비스는 일반적으로 오전 8시부터 저녁 5시까지 일하는 것이 통례인데, 노인을 대상으로 하는 케어는 하루 24시간 보살펴야 하는 경우가 많다. 현재 스웨덴에서 실시하고 있는 야간순찰서비스는 저녁 순찰반과 야간 순찰반으로 운영된다. 저녁 순찰반은 오후 5시부터 밤 10시까지이고 야간 순찰반은 밤 10시부터 아침 8시까지 근무한다.

야간 순찰반 역시 지역복지사무소가 조직 · 운영하고 있다. 순찰반의 구성원으로는 일반 헬퍼, 케어보건사 그리고 간호사 등 3인 1조가 미리 계획된 일정에 따라 승용차로 각 가정을 순방한다. 각 가정을 방문하여 해당노인들에게 필요로 하는 도움을 제공하기도 하고 긴급호출전화를 받은 곳에 한해서 출동하기도 한다.

1998년에 야간 순찰반에 의해서 야간순찰서비스를 받은 노인은 약 18만 명이며, 그중 매일 서비스를 받은 노인은 28%에 이른다. 1980년대 이전에는 야간순찰서비스는 방문간호와 홈헬프서비스가 각기 별개 조직에 의해서 운영되었으나, 1990년대에 들어서는 지구진료소의 케어보건사와 지역복지사무소의 홈헬퍼가 협동으로 야간순찰을 하고 있다. 긴급호출전화가 보급된 이후부터 야간 순찰반을 이용하는 노인비율이 급격히 증가하고 있다.

노인들의 긴급호출전화와 연결되는 곳은 지역단위로 설치되어 있는 재가케어 긴급센터다. 노인들로부터 오는 긴급경보(emergency alarm)는 모두 이 센터로 연결된다. 야간순찰서비스에 대한 이해를 돕기 위하여 이와 관련된 사례 한 가지를 소개해 보면 다음과 같다.

스웨덴 남부에 위치한 B지구는 인구 7만 명의 소도시인데, 에델개혁의 결과 홈헬프서비스와 방문간호업무가 기초자치단체로 통합되었다. 인구

7만 명 중 65세 이상 노인은 1만 1천 명, 고령화율은 15.5%다. 자택에서 홈헬프서비스를 받고 있는 노인은 약 1천 3백 명, 그중 450명은 주말 또는 야간에도 홈헬프서비스를 받고 있다. 야간순찰은 준야반과 심야반으로 편성된다. 준야반은 오후 4시부터 오후 10시까지이고, 심야반은 오후 10시부터 오전 8시까지다. 일의 내용은 미리 계획된 일정에 따라 노인가구를 순방하며 투약, 배설, 속옷교환 등의 서비스를 제공해 줌과 동시에 긴급전화 요청이 있을 경우에는 신속히 대응한다. B지구에는 긴급호출전화가 570대 가설되어 있는데, SOS센터를 통해서 야간 순찰반에 연락이 오기도 한다. 1개 팀의 야간 순찰반이 하루에 방문하는 가정은 평균 25가구다 (Hedin, 2000).

3. 이송서비스

이송서비스란 신체기능의 저하 또는 장애 등으로 인해서 일반 대중교통수단을 이용하기 곤란한 노인을 대상으로 차량(택시 또는 이송용 미니버스)으로 이동할 수 있도록 도움을 주는 서비스다. 이송서비스는 1960년대에 일부 지역에서 장애인을 위한 서비스로 시작되었다. 1975년부터는 이 프로그램 운영비의 35%를 국가가 보조해 주고 있다. 이 프로그램을 이용하기 위해서는 복지사무소의 심사를 받아야 한다. 비용의 일부는 본인 부담이며 약 42만 명의 노인이 이송서비스를 받고 있다. 이송서비스의 1인당 사용횟수는 연간 18회이며, 이용자 중 16%는 64세 이하의 장애인이고, 65~79세 13%, 80세 이상 고령자 53%가 이용하였다.

이송서비스에는 근거리뿐만 아니라 원거리 이송서비스도 있다. 노인을 모시고 원거리를 이동할 경우 기차, 비행기, 미니버스 등을 이용할 수 있으며, 이때 차비는 본인이 지불하지만, 호송을 도와주는 헬퍼는 무료다.

4. 주간보호센터와 데이센터

1) 주간보호센터

주간보호센터(day care center)는 병원 노인홈 또는 서비스하우스 등에 병설되어 있는 것도 있지만 독립된 시설도 있다. 주간보호센터에서는 해당 지역에 거주하는 노인들을 대상으로 기능회복훈련, 입욕서비스, 식사서비스 등을 제공한다. 주간보호센터를 이용하는 노인들은 대부분 치매성 노인들로서 의료기관으로부터의 소개 또는 지역담당 케어매니저의 안내에 의해서 찾아온다. 주간보호센터는 문자 그대로 재가노인을 위한 이용시설로서, 시설 입소를 감축시켜 보려는 노력의 일환으로 설치 · 운영되고 있다. 따라서 이곳을 이용하는 노인들은 오전 10시경 센터에 나와서 목욕도 하고, 점심식사도 하고, 기능회복훈련 등의 서비스를 받다가 오후 5시경에 귀가한다.

주간보호센터에는 물리치료사, 헬퍼 등이 배치되어 있지만 간호사가 배치되어 있는 곳도 있다. 주간보호 프로그램은 1950년대에 스톡홀름의 한 병원에서 입원 노인의 수를 감축시켜 보고자 하는 노력의 일환으로 시작되었는데, 지금은 스웨덴 대부분의 지역에서 흔히 찾아볼 수 있다. 서비스를 받는 노인들에게서 소요비용의 일부를 징수한다.

2) 데이센터

데이센터(day center)는 지역사회에 거주하는 노인들이 낮에 동료 노인들과 교류하는 장소로 활용된다. 이곳을 사용하는 사람은 주로 건강상태가 양호한 노인들이다. 데이센터는 서비스하우스 또는 노인홈에 병설되어 있는 것과 지역사회 내에 독립적으로 건립되어 있는 것 등 두 가지 형태가 있다. 전국 1,500여 개소의 데이센터 중 3분의 1은 독립형 건물이다.

병설형은 센터의 이용자들이 서비스하우스 또는 노인홈의 식당 등 편의 시설을 공동으로 사용할 수 있고, 해당시설의 직원들로부터 서비스를 받을 수 있으며, 시설에 입주한 노인들의 경우, 지역에 거주하는 노인들과 교류를 활발히 할 수 있다는 이점이 있다.

데이센터는 노인들 자신이 운영주체가 되고 있는 경우가 대부분이고 직원은 필요할 경우에 한해서 도움을 준다. 우리나라의 경로당과 비슷한 기능을 수행하고 있다. 이곳에서 노인들은 스포츠, 카드놀이, 학습활동 등 다양한 취미 · 오락활동을 한다.

5. 단기보호센터

단기보호센터(short stay)는 노인을 단기간 입소시키고 보살피다가 자택으로 돌려보내는 시설이다. 노인들은 기능회복훈련이 필요할 때 단기간 이곳에 체류하기도 하고, 심신의 안정을 필요로 하는 경우 일시적으로 체류하기도 하며, 계속해서 자택에 머무를 것인가 그렇지 않으면 입소시설로 들어갈 것인가를 망설일 경우, 그리고 병원에서 퇴원 후 케어를 받을 수 있는 시설에 들어가기로 되어 있으나 그 시설에는 아직 빈자리가 나지 않아 입소를 기다려야 할 입장인 경우, 일시적으로 이곳에 머무르게 된다. 단기보호센터에서 종말기 케어를 받는 노인들도 있다. 따라서 단기보호센터를 이용하는 노인들의 유형은 매우 다양하다.

단기보호센터에서 체류하는 기간은 일반적으로 2주 내외다. 현재 스웨덴의 단기보호센터 침상 수는 5천 개 이상이다. 사회청 조사에 의하면, 1998년 1년간 4만 4천 명 내외의 노인들이 단기보호센터를 이용한 것으로 발표되고 있다. 이곳은 일시적 입소시설이므로 자신의 가구를 가지고 들어갈 수는 없다. 너싱홈이나 케어하우스 등에서도 단기보호센터를 겸하고 있는 곳이 있다. 단기보호센터에도 간호사, 간호보조원, 물리치료사, 헬퍼 그리고 시설관리에 필요한 직원들이 배치되어 있다.

6. 주택개조와 주택임대

주택개조 지원이라 함은 고령후기 노인들이 자택에서 계속 자립생활을 할 수 있도록 주택의 개조를 지원하기 위하여 국가가 주택개조비용을 보조하는 것을 말한다. 개조의 유형으로는 주로 현관, 욕실, 취사시설의 개조 등이다. 일반적으로 지방자치단체의 주택국이 주관한다. 또한 주택임대료 보조라 함은 저소득층 노인들에게 주택임대료의 일부를 보조해 주는 제도로서, 이는 1994년까지는 기초자치단체가 지급하는 방법을 택했으나 1995년부터는 국가가 직접 보조해 주고 있다. 노인홈, 너싱홈도 그 법적 성격은 케어주택으로 간주되고 있기 때문에 이러한 시설에 입주하고 있는 노인들도 주택임대료 보조를 받고 있다. 1998년 통계에 의하면, 스웨덴에서 주택임대료 보조금을 받고 있는 노인은 재가노인과 시설노인을 합해서 약 50만 명에 이르는 것으로 조사되고 있다.

7. 가족간병수당과 가족헬퍼

가족이 자신의 노부모나 친척 등을 케어하기 위해서 잠정적으로 직장을 휴직하는 경우 기초자치단체로부터 케어수당을 받을 수도 있고, 가족헬퍼라는 명목으로 지자체의 임시직으로 고용될 수도 있다. 가족헬퍼로 고용되는 조건은 지자체에 따라 조금씩 다르기는 하지만, 대체로 주간 40시간 이상 케어업무에 종사해야 수당을 받을 수 있다.

1998년 사회청의 조사에 의하면, 가족헬퍼 중 여성이 차지하는 비율은 85%, 65세 이상 연령은 14%로 나타났으며, 가족헬퍼의 대부분은 50대 여성들이었다. 가족헬퍼들이 보살핌을 받고 있는 노인과 어떤 관계인지를 알아본 조사에서는 여성의 경우 가장 높은 비율은 자신의 부모에 대한 케어였고, 그다음이 배우자였다. 한편 남성헬퍼의 경우는 가장 많은 것이 배우자, 그다음이 노부모였다. 케어를 받고 있는 대상자 중 75% 이상은 노인이었다(Hedin, 2000).

제3절 고령전기 노인대상 프로그램

스웨덴은 노인들로 하여금 건강이 허락하는 한 가급적이면 사회에 적극적으로 참여하도록 유도하는 정책을 펴고 있다. 노인들의 사회참여는 지역사회 발전에 기여할 뿐만 아니라 자신의 건강유지에도 크게 도움이 된다는 판단 때문이다. 노인의 사회참여와 관련된 유형으로는 취업활동, 자원봉사활동 그리고 기타 여가활동 등이 있다.

1. 노인취업과 관련된 정책

스웨덴은 65세부터 노령연금이 지급되므로 통상적으로 65세까지는 일을 하게 된다. 연금의 수급 개시연령은 60~70세까지로 되어 있고, 그 기간 중에 퇴직하는 것이 일반적이며, 대부분은 65세에 퇴직한다. 65세 이전에 퇴직하는 경우에 연금이 감액 지급되고 65세를 경과한 이후에 퇴직하는 경우에는 증액 지급되도록 규정하고 있다. 또한 스웨덴의 노동정책 중에는 61~64세까지의 연령층들을 대상으로 직장에서 서서히 은퇴를 준비하는 방법 중 하나로 파트타임근무제를 실시하기도 한다.

스웨덴 노인들의 취업률은 최근 30년간 점차 낮아지는 경향을 보이고 있다. 그러나 파트타임 노동제도의 도입으로 최근 조기은퇴자의 비율이 다소 둔화되고 있기도 하다. 한편 65세가 지나도록 계속 취업하는 노인도 적지 않다. 그들은 대부분 자영업 노인들이다. 과학자, 예술가, 기술자 등 전문직에 종사하는 노인들도 이에 속한다.

그러나 앞으로 국가의 연금재정이 불안정한 현상을 보일 때 또는 젊은 인력이 감소하여 노동력 부족현상이 발생할 때, 그 대안으로 고령자의 파트타임제가 권장되거나 퇴직연령을 점진적으로 연장시켜 나갈 가능성이 높다.

2. 자원봉사활동 프로그램

원래 스웨덴은 복지서비스는 국가의 책임이라는 인식이 보편화된 사회였으므로 자원봉사활동은 그다지 활성화되지 못했다. 그러나 에델개혁이 실시된 이후 정부는 시민에 의한 자원봉사활동을 권장하는 정책을 펴기 시작하였다. 정부는 자원봉사활동 권장정책의 일환으로 그러한 활동을 하는 개인 또는 단체에 대해서는 활동에 필요한 자금을 지원해 주기도 한다. 이로 인해서 최근에는 자원봉사활동이 점차 활성화되는 경향이 나타나고 있다.[1)]

노인들의 자원봉사활동 유형은 매우 다양하다. 개인적으로 이웃에 있는 장애인이나 고령의 독거노인을 돕거나 공원 또는 녹지대 보전에 도움을 줄 수 있는 여러 가지 일을 하기도 하고, 해당 지역사회에 있는 자원봉사활동

1) 스웨덴은 1990년대 초까지만 하더라도 가족이나 봉사단체 등 비공식적 활동이 크게 강조되지 않았다. 자원봉사활동에 대해서 물으면 그것은 적십자사의 역할이라고 답하는 것이 일반적인 인식이었다. 그러던 것이 에델개혁 이후부터는 가족과 자원봉사단체의 역할을 적극적으로 강조하기에 이르렀다. 현재 연금생활자단체 또는 가족이 이 분야 서비스에 적극적으로 개입하고 있는 것 역시 비공식적 서비스의 역할을 중요시하는 에델정책의 일환이다.

단체, 즉 연금생활자조직이나 교회 또는 적십자사 등에서 행하고 있는 각종 자원봉사 프로그램에 참가하기도 한다.

3. 여가활동 프로그램

스웨덴의 노인 중 자원봉사활동에 참가하고 있는 비율은 3% 내외에 불과하다. 대다수의 노인들은 여가 시간을 가정에서 라디오나 TV를 시청하며 소일하거나 산책 또는 여행을 즐기거나 동료 친구들과 어울려서 학습활동, 스포츠, 기타 취미 · 오락활동을 하며 시간을 보낸다. 그룹단위로 행해지는 여가활동 프로그램에 대해서는 지방자치단체가 약간의 재정지원을 하고 있기도 하다. 클럽활동의 장소는 데이센터, 스포츠클럽, 각급 학교 또는 연금생활자조직 등이다.

스웨덴 노인의 여가활동조직 중 가장 규모가 큰 것은 전국연금생활자연맹(PRO)과 스웨덴연금생활자협회(Svenska Fotzonterapi-Reflexologi Forbundet: SFRF)다. 두 단체는 모두 전국적인 조직을 갖고 있고, 이들의 활동에 대해서는 정부 또는 지방자체단체가 재정보조와 활동장소의 제공 등을 지원하고 있다. 이들 단체는 산하 회원들을 대상으로 역사, 어학, 노인문제, 건강문제 등에 대한 학습활동을 하기도 하고 수영, 골프, 건강체조, 스포츠 등의 프로그램을 운영하기도 한다. 이들 단체가 행하는 중요한 활동 중에는 산하 회원들의 권익보호를 위해 대정부 정책건의를 하는 일도 포함된다.

4. 노인단체와 고령자평의회

스웨덴의 노인들은 단체활동을 통해서 노인복지정책 수립과정에 참여하고 있다. 스웨덴 최대의 노인단체는 앞에서도 언급한 바 있는 전국연금생활자연맹이다. 이 단체의 주된 활동은 취미오락 프로그램 또는 스포츠활동, 자원봉사활동이지만, 자신들이 당면한 문제점 등을 정부에 호소 또는 건의하는 압력단체로서의 역할도 하고 있다.[2)]

전국연금생활자연맹은 노동자계급에게 인기가 있는 연금생활자 단체다. 정치적인 측면에서는 표면적으로 중립을 지키는 것을 원칙으로 하고 있지만, 그 이면으로는 사회민주당과 관계가 있는 것으로 알려져 있다. 이 단체의 지도자 중에는 전직 사회민주당 소속 국회의원이나 노동조합의 간부로 일해 왔던 인사들이 적지 않다.

스웨덴은 65세 이상 노인이 170만 명 내외인데, 그중 40만 명이 이 단체의 회원이다. 이는 노인 4명 중 1인이 전국연금생활자연맹의 회원으로 가입되어 있음을 의미한다. 이 단체가 정치적으로 매우 강력한 영향력을 행사할 수 있는 이유도 바로 여기에 있다.

스웨덴에서 두 번째로 큰 규모의 노인단체는 스웨덴연금생활자협회다. 이 단체는 젊은 시절 회사중역, 자영업자, 화이트칼라 출신의 회원이 주류를 이루고 있다. 표면적으로는 정치적 중립을 표방하고 있지만 내면적으로는 보수계 정당과 관계가 깊다. 이 단체의 회원은 전국연금생활자연맹의 약 절반에 해당하는 20만 명 내외다. 스웨덴연금생활자협회의 지도자는 높은 비율이 과거 보수파 국회의원을 지낸 사람들로 구성되어 있다.

현재 스웨덴에서 정치의 주류를 이루는 것은 40대의 정치인들이다. 50대의 정치인은 다소 고령자라는 인상을 풍긴다. 65세 이상 연령층의 국회의

---

2) 스웨덴에서는 노인복지와 관련된 업무를 수행할 때, 반드시 이해당사자를 참가시킬 것을 사회서비스법에 규정하고 있다. 이 법에 따라 노인단체는 연간 몇 번씩 지방자치단체별로 노인복지정책과 관련된 사항을 협의하고 있다. 그러나 이 모임은 결의기관이 아니므로 정부가 수행하고 있거나 계획하는 업무에 대해 자문을 하는 성격만을 지닌다. 이때 지방자치단체가 노인대표들과 협의하는 성격은 자치단체에 따라 많은 차이가 있다. 어떤 지방자치단체는 노인대표들과의 협의모임에서 노인복지사업 전반에 걸쳐 진지하게 의견교환을 하는 곳이 있는가 하면 어떤 지방자치단체는 이미 결정된 정책에 대한 보고를 하는 선에 머무르고 있다.

원은 2.5%에 불과하다. 스웨덴에서는 퇴직연령에 도달하면 정치에서도 은퇴함으로써 후진들에게 길을 열어 준다.

스웨덴은 이와 같이 고령자 정치인이 적은 대신 지역단위 지방자치단체별로 고령자평의회라는 것이 구성되어 있다. 고령자평의회 회의는 2개월 또는 3개월에 1회씩 정기적으로 개최되는데, 이때 정부 관계자들로부터 노인과 관련된 계획이나 정책현황을 보고받기도 하고 고령자 대표들이 의견을 진술하거나 정책건의를 하기도 한다.

제12장 | 노인의 소득보장정책

제1절 연금제도의 발달과정

1. 초창기의 소득보장정책

스웨덴의 공적연금제도는 보편적이고 포괄적인 정책이 제도적으로 확립되어 있다는 데 그 특징이 있다. 스웨덴은 사회보험의 재원에서 개인의 기여금이 차지하는 비율이 가장 낮은 나라에 속한다. 스웨덴의 연금제도는 대부분 조세수입과 고용주 기여 등을 재원으로 하며, 저소득층을 포함한 모든 국민을 대상으로 완벽한 소득보장과 다양한 공공서비스를 제공한다. 따라서 민간부문의 역할은 크게 제한된다. 스웨덴에서 복지국가로서의 성격을 갖춘 연금정책을 펴기 시작한 것은 1891년 민간주도의 건강보험에 대한 국가의 기여금 지원과, 1901년 고용주의 책임을 강조한 산재보험을 실시하면서부터라고 할 수 있다.

그러나 고령자 및 장애인을 대상으로 국가가 연금이라는 형태로 소득보장을 해 주어야 한다고 생각하게 된 것은 1910년경부터다. 당시 집권당인 보수당과 자유당 연립정부는 독일과 영국 등에서 행하고 있는 연금제도를 참고로 하여 1913년 연금보험법을 제정하였다. 이는 스웨덴 최초의 공적 연금제도다.

당시 스웨덴은 농업사회의 성격이 강했던 만큼 연금법을 제정할 때도 임금노동자뿐만 아니라 농민들까지도 포함한 전 국민 대상의 기여제 국민연금을 시도하였다. 또한 이 제도에서는 저소득자이고 노동능력이 없는 자에 대해서는 소득조사를 거쳐 급부하는 선별주의적 특징도 있었다. 흥미로운 점은 당시에 제정된 연금보험법은 자유주의 정파의 주도로 제정된 것이다. 사회민주당이나 좌파세력들은 그때까지만 하더라도 연금정책에 대한 구체적인 대안을 제시하지는 못하고 있었다.

1920년대까지만 해도 스웨덴은 농업국가였으며 유럽의 다른 국가들에 비하면 상대적인 빈곤국가였다. 1929년 스웨덴의 1인당 국내총생산(GDP)은 미국, 스위스, 영국, 캐나다, 프랑스, 덴마크보다 뒤져 있었다. 당시에는 노령, 질병, 실업 등에 대비하기 위한 사회보험 프로그램들이 유럽의 많은 나라에 도입되고 있었는데, 스웨덴의 사회보험은 적용대상도 적고 소득대체율도 매우 낮은 자발적인 질병보험제도(1890), 기본적인 공적연금제도(1913) 그리고 강제적인 재해보험(1916)만이 존재하였다.

그 후 1932년에 실시한 총선에서 승리한 사회민주당은 기존의 연금법을 대폭 개정한 내용의 연금법을 1935년 의회에 제출하여 통과시켰다. 개정된 연금법에는 보충급여의 요건을 소득조사만으로 할 수 있도록 함과 동시에 기존의 적립방식을 부과방식으로 변경하는 등 종전의 연금제도를 근본적으로 바꾸어 놓았다. 또한 1937년부터는 지역별 생계비 격차를 고려한 지역가산제도를 도입하였다.

2. 소득보장제도의 개혁

스웨덴이 진정한 의미에서의 소득보장정책을 다듬기 시작한 것은 제2차세계대전 이후부터라고 할 수 있다. 사회민주당은 1932년 집권 이후 지속적으로 복지개혁을 시도했지만, 세계적인 대공항과 제2차세계대전, 그리고 취약한 국내 경제사정 등으로 인해 실질적인 성과를 거두지는 못하였다.

제2차세계대전이 끝나자, 사회민주당은 경제적인 호황으로 인한 안정적 재정기반 구축에 힘입어 공적기구인 사회복지위원회의 정책보고서 등을 기반으로 연금개혁을 강력히 추진했다. 1946년에는 기초연금의 원형이라고 할 수 있는 균일기여, 균일급부의 국민기초연금법이 제정되어 1948년부터 시행되었다.[1)]

1940년대 스웨덴의 복지정책 쟁점 중의 하나는 국민연금제도의 개혁과 관련된 문제였다. 논의의 무대가 된 것은 1983년에 설치된 조사위원회인 사회복지위원회였다. 이 위원회는 복지국가 형성이라는 관점에서 국민연금제도에도 가족정책 분야에서 정착되고 있었던 보편주의를 도입하였다. 그리고 이 위원회의 제언을 정책화하는 데 중요한 역할을 한 인물은 몰러(Gustav Moller)였다.[2)]

이 제도는 재정확보방안을 위해 기여금 부과방식을 채택하였고,. 수급액

1) 1948년의 연금개혁을 필두로 1949년에 산업재해보상법, 1954년에 아동수당법과 주택수당법, 1955년 질병보험법이 제정됨으로써 보편적인 국민보험제도가 완성되었다. 또한 1947년에는 국민주택협회가 신설되어 주택개발에 박차를 가하기 시작했고, 1950년부터는 9년제 의무교육이 실시되었다. 그리고 1955년부터는 국민 모두에게 무료나 다름없는 의료서비스제도를 마련함으로써 스웨덴은 복지국가로서의 면모를 갖추게 된다.

2) 몰러는 스웨덴이 보편주의 정책을 추구하는 과정에서 많은 영향력을 행사한 인물이다. 그는 1946년에 발표한 논문에서 연금개혁은 최저생활보장 달성을 위한 중요한 밑거름이 될 것이라고 강조하면서, 소득조사는 재정악화가 심각한 경우에 부가할 필요가 발생할 수도 있지만, 복지재정 문제는 완전고용만 달성하면 해결될 수 있다고 주장하였다. 그는 스웨덴이 사회복지정책을 개척해야 하는 지침으로, ① 급부가 생활을 지탱할 수 있는 수준이라는 면에서 실효성이 있어야 할 것, ② 소득조사에 의한 것이 아니라 시민으로서의 권리에 근거한 급부가 실시될 것, ③ 자기책임에 기인하지 않는 모든 요구(needs)를 충족할 것 등을 제시하였다.

은 물가연동제에 의하여 조정되도록 하였는데, 가입자가 종전소득에 관계없이 최저생계수준을 보장할 수 있도록 하는 것을 목표로 하였다. 그러나 현실적으로 그 수급액으로 정상적인 생활을 유지하기에는 어려움이 있다. 따라서 1950년대에 접어들면서 국민들 사이에는 기초연금만으로는 노후생활을 보장받기 어렵다는 여론이 조성되었으며, 이후 사회민주당은 국가적 차원에서 검토하여 1959년 소득비례에 의한 부가연금법(Supplementary Pension Scheme: ATP)을 제정하였고, 1963년부터 시행하게 되었다. 이 법은 실제로 재정의 상당 부분이 고용주 기여에 의해 충당되는 것이었으므로 임금소득자가 아닌 농민층에는 불리한 것이었다. 그럼에도 불구하고 기여금의 대부분을 고용주가 부담하도록 제도화한 부가연금법은 화이트칼라를 비롯한 모든 임금근로자들로부터 높은 지지를 받았다.

1959년의 연금개혁은 스웨덴 사회정책에서 큰 변화를 의미한다. 당시의 상황은 완전고용과 경제성장으로 어느 정도 빈곤이 감소되었으나, 노인들의 빈곤율이 여전히 높은 수준에 있었다. 그래서 직장근로자들은 정년퇴직 후에도 자신들의 소득수준에 맞는 급여의 지급을 요구하였다. 이러한 요구에 대한 정치인들의 응답은 보편적인 프로그램을 크게 훼손하지 않는 범위 내에서 소득에 비례하는 연금제도를 개발하는 것이었다. 이러한 사회여건 하에서 사회민주당 정부는 1959년 기초연금에 소득비례형 연금제도를 추가 도입하는 연금개혁을 단행하였다.

소득비례형 연금제도란 연금가입자의 소득이 퇴직 후 연금급여에 반영되고 그로 인해 소득재분배의 효과가 감소되는 것을 의미한다. 이러한 점에서 소득비례형 연금제도가 사회민주당의 정치적 이데올로기에 부합하는 것이 아니라는 것은 분명하다. 그러나 사회구조가 농경사회에서 산업사회로 전환하면서 농업에 종사하는 인구는 감소하는 반면, 봉급생활자들은 상대적으로 증가하였는데, 이들은 계속해서 소득비례연금제도의 도입을 요구하였고, 사회민주당으로서는 그들의 요구를 계속 외면할 수만은 없는 입장이었다. 따라서 당시의 연금개혁은 정치적인 선택이라는 측면이 강하였다고 볼 수 있다. 그 후 1977년부터는 연금의 급부 개시연령을 종전의 65세에서 67세로 인상하였고, 동시에 부분연금(DP)도 시작하였다.

한편 1960년에 스웨덴 최초의 민간봉급생활자를 대상으로 하는 사적연금이 발족하였다. 그 후 시일이 경과함에 따라 여러 차례에 걸친 제도변경의 과정을 거쳐 1971년에는 사무직을 대상으로 하는 ITB 연금제도가 발족하였다. 뒤이어 1973년에는 노동자를 대상으로 STP 연금제도가 발족하였다. 그러한 연금제도가 발족하게 된 동기는 공적연금의 수급액만으로는 노후소득보장이 미흡하다는 사회적인 요구에 부흥하기 위해서다.

1976년 사회민주당은 1932년 이후 44년 만에 집권에 실패하고 보수당, 자유당, 중도당 등 비사회주의 정당들이 보수연합정부를 구성하였다. 보수연합정부는 가족수당의 삭감, 질병급여의 소득대체율을 낮추는 한편 주택보조금과 식품보조금도 삭감하였다. 또한 조세에 있어서도 재정적자를 줄이기 위해 부가가치세를 인상하는 조치를 취하였다(Heclo & Madsen, 1987).

이와는 대조적으로 사회민주당은 보수연합정부의 복지예산 삭감을 모두 원점으로 되돌리는 정책을 1982년 선거공약으로 내세웠다. 최악의 경제침체 속에서 치러진 당시 선거의 주된 이슈는 복지 및 조세였으며, 사회민주당은 6년 만에 재집권에 성공하게 되었다.

3. 1980년 이후의 정책

1982년 선거에서 중도우파 정부를 물리치고 승리한 사회민주당이 당면한 경제상황은 거의 절망적인 것이었다. 경제성장률은 마이너스 0.3%까지 하락하였고, 국제수지 역시 몇 년째 적자를 기록하고 있었다. 또한 공공부문의 적자는 GDP의 13%, 실업률은 총경제활동인구의 3%를 초과하는 등 최악의 상태였다. 따라서 재집권한 사회민주당의 가장 중요한 과제는 악화된 경제를 조속히 회복시키는 일이었다(김영순, 2001).

이와 같은 딜레마 속에서 사회민주당이 복지개편의 지침으로 내놓은 것은 '공정한 재분배체계로서의 복지국가 유지' 라는 개념이다. 사회민주당 정부가 내놓은 이 지침의 주요 내용을 소개하면 다음과 같다. 첫째, 새로운 상황 속에서 종전과 같은 팽창적 복지지출을 지속하는 것은 현재로서는 가능하지 않다. 둘째, 앞으로 복지지출은 가능하면 삭감해야 하고 설사 삭감까지는 못한다 하더라도 최소한 현재의 수준에서 동결되어야 한다. 셋째, 정부는 기존에 설정된 복지정책의 기본 틀을 고수해야 하고, 불가피하게 삭감이 필요할 경우에는 그 부담을 골고루 분산시킨다. 이상의 지침에서 보는 바와 같이 사회민주당의 정책은 기존의 지출수준을 고수할 수는 없어도 복지국가로서의 기본 틀은 그대로 유지하자는 데 있다(The Swedish budget statement, 1984).

사회민주당은 1982년 재집권 이후 경제재건을 위하여 다각적인 노력을 한 결과 경제사정이 차츰 회복되는 경향을 보였으나, 1985년 이후 세계경제가 다시 침체하자 또다시 큰 타격을 받게 된다. 이러한 상황변화에 대처하기 위하여 사회민주당 정부는 복지정책을 추구함에 있어서 신자유주의적 요소를 띤 정책을 도입하기 시작했다. 유럽연합(EU) 가입으로 인한 자본국제화와 유연한 생산방식의 확산추세 속에서 다른 대안을 찾기 어려웠기 때문이다. 이는 사회민주당 지지자들의 분노를 가져왔고, 1991년 선거에서 사회민주당은 패배를 하게 된다.

새로이 집권한 보수당, 중도당, 기민당으로 구성된 연립정부는 자신들이 선거에서 승리한 것은 '변화를 위한 위임' 이라고 보고 훨씬 더 대담한 자유주의적 정책을 통하여 복지국가의 축소를 위한 포괄적인 개편을 단행하였다. 그럼에도 불구하고 보수연립정부는 노령연금에 관해서만은 관대한 정책을 펴야 한다는 생각이었다. 그래서 연립정부는 야당인 사회민주당과 공동으로 1985년 의회 내에 노령연금관련특별위원회를 설치하기에 이르렀다. 이는 당시 스웨덴에 있어서 노인들의 생계문제가 심각한 사회문제로 대두되고 있었음을 말해 준다.

1990년에는 위원회가 나름대로의 연금개혁안을 마련해서 발표하였으나, 이에 대한 사회 각계각층으로부터의 반응은 이 정도의 개혁으로는 연금재정문제를 해결하기에 불충분하다는 것이었다. 1991년 11월에는 여야정당 대표자들로 구성된 연금개혁안 심의를 위한 특별기구가 가동되기 시작했고, 1994년에는 노령연금개혁법안의 최종안이 마련되었으며, 1999년 1월부터 시행되었다.[3)]

1994년 선거에서 사회민주당은 다시 집권하는 데 성공한다. 복지국가 유지를 위한 정책을 내걸고 있음에도 불구하고 현실적으로 그들이 추구하는 복지정책의 기조는 1980년대 초에 비해 훨씬 자유주의적인 것으로 변모하고 있다. 이는 스웨덴에서도 종전까지 지속해 왔던 보편적, 포괄적인 소득보장정책의 앞날이 결코 밝지만은 않다는 것을 의미하는 것이다.

제2절 공적연금제도의 현황

1. 공적연금제도의 골격

스웨덴의 공적연금제도는 전 국민의 최저생활 보장을 위한 정액급부의 국민기초연금(AFP)과 종전소득의 보장을 목표로 하는 소득비례에 의한 국

3) 스웨덴에서 공적연금제도에 대한 과감한 개혁을 단행한 배경으로는 연금재정의 문제와 관련이 있다. 인간수명의 연장과 출산율의 저하로 인해 연금을 받는 노령인구비율이 증가한 것이 그 원인이다. 1990년의 추계에 의하면, 당시의 인구 800만 명 중 연금수급자는 200만 명이며, 이는 공적 연금지급액이 GDP 대비 13% 수준이었다. 한편 고령화율은 1980년에는 16.4%였으나 2000년에는 16.9%, 2020년에는 21.5%로 추계되었다.

민부가연금(ATP) 등 이층구조(double decker · two pillars)로 형성되어 있다. 국민기초연금은 전 국민을 대상으로 최저생활 보장을 목적으로 하는데, 이는 대부분 조세부담의 성격을 띤 제도에 의해서 운영된다. 그리고 국민부가연금은 기여금을 재원으로 하는데, 이는 정립방식으로 운영된다.

국민기초연금의 보험료는 기본적으로 조세와 고용주가 부담하는 방식을 채택하고 있다. 고용주가 종업원을 대신해서 부담하는 보험료는 전체인건비의 39~45%에 이른다. 피보험자인 근로자 자신이 부담하는 보험료 지불액은 봉급의 2% 수준에 불과하다.[4)]

국민기초연금제도의 유형에는 노령연금, 장애인연금 그리고 가족연금과 미망인연금 등이 있고, 국민기초연금제도 외에도 국민부가연금(ATP)과 협약연금(STP)제도 등이 있다. 정년퇴직 이후의 고령자에게 종전소득을 보장할 목적으로 운영되는 국민부가연금은 국가가 운영주체이며 적립방식의 보수비례적 연금제도다. 스웨덴 국민은 물론이고 이 나라에 거주하는 외국인 모두에게 적용된다. 16~64세까지의 연령층 중 기초액 이상의 수입이 있는 직업에 종사하는 자는 모두 의무적으로 가입하게 되어 있다.

연금의 수급시기는 65세부터지만, 당사자의 희망에 따라 기초연금과 동일하게 60세나 70세부터 지급받을 수도 있다. 현재 스웨덴은 조기퇴직연금 수급자를 포함해서 노령연금 수급자가 200만 명을 상회한다. 이는 전체 인구의 25%가 연금수급자임을 의미한다.

스웨덴에서 공적연금이 지향하는 목표는 고령자의 생활이 소득이 있는 젊은이들의 생활수준과 큰 차이가 나지 않도록 하자는 데 있다.

기초연금은 65세 이상 모든 노인에게 지급된다. 단, 본인의 사정에 의해서 60세부터 지급받기를 원하는 경우는 지급액이 약간 감액되고, 그와

4) 국민기초연금의 보험료를 조세와 고용주가 전액 부담하도록 하는 원칙을 갖고 있으나, 근로자에게도 2%씩 부과하도록 한 것은 그들도 연금재정 정립과정에 참여하고 있다는 명분을 부여하기 위해서 취해진 조치라고 할 수 있다. 일반적으로 서구사회의 여러 나라들이 공적연금제도에서 고용주와 종업원의 연금기여금 부담률을 각각 50%로 부과하는 것과는 대조적이다.

는 반대로 70세부터 지급받는 경우는 지급액이 증액되는 장치를 채택하고 있다.

장애연금은 장애인 중 16~65세에 이르기까지의 연령층을 대상으로 지급되며, 장애인이 65세에 이르는 시기부터는 노령연금으로 전환해서 지급된다. 장애연금은 신체적 · 정신적인 장애가 있는 자가 수급대상이 되지만, 특별한 장애가 없는 경우에도 노동능력이 정상적인 근로자보다 50% 이하라고 판정되었을 때는 수급대상이 될 수 있다.

가족연금과 미망인연금은 남편이 사망 당시 36세 이상의 연령이고 사망 당시 적어도 5년 이상 결혼생활을 한 미망인 또는 16세 이하의 자녀가 지급대상이 된다. 그러나 미망인이 재혼을 하거나 65세에 도달하여 기초연금을 수급받게 되면 수급대상에서 제외된다.

2. 공적연금개혁법

1999년 1월부터 실시한 스웨덴의 공적연금개혁법은 다른 선진국가에서는 그 유형을 찾아볼 수 없는 독특한 구조다. 이 개혁법은 고령화 사회에서도 재정적인 압박을 크게 받지 않도록 설계되었을 뿐만 아니라 피보험자의 노동의욕을 유인하는 구도다. 그러므로 소득재분배 기능은 다소 약화시킬 수밖에 없도록 설계된 시스템이다.

고령화 사회의 진전으로 세계 모든 국가가 공통으로 당면하고 있는 문제는 누적되는 연금재정의 적자요인을 어떻게 해결하느냐다. 스웨덴은 이러한 문제의 해결을 위해서 전 세계적으로 가장 먼저 그리고 가장 과감하게 개혁을 단행하였다. 스웨덴은 연금 수급액의 비율을 대폭 인하시킴으로써 피보험자로 하여금 노동유인의 효과를 나타내도록 했고, 공적연금의 급부시스템을 단일구조로 개편하였으며, 연금시스템을 확정급부형에서 확정기여형으로 전환하는 등의 조치를 취함으로써 연금재정의 지속적인 안정을

가능하게 하였다.[5)]

공적연금개혁법은 기존의 연금제도와 비교해 가며 살펴볼 필요가 있다. 따라서 여기서는 개혁법을 신제도로, 기존의 것을 구제도로 칭하여 개혁법의 특징과 내용을 설명하기로 한다.

첫째, 신제도에서는 보험으로서의 성격을 더욱 강화시키는 한편 소득재분배의 기능을 구제도보다는 다소 약화시킴으로써 피보험자들로 하여금 노동유인책의 효과를 거두도록 하였다.

둘째, 공적연금의 급부시스템이 구제도에서는 국민기초연금(AFP)과 국민부가연금(ATP) 등 이층구조였으나, 신제도에서는 보수비례의 성격을 띤 국민노령연금의 단일구조로 개편하였다.

셋째, 구제도에서는 연금시스템이 확정급부형이었던 것을 신제도에서는 확정기여형으로 전환시켰다. 확정급부형은 공적연금에서 일반적으로 채택하고 있는 방식이다. 이와는 대조적으로 확정기여형은 먼저 보험료의 부담액을 결정하고 급부액은 보험료 부담액의 운용성과에 의해서 결정하는 방식이다.

넷째, 공적연금제도가 중심적 역할을 하고 이에 대한 보완책으로 사적연금제도가 존재한다는 것은 신 · 구 제도의 공통점이다. 피보험자의 자격은 16세 이상으로 스웨덴에 거주하며 사회보장사무소에 등록한 자로 한다는 규정도 신 · 구 제도가 동일하다.

다섯째, 스웨덴은 현재 신제도와 구제도를 병행 실시하는 기간을 설정해 놓고 있다. 따라서 신 · 구 제도 중 어떤 제도에 의해서 얼마만큼의 연금액

5) 연금정책을 평가하는 방법 중에는 노인가구의 소득을 중산층가구의 소득과 비교해 보는 방법이 있다. OECD 자료에 의하면, 스웨덴에서 67세 노인이 가구주인 가정의 가처분소득은 55세 장년이 가구주인 가정의 가처분소득의 80% 수준이다. 이는 서구사회의 여러 나라보다도 높은 비율이다. 그리고 스웨덴에서는 노인소득의 90% 이상이 공공이전소득에서 나오며, 이는 영국의 50%보다 훨씬 높은 비율이다. 한편 소득비례연금이 도입된 1960년대 이후에는 스웨덴 노인들의 빈곤율이 대폭 감소되었다.

을 수급받을 수 있느냐 하는 문제는 생년월일에 의해서 구분하도록 되어 있다. 예를 들어, 1934년 이전에 출생한 자는 구제도에 의해서, 1935~1953년 사이에 출생한 자는 신·구 양제도에 의해서, 그리고 1954년 이후에 출생한 자는 신제도에 의해서 연금을 수급받도록 규정하고 있다.

3. 공적부조제도

최저생계 보장을 목표로 설정된 최후의 안전망(safty networks)은 공적부조제도다. 이는 보험료를 지불하지 않는 자가 소득보장장치에 의해서 지급받는 급부를 말한다. 이러한 성격의 급부는 일반적으로 수당(allowance)이라고 호칭되기도 하는데, 이 수당 중에는 모든 국민에게 지급되는 보편적 형태의 수당과 자산조사(means test)에 의해서 선별적으로 제공되는 주택수당 또는 생활보조수당 등이 있다. 소득재분배라는 관점에서 살펴보면, 선별적 수당은 경제력이 약한 노령층 등에게는 소득보장이라는 집중적 효과가 있기는 하지만, 수급자의 입장에서는 빈곤이라는 낙인(stigma)이 찍힌다는 점과 행정관리 면에서는 높은 비용을 감수해야 한다는 단점이 있다.

원래 공적부조제도는 다른 수단에 의해 최저생활을 유지할 수 없는 경우의 사후구제조치다. 따라서 해당자에게는 별도의 방안이 강구될 때까지의 임시적인 대책이라고 이해할 수도 있다.

공적부조에 의한 소득유지정책은 스웨덴 사회정책에 있어서의 불가결의 구성요소다. 사회보험제도의 창설자들은 사회부조를 통한 소득유지는 점진적으로 축소되어 가다가 일정 기간 후에는 없어질 것이라고 생각하였으나, 이는 하나의 안전망으로서 영구적 역할을 하기에 이르렀다. 사회부조의 법적 근거는 사회부조법 제6조 규정에 근거한다. 이에 의하면, 자신의 욕구를 다른 수단으로 해결할 수 없는 경우에는 국가로부터 원조받을 권리가 있다고 규정하고 있다.

그 원조는 적절한 생활수준을 개인에게 보장하는 것이라야 한다. 원조의 조건으로는 ① 해당원조는 수급자가 앞으로 자립생활을 할 수 있도록 하는 지원을 중심으로 설계되어야 하고, ② 수급자가 자조노력을 한다는 조건을 전제로 한다. 그러나 법률에서 적절한 생활수준에 대한 정의를 규정한 것은 없다. 중앙정부의 사회복지청(National Board of Health and Welfare)은 가이드라인을 작성해서 지방자치단체에 시달하고 있는데, 구체적인 사항에 대해서는 기초자치단체에 광범위한 재량권을 부여하고 있다.

현행 공적부조제도의 근거법은 1980년에 제정되고 1982년부터 시행되기 시작한 사회서비스법(Social Service Act)이다. 사회서비스법이 제정되기 이전의 공적부조의 근거법은 1956년에 제정되고 1957년부터 실시된 사회부조법(Social Assistance Act)이었다.

사회서비스법 제정의 목적을 규정한 제1조에 의하면, 공적서비스는 민주주의와 연대를 기반으로 경제적 · 사회적 안정, 생활상의 평등 그리고 지역사회에의 적극적 참가를 추진하고, 개인 및 집단의 자원을 개방 · 개발함과 동시에, 개인의 자주적 결정과 프라이버시를 존중한다는 기본이념하에 필요로 하는 자에게 서비스를 제공함을 목적으로 한다.

사회적 서비스의 내용을 살펴보면 경제적 원조, 노인에 대한 케어, 장애인 케어, 알코올 · 마약 등 약물중독대책과 아동 · 청소년 케어 등이 속한다. 경제적 원조라 함은 공적부조를 말하고 나머지는 사회적 복지서비스를 말한다. 이러한 사회적 서비스는 주민에의 접근성과 의사소통의 편의성 등의 배려에 의해서 읍 · 면 · 동 등 기초자치단체의 사회복지위원회 책임하에 주민들에게 제공된다.

사회서비스법의 내용 중 공적부조관계의 규정으로는 제1조에는 사회서비스법의 목적, 제2조와 3조에는 읍 · 면 · 동의 책임소재, 제4조에는 실시기관에 해당하는 사회복지위원회에 관해서 규정하고 있다. 그리고 제5조에는 사회복지위원회의 책무, 제7조에서 10조까지는 사회복지위원회 활동과 관련된 읍 · 면 · 동 등 기초자치단체의 사회복지위원회가 수행해야 할 공적부조 행정에 관한 규정 등이 구체적으로 명시되어 있으며, 공적부조의 비용은 전액 기초자치단체인 코뮌(Kommun)이 부담한다.

제13장 | 노인의 의료보장정책

제1절 의료보장제도의 발전과정

1. 초창기의 발전과정

스웨덴은 중세기 이후부터 집단적인 노력을 통해 질병으로부터의 고통을 해결하고자 하는 시도를 꾸준히 계속해 왔다. 1800년대에 접어들면서 지역단위로 수공업이 발달하고 시민운동, 노동조합이 조직됨에 따라 공장지대, 중소도시, 농어촌지역에 이르기까지 질병금고라고 호칭되는 임의의료보험조합이 결성되기에 이르렀다. 이는 조합원들이 평소 적립금을 갹출하여 두었다가 조합원 중 환자가 발생하였을 때 그에게 의료비를 지급하는 방식으로 운영하는 제도다.

1891년에는 이 분야와 관련된 최초의 입법조치가 이루어졌다. 당시 임의의료보험조합에 대한 입법에서는 정부가 인가한 조합에 대해서 운영비의 일부를 국가가 보조하는 제도를 실시함과 동시에 이러한 조합에 대한 감독기능을 강화하는 내용이 포함되어 있었다. 그러나 이 제도는 노인들에게는 매우 불리하였다. 건강상태에 이상이 있는 경우 조합에 가입할 수 없도록 되어 있었기 때문이다. 그러므로 당시 노인들 가운데 이 보험에 가입되어 있는 비율은 25% 내외에 불과했다.

한편 스웨덴에는 중세기 때부터 임의에 의한 의료보험조합제도와 병행하여 공적인 의료제도도 존재하였다. 18세기 중엽에는 왕립보건청이 설치되었고, 전국 각 지역에 지방의무관을 파견하여 보건위생과 관련된 업무를 관장토록 함과 동시에, 빈곤자에 대해서는 무료진료를 실시하기도 했다.

지방의무관파견제도는 1955년 전 국민을 대상으로 하는 의료보험제도가 실시될 때까지 존속하였다. 그리고 1868년에 제정된 지방정부법에는 광역자치단체가 해당지역 주민들의 보건의료를 위해 공적인 비용으로 병원을 설치 · 운영할 것을 규정해 놓음에 따라 병원의 설치 · 운영이 지자체에 의해 이루어지는 전통이 세워졌다.

스웨덴에서는 1950년 말까지 37개의 지방의료보험단체가 조직되었고, 그 산하에는 1,116개소의 지방의료보험조합이 생겨났다. 당시 지방의료보험조합에 가입한 회원 수는 전국적으로 380만 8천 명으로, 이는 16세 이상 인구의 58%에 해당한다. 그리고 128만 9천 명의 어린이는 그 부모가 가입한 보험의 적용을 받았다. 1954년까지는 스웨덴 전체인구의 70%가 의료보험제도의 혜택을 받았다. 그럼에도 불구하고 노령연금 수급자 중 이 보험에 가입한 비율은 25%에 불과하였다는 문제점이 있었다. 조합에 가입하고 싶어도 건강상태에 이상이 있는 경우 조합원의 자격을 얻을 수 없는 사례도 많았다(National Social Insurance Board, 1998).

2. 1955년 이후의 의료정책

이러한 문제점을 보완하는 조치의 일환으로 1955년 국민의료보험법을 공포함으로써 현재와 같은 강제적용의 의료보장제도가 성립되기에 이르렀다. 현재 스웨덴에서 시행되고 있는 국민의료보험법은 16세 이상의 전 국민에게 강제 적용되는 것이다. 이러한 조치로 인해서 지난날의 임의 의료보험제도에서 적용대상이 되기 어려웠던 고령자계층도 모두 의료보험 혜택을 받을 수 있게 되었다.

스웨덴의 현행 보건의료정책은 1983년에 제정된 보건의료서비스법(Health and Medical Service Act)에 그 기반을 두고 있다. 이 법에 의거하여 세금을 주된 재원으로 하는 국민보건서비스 방식과 보험료를 재원으로 하는 사회보험방식의 혼합시스템에 의해서 운영되고 있다. 이 법에 따르면, 보건의료는 주민의 거주지역 또는 경제상태에 관계없이 동등한 조건으로 높은 수준의 보건의료서비스를 보장받을 권리가 있다고 규정하고 있다.

피보험자는 모두 평등하게 의료대상이 된다. 외래는 현금급부제, 입원의 경우는 현물급부제를 채택하고 있다. 건강보험의 비용부담은 법 제정 초창기에는 사업주, 국가 그리고 피보험자 등 삼자가 공동부담하였으나, 지금은 보험료의 대부분을 사업주가 부담한다.

중앙정부에서 보건의료와 관련된 정책을 담당하는 부서는 보건사회성이다. 보건사회성은 내각의 일부로서 의료와 관련된 일반지침의 시달, 관련법규의 재정 그리고 예산의 편성 등을 담당한다. 사회청은 독립된 행정기구로서 보건사회성에서 결정된 정책을 집행함과 동시에, 의료정책의 평가와 조사 그리고 의료기관(병원 등)에 대한 감독기관으로서의 기능을 수행한다.

스웨덴 의료정책의 특징은 의료공영제를 채택하고 있다는 것이다. 최대의 의료공급자는 보건사회성이지만 광역자치단체가 해당업무의 대부분을 관장한다. 종전에는 종합병원을 비롯한 모든 의료시설을 중앙정부가 직접 운영하였으나, 1980년대 이후 지방분권화 정책이 진전됨에 따라 모든 의료시설의 운영을 광역자치단체로 이관하게 되었다. 1992년 에델개혁 이후부터는 초기의료와 관련된 업무만은 따로 분리해서 이를 기초자치단체인 코뮌으로 이관하였다.

제2절 보건의료서비스의 현황

1998년 현재 광역자치단체가 운영하는 병원의 병상 수는 스웨덴 전체 병상 수의 92.8%, 중앙정부가 직영하는 병상 수는 전체의 0.4%, 그리고 민간부문이 운영하는 병상 수는 6.9%에 불과하다. 의사 수에 있어서도 전국에는 약 1만 8천 명의 의사가 있는데, 그중 민간부문에서 개업하고 있는 의사 수는 약 800명으로, 이는 전체의 5%에도 미치지 못한다(National Social Insurance Board, 2000).

이와 같이 스웨덴의 의료공급업무는 전적으로 광역자치단체가 주도하고 있다. 또한 현실적으로 광역자치단체가 수행하고 있는 업무의 대부분이 병원의 경영 등 의료관련 업무라고 해도 과언이 아니다. 광역자치단체의 연간 세출예산 중 76% 내외가 보건의료와 관련된 비용으로 지출되고 있는 사실만 보아도 이를 짐작할 수 있다.

현재 스웨덴에서 광역자치단체가 운영하는 의료시설은 큰 규모의 종합병원 26개소, 그보다 작은 규모의 병원 53개소가 있다. 종합병원에는 노인병과를 비롯해서 15~20개의 전문과가 있다. 일차진료(primary care)기관으로는 기초자치단체가 운영하는 지역보건의료센터(district health care center)가 있는데, 이는 전국적으로 947개소가 있다. 지역보건의료센터는 해당지역 주민들의 건강유지에 대한 일차적인 책임을 지는 곳이며, 외래환자는 초기에 모두 이곳을 방문해야 한다. 지역보건의료센터에는 일반의, 지역간호사, 보건사, 조산부, 물리치료사 등이 배치되어 있다.

1998년 현재 스웨덴 병원의 총 병상 수는 4만 9천 개, 그중 민영병원의 병상 수는 1천 개 내외이고 나머지는 모두 광역자치단체 직영이다(National Social Insurance Board, 2000). 병상 수는 에델개혁 이후에 약간 줄었으며 그 결과 평균입원일 수도 감소하고 있다. 이는 예산의 감축으로 인해 병상 수 또는 평균입원일 수가 줄었다기보다는 에델개혁의 결과 종전의 장기요양병원에 입원하고 있던 노인환자들을 사회복지시설인 너싱홈으로 옮기는 조치를 취함과 동시에 노인들의 사회적 입원을 감소시키기 위한 정책을 폈기 때문이라고 할 수 있다.[1)]

스웨덴은 전 세계적으로도 의료비 지출이 가장 많은 나라 중 하나다. 중앙통계국 자료에 의하면, 1973년도 스웨덴의 총 의료비는 국민총생산 대비 7% 수준이었던 것이, 1985년에는 8.2%, 1995년에는 10%를 초과했는데, 이는 의료자원의 높은 비율을 노인들이 소비하고 있는 것과 상관관계가 있다.

70세 이상 노인이 병원에 입원하는 경우 1년간은 무료지만, 그 이상 입원 상태가 계속될 경우에는 일정비율의 비용을 지불해야 한다. 의료비의 조달 방식으로는 주민세 부담 65%, 국고보조 10%, 의료보험 8.5%, 환자부담 12%, 기타 4.5% 등이다. 의료비는 주로 주민세에 의해서 충당되고 있다.

한편 스웨덴은 의료비의 과중부담으로 인한 재정압박 현상을 극복하기

1) 스웨덴은 의료비재정 감축을 위한 노력의 일환으로 노인들의 사회적 입원을 억제하는 정책을 펴고 있다. 1990년까지만 해도 노인들의 사회적 입원 비율은 일반병동의 경우는 15% 내외, 노인과 병동의 경우는 20%를 상회하였다. 사회적 입원이라 함은 반드시 입원치료를 받아야 할 만큼 병의 증상이 좋지 못한 상태가 아님에도 불구하고 노인의 경우는 입원비가 무료라는 점 때문에 입원생활을 하는 경우를 말한다.

위해 다음과 같이 다각적인 노력을 하고 있다.

첫째, 일차진료를 중시하는 정책이다. 1980년대까지만 하더라도 스웨덴의 의료체제는 지나칠 정도로 입원치료에 치중해 있었다. 1990년대에 들어오면서부터 입원치료를 최소화시키고 지역에 밀착한 의료서비스로 전환하고자 하는 노력을 하고 있다. 이러한 노력의 일환으로 지역단위에 외래전문의를 배치한 지역보건의료센터를 대폭 증설하고 있다.

둘째, 증가하는 노인의 의료수요에 대처하기 위해 병원의 장기요양 병상의 정비작업을 진행하고 있다. 장기요양 병상을 정비하는 정책을 시작한 이유는 반드시 입원하지 않아도 되는 노인들이 병상을 장기적으로 점유하는 상황을 막기 위해서다. 그리고 이들을 요양시설로 이동시킴으로써 일반병원의 병상 운영을 원활히 하고 의료비도 절감해 보고자 함에 있다. 1980년대 초까지만 하더라도 스웨덴의 의료와 관련된 모든 행정은 중앙정부 책임하에 이루어져 왔으나, 1983년 보건의료서비스법이 제정된 이후는 직접적인 책임이 광역자치단체로 이관되었고, 중앙정부는 의료보장제도와 관련된 총체적인 계획, 지시, 감독만을 하고 있을 뿐이다.

광역자치단체는 보건의료 이외에도 사회활동, 지역교통, 교육 등의 업무가 있기는 하지만, 기초자치단체인 코뮌에 비해서 그 업무의 범위는 매우 적은 편이다. 이는 광역자치단체의 연간 세출액의 80% 내외가 보건의료부문이 차지하고 있는 것만 보아도 짐작할 수 있다.

제 3 부

노인복지정책의 평가와 전망

제14장 | 영국 노인복지정책의 평가와 전망

제1절 영국 노인복지정책의 평가

영국 노인의 대다수는 가족보호를 중심으로 자신의 집에서 생활하며 지역사회에서 제공하는 사회적 서비스를 받고 있다. 노인을 위한 사회적 서비스는 노령에 의하여 스스로의 능력으로 일상생활을 하기 어려울 경우 지방정부가 가사지원을 하도록 하는 1948년 국민보건서비스(NHS)에 근거를 두고 있다.

1990년 국민보건 및 지역사회보호법(NHS & Community Care Act)의 제정을 계기로 노인을 위한 사회적 서비스는 새로운 체계를 형성하였고, 그 후 1996년에 제정된 지역사회보호법(Community Care: Direct Payment Act)과 2000년에 제정된 보호기준법(Care Standards Act)은 그동안 제기되었던 문제를 보강하는 역할을 하였다.

한편 영국 노인들을 위한 소득보장정책으로는 공적연금과 공적부조 등이 있다. 공적연금은 1992년에 제정된 사회보장 기여금 및 급부에 관한 법률(Social Security Contributions and Benefit Act)과 사회보장관리법(Social Security Administration)에 법적 근거를 두고 있다.

영국에서 노인을 위한 소득보장과 사회적 서비스에 관한 정책의 개발은 인구사회학적 · 정치철학적 이념과 경제적 요인들의 영향, 그리고 이들 요인들 간의 상호작용에 의하여 이루어졌다고 할 수 있다. 복지정책의 발달은 태동기, 발전기, 확장기, 전환기의 4단계로 구분할 수도 있다. 1900년대 초인 태동기에는 사회문제로서의 노인문제 해결을 위한 대책과 행정체계의 정비에 관심을 두었고, 발전기에는 탈시설화를 중심으로 하는 사회적 요인의 영향을 많이 받았다. 확장기에는 신자유주의를 근간으로 하는 정치적 이념의 영향을 받았고, 1990년 이후의 전환기에는 개인의 선택을 강조하는 정치적 이념과 효율 및 효과성을 강조하는 경제적 요인의 영향을 받았다고 할 수 있다(임병우, 2001).

영국의 사회복지와 관련된 정책을 올바르게 이해하기 위해서는 보수당과 노동당의 정치적 이데올로기와 사회적 · 경제적 · 정치적 상황에 관한 포괄적인 지식이 필요하다. 영국은 제2차세계대전 중 복지국가 구축을 위한 준비작업을 시작했고, 전쟁이 끝나면서 본격적으로 복지국가 건설에 착수하였다.

당시 영국이 전쟁을 수행하는 동안 국민들은 온갖 희생을 감수하며 모두가 단결하여 전쟁을 승리로 이끌어낼 수 있었고, 정치인들은 이에 대한 보상으로 베버리지 이념에 입각한 포괄적인 복지국가를 건설하게 된다. 티트머스(Titmuss, 1958)는 그의 저서 『복지국가에 관한 시론(Essays on welfare state)』에서 제2차세계대전 이후 영국 국민들 사이에는 전례 없는 사회적 유대감이 조성되었고, 이것이 영국 국민들로 하여금 평등주의적 · 포괄적 복지국가를 건설하게 하는 데 기여했다고 주장하고 있다.

베버리지가 제출한 보고서에서 건의된 국민보건법(National Health Service Act)과 국민보험법(National Insurance Act)은 전쟁이 종료된 이듬해인 1946년에, 그리고 국민부조법(National Assistance Act)은 1948년에 제정됨으로써 영국은 명실상부한 복지국가의 체제를 갖추게 된다.

1950년대와 1960년대를 거치는 동안 경제성장과 완전고용 등 경제적 대호황기를 맞이한 것도 복지국가 건설을 촉진한 원동력으로 작용했다. 이 시기에 영국은 베버리지가 구상한 사회보장, 사회복지에 엄청난 재원을 투입하였다. '요람에서 무덤까지' 라는 슬로건이 나온 것도 이 시기다.

그러나 1970년대에 접어들어 석유파동을 동반한 세계적인 경제불황과 인구 고령화 현상의 가속화로 인한 복지재정 압박요인 등이 발생하면서 영국은 베버리지 이념에 입각한 사회복지정책을 원형 그대로 고수할 수 없는 상황에 직면하였다.

1979년 대처 수상이 이끄는 보수당 정부의 일련의 신보수주의 정책들은 이러한 상황에 대처하기 위한 새로운 정책대응의 결과라 할 수 있다. 정부의 역할을 감소시키고 개인의 책임을 강조하는 자유주의 사상으로 복귀하려는 경향마저 나타나기 시작하였다. 국가의 공공지출을 줄이고 간접세의 감면과 직접세의 확대, 공유재산의 민영화 등이 바로 그것이다. 또한 사회복지 부문에서는 사회적 서비스의 공급주체를 국가 이외에도 시장기능, 가족, 친척, 이웃, 교회 등 비공식적인 자원 활용에 보다 적극적인 노력을 경주했다.

이를 뒷받침하는 근거로는 국민보건서비스에 대하여 ① 국가가 적극적인 책임을 지지 않고 지방자치단체의 선택사항으로 위임한 점, ② 커뮤니티케어서비스를 실시함에 있어서 민간부문과의 파트너십 강조에 의한 복지혼합경제(mixed economy of service)로 국가의 책임을 경감시켰다는 점, ③ 노인에 대한 부양과 수발(support and care)을 주로 비공식적 봉사단체에 의해 수행할 것을 권고하고 있다는 점을 들 수 있다. 이는 복지서비스 정책을 수행함에 있어서 in community에서 by community로의 전환을 의미하는 것이기도 하다.

한편 영국의 공적연금제도 중 노인의 최저소득수준을 보장하는 기초연금은 낮은 급여수준으로 인하여 노후의 소득보장기능을 제대로 수행하지 못하고 있는 입장이었으므로 이를 보완하기 위하여 저소득 노인들을 대상으로 지급되는 공적부조제도 등이 마련되었다. 그러던 것을 1980년대 이후 보수당의 대처 정부는 국가재정의 안정화를 위하여 공적연금의 급여액을 삭감하는 등 연금에 대한 국가의 역할을 축소하고 대신 사적연금의 가입을 장려하는 정책을 폈다. 그러나 영국의 민영화 정책은 노인집단 내에서 소득의 불평등현상이 나타나는 등 노인빈곤문제의 해결책으로서는 그다지 효력을 나타내지 못하고 있었다.

1997년에 집권한 신노동당의 블레어 정부가 추구하는 '제3의 길' 정책은 노인빈곤문제를 해결하기 위한 사적부문의 확대와 더불어 공공부문의 축소를 더욱 체계적으로 추진하였다. 특히 최근의 소득보장정책에서는 각 개인으로 하여금 자신의 노후를 위해 젊었을 때 더 많이 저축하고 조기은퇴를 차단하는 한편, 모두가 더 오래 일하도록 하는 등 소득보장에 대한 개인의 책임을 강화하는 정책을 펴고 있다.

소득보장정책에 있어서 개인책임을 강조하는 또 하나의 조치는 정년연장과 관련된 것이다. 2010년부터는 여성의 공적연금 수급 개시연령을 60세에서 65세로 상향 조정할 예정이고, 2020년 이후에는 남성과 여성의 연금 수급 개시연령을 67세 또는 70세로 상향 조정할 움직임도 보이고 있다.

블레어 정부가 추구하는 제3의 길에서 채택한 중요한 정책은 ① 복지지출의 억제가 필요하다는 판단하에 자산조사를 통해 가장 필요로 하는 사람을 가려내고 그들에게만 공적급여를 집중적으로 제공하는 잔여주의에 많은 비중을 두고 있으며, ② 사회보장체계에 무거운 부담을 주고 있는 복지의존자들에게 급여 대신 일자리를 제공하고 이를 거부한 경우에는 제재 조치를 가하는 방법 등 일을 위한 복지프로그램(welfare to work program)의 실시가 포함되어 있다.

블레어 정부는 1998년 복지개혁의 청사진을 담은 「국가를 위한 새로운 야망: 복지를 위한 새로운 계약」이라는 녹서를 발표하였다. 이 녹서는 '일할 능력이 있는 자에게는 일자리를, 그리고 일할 능력이 없는 자에게는 사회보장(work for those can, security for those cannot)을' 이라는 내용을 담고 있다.

여기서 주목할 점은 베버리지 이후 계속해서 복지국가이념의 기반이 되어 왔던 국민의 권리와 국가의 의무라는 구조가 제3의 길에서는 국민에게도 의무를 부과하는 쌍무적인 구조로 변화하고 있다는 사실이다. 이러한 정책은 베버리지의 보편주의 원칙과는 상당한 거리가 있다. 이와 같이 영국의 사회복지, 노인복지는 경제적 · 사회적 상황에 따라 또는 집권정당의 이데올로기적 성향에 따라 각기 다른 양상으로 변모하고 있음을 알 수 있다.

제2절 영국 노인복지정책의 전망

복지국가는 일정한 단계에 도달하면 재정적 위기에 직면하게 되고, 이러한 상황에서 벗어나기 위하여 복지수준은 부분적으로 하락의 경향을 나타내게 된다. 영국의 사회복지는 현재 거의 최고의 단계에 도달해 있는 상황이므로 더 높이는 것은 현실적으로 어려운 일이다. 따라서 사회보장, 노인복지정책이 앞으로 어떻게 발전해 나갈 것인가에 대하여 전망해 본다는 것은 그리 쉬운 일이 아니다. 그러나 한 가지 분명한 것은 앞으로 인구 고령화 현상은 계속 진행될 것이고, 그렇게 되면 생산연령인구의 감소로 인해 경제성장률의 둔화현상이 나타날 것이라는 점이다. 그 결과 공적연금과 국민보건서비스의 수준을 현 상태로 유지하기 위해서는 적지 않은 어려움에 봉착하게 될 것이다.

사회복지, 사회보장과 관련해서 앞으로의 전망을 요약해 보면 다음과 같다. 첫째, 전달체계 측면에서 국민보건 및 지역사회보호법을 근거로 자원봉사와 친족연결망을 포함한 비공식적인 영역과 민간영리부문에서의 사회적 서비스 개발에 역점을 두는 서비스의 다양화를 추구하게 될 것으로 전망된다. 이것은 노인들의 서비스 선택권 확대를 통하여 그들의 욕구에 부합되는 서비스를 제공하는 기본적인 목적을 성취하고자 함이다. 그러나 자원봉사와 민간영역 서비스의 양적 확대는 서비스 질의 관리에 맹점을 드러낼 가능성도 있다.

이러한 맹점을 보완하기 위하여 2002년 보호기준법(Care Standards Act)을 제정하였다. 이 법은 사회적 서비스의 양적 확대와 함께 서비스 질의 유지 및 개발을 규정한 것이다. 지금까지 지방정부는 노인을 대신해서 서비스 구매자의 역할을 통한 서비스 영역 간의 경쟁유발과 서비스 조정의 역할을 해 왔으나, 이 법의 제정으로 앞으로는 노인에게 제공되는 서비스의 질을 담보할 수 있도록 사회적 서비스의 평가와 통제가 주요한 역할 중의 하나가 될 것이다.

둘째, 클라이언트에 해당하는 노인들은 앞으로 소비자 중심주의 이념의 확대를 위하여 노력할 것이다. 소비자 중심주의는 노인들의 서비스 선택권의 확대와 욕구 중심 서비스를 제공할 수 있는 지름길로 인식되고 있다. 이것은 지방정부가 서비스가 필요한 노인과의 합의하에 패키지화된 서비스가 아닌 현금으로 직접 제공할 수 있게 한 커뮤니티케어: 직접지불법(Community Care: Direct Payment Act, 1996)을 통하여 예견할 수 있다. 이러한 체계에서 노인들은 자신의 욕구를 직접 진단하고 서비스를 직접 구매할 수 있는 기회를 통하여 자율권과 선택권을 확보할 수 있고, 지방정부는 그만큼 효과적으로 인적 자원을 활용할 수 있기 때문에 앞으로도 이러한 정책은 계속 유지되어 나갈 것이다.

셋째, 1997년 총선에서 압도적인 지지를 얻어 보수당 정부를 물리치고 집권에 성공한 신노동당의 블레어 정부에 의해 추진되기 시작한 근로연계 복지 프로그램(New Deal Program)은 앞으로도 그 활성화를 위한 노력이 계속될 것이다. 일할 능력이 있는 사람에게는 일자리를 제공하고, 일할 능력이 없는 사람에 한해서 사회보장을 제공한다는 이 정책은 고령화 사회에서는 채택할 수밖에 없는 불가피한 정책이다. 이것은 모든 사람에게 사회보장을 제공한다는 베버리지의 보편주의 원칙과는 다른 것이어서, 영국의 사회복지정책도 앞으로는 기존의 정책을 고수할 수만은 없음을 암시하는 대목이다.

넷째, 앞으로의 사회에서는 노인복지를 추구함에 있어서 가족 등의 친족망, 이웃 그리고 지역사회의 자원봉사인력을 발굴 · 활용하는 정책을 더욱 적극적으로 개발해 나가야 한다. 따라서 60, 70대 젊은 노인들이 80대 이상의 고령후기 노인들을 보살피는 인적 자원 활용 정책도 병행될 것으로 전망된다.

다섯째, 공적연금과 관련된 정책의 대폭적인 수정이 불가피할 것이다. 소산소사형 인구패턴이 가속화될 것으로 예상되는 앞으로의 사회에서는 연금을 수급받는 노령인구의 양적 증대현상이 나타날 것이고, 그렇게 되면 연금재정의 압박이 불가피할 수밖에 없다. 따라서 공적연금의 수급연령이 상향 조정되거나 지급액의 인하조치를 고려해야 하는 경우가 발생할 것이다. 또한 연금재정의 문제를 해결하기 위해서 정부는 사적연금정책의 활성화를 위한 노력도 병행하게 될 것으로 전망된다.

제15장 | 스웨덴 노인복지정책의 평가와 전망

제1절 복지국가 스웨덴의 현황 분석

스웨덴은 1980년대 말 실업률이 증가하고 재정적자 요인이 가중됨에 따라 사회보장, 사회복지 분야에서도 재정삭감조치를 취하게 되었다. 당시 스웨덴이 재정적자 요인을 제거하기 위해 취한 정책으로는 급부와 서비스의 억제, 혼합복지정책의 추구, 연금제도의 개혁 등이 있다.

1. 급부와 서비스의 억제

1990년대 들어 스웨덴은 각종 급부와 서비스를 전반적으로 억제하는 조치를 취했다. 1990년 2월 경제위기 시에는 내각이 총사퇴하는 혼란에 빠지기도 하고, 이듬해인 1991년 선거에서는 사회민주당이 1928년 이후 최저 득표율을 기록하면서 보수당의 빌트(C. Built)를 수반으로 하는 새로운 중도보수정부를 탄생시키기도 하였다.

신정부에서는 재정적자 요인을 해결하기 위한 노력의 일환으로 상병수당, 실업보험과 함께 다른 소득비례형 급부와 보조를 맞추어 예산을 삭감하였다. 또한 1993년부터는 지방자치단체에 대한 중앙정부의 보조금도 삭감되어, 노인복지와 관련된 서비스 프로그램은 더욱 위축될 수밖에 없었다.

2. 혼합복지정책의 추구

스웨덴은 지방자치단체에게 방대한 권한을 부여하고 있는 국가다. 1990년대에 들어 복지예산의 부족현상이 나타나자, 중도보수정당의 영향력이 강한 지방자치단체들 중 일부에서 혼합복지(welfare mix)정책이라는 명분을 내세워 복지서비스의 민영화 경향을 두드러지게 보이기도 하였다. 혼합복지란 국가, 시장, 가족, 커뮤니티 그리고 비영리조직 등이 상호연대하여 하나의 복지체계를 형성하는 것을 말한다. 정부는 보편적인 영향력을 행사하여 평등을 실현시킬 수 있는 반면, 권위적이고 획일적인 서비스에 매몰되기 쉽다. 그리고 시장은 효율적인 선택을 가능하게 하는 기회를 확보할 수는 있으나, 영리지향적인 패턴으로 인해 불평등을 확대시키는 문제점도 내포하고 있다. 또한 가족 혹은 커뮤니티는 친밀한 서비스는 가능하나, 서비스 제공의 대상을 배타적으로 한정하는 경향이 있다.

3. 연금제도의 개혁

1998년에는 지난 10년간 논의가 계속되었던 개혁이 실현되었으며, 과도적인 조치를 통해 1954년 이후에 출생한 세대에게 전면적으로 적용시키는 개혁을 단행하였다. 이 개혁은 1923년의 국민연금, 1959년의 부가연금 도입의 뒤를 잇는 제3의 대개혁으로 자리매김하였다.

개혁의 목적은 경제환경에 대한 대응력 강화, 노동 인센티브와 연금제도 간에 조화를 이루고자 하는 데 있었다. 그 내용은 부가연금제도에서 소득이 가장 높았던 급부를 전 생애에 걸친 소득을 기초로 사정하도록 개정하는 것이었다.

과거의 부가연금제도에서는 경영자측만 기여금을 부담하였으나, 신제도에서는 노사가 각기 9.25%씩 부담하게 되었다. 다만 노동자의 부담액에 대해서는 노사 간 임금협약에 의해서 보상조치가 취해진다(Stephens, 1999).

스웨덴은 노인대상 복지서비스 측면에서 부분적인 민영화를 추진하고 있지만, 다른 나라들에서 추진하고 있는 민영화 정책과는 그 성격이 근본적으로 다르다. 스웨덴에서 추진하고 있는 민영화는 복지서비스 업무의 운영주체 모두의 민영화가 아니라, 공공재원하에서 서비스 공급만을 민간 사업자에게 위탁하는 의미의 민영화에 지나지 않는다. 복지서비스 공급에서 민간영리나 비영리부문의 비율은 아직 미미한 수준에 머물러 있다.

제2절 스웨덴 노인복지정책의 평가

스웨덴형 복지국가의 특징은 제8장에서도 언급한 바와 같이 ① 보편적 · 포괄적 사회보장제도를 채택하고 있다는 점, ② 정부가 국민들의 고용을 책임지는 안전고용정책을 펴고 있다는 점, ③ 자유주의 시장원리를 기반으로 하면서도 사회보장 · 공공재의 공급 등에 있어서는 국가가 적극적인 역할을 수행하는 혼합경제시스템의 사회를 형성하고 있다는 점 등으로 요약된다.[1)]

에스핑앤더슨(Esping-Anderson, 1999)은 스웨덴의 특징을 중간층의 복지국가(middle class welfare state)라 규정지었고, 뉴질랜드의 연구자 데이비슨(Davidson, 1989)은 연대적 복지국가라는 용어로 표현하면서 자국의 평등적 복지국가와 대조시키고 있다. 양자는 거의 그 성격이 유사하지만, 스웨덴 복지국가는 완전고용을 실현시킴으로써 모든 국민을 중산층으로 끌어올리고 더욱 넓은 사회적 연대기반을 만들어 냈다. 이에 비해서 평등화를 최우선으로 한 뉴질랜드의 노동당은 선별주의적 프로그램을 고집하여 누진성이 높은 조세제도를 추구한 결과 복지국가로서의 기반을 약화시켰다.

한편 하버드 대학의 경제학자 프리먼(Freeman)은 여러 학자들과의 공동연구에서 스웨덴의 사회보장정책은 노동시장 참가를 전제로 하고 급부가

1) 스웨덴 모델(swedish model)이라는 이름으로 불릴 정도로 스웨덴 복지국가모형은 여러 측면에서 독특하다. 많은 학자가 스웨덴을 평등과 효율을 동시에 이룬 국가로 평가한다. 스웨덴 모델은 사회복지의 확대를 추구하는데, 각종 사회복지의 지표, 대상의 포괄성, 재원의 누진성, 급여수준의 관대성과 같은 주요 사회복지 프로그램의 내용으로 볼 때, 서구사회 여러 나라 중 소득불평등과 빈곤율이 가장 낮은 나라이기 때문이다.

소득에 비례한다는 점에 주목하며, 스웨덴을 복지국가라고 규정짓기보다는 차라리 워크페어 스테이트(workfare state)로 보아야 한다고 했다(Freeman, Topel, & Swedengorg, 1997).

그런가 하면 스웨덴을 '인민의 집(hulkhemmet: people home)' 이라는 용어로 칭하는 경우도 있다. 이것은 1928년 당시 사회민주당 내각의 한센(C. Hanssen) 수상이 의회의 시정연설에서 국가의 정책을 설명하며 사용한 용어다. 이 연설에서 한센 수상은 "다른 사람을 경시하거나 그의 희생으로 이득을 보거나 하는 자가 없으며, 강자가 약자를 억압하거나 약탈의 대상으로 삼지 않는 좋은 집으로 가꾸어 나가는 것이 집권 사민당이 실천에 옮겨 나가는 목표"라고 하였다. 이러한 한센 수상의 국가통치이념은 그 후 복지국가 스웨덴이 일관해서 정책의 큰 테두리로 형성해 온 이념이기도 하다.

스웨덴은 세계에서 가장 고복지 · 고부담을 하고 있는 나라다. 조세부담의 대국민 소득비는 55.8%, 사회보장부담의 대국민 소득비는 19.7%로서, 이를 합한 국민부담은 75.4%의 높은 비율을 차지하고 있다. 이와 같은 과중한 세금을 부담하면서도 스웨덴 국민의 대다수는 사회보장체제의 유지를 위해 이 정도의 세금부담은 어쩔 수 없는 일이라고 생각한다.

이 나라의 대표적 경제학자 린드벡(Lindbeck, 1998)은 스웨덴이 현 체제에 대한 국민적 합의를 얻고 있는 배경에 대하여 다음과 같이 지적하였다. 첫째, 스웨덴은 보편적 · 포괄적인 사회보장제도를 실시하고 있어 고부담이라 해도 부담한 만큼의 혜택이 자신에게 다시 돌아온다는 것을 알기 때문이다. 둘째, 정부책임하에 완전고용정책을 실시하고 있어 누구나 자신이 원하면 취업을 할 수 있도록 제도화되어 있는 등 정부가 사회보장체제의 유지를 위하여 적극적인 역할을 수행하는 혼합경제시스템이 추구되고 있기 때문이다.

스웨덴이 세계에서 가장 본받을 만한 복지국가의 모델로 지목되고 있는 것은 정치 또는 행정에 관여하는 공직자들이 부패하지 않고 있다는 점과 국가를 경영함에 있어서 모두가 철저히 민주적인 방식을 택하고 있다는 점 때문이다. 그러나 스웨덴의 정책에도 문제점이 적지 않다는 비판의 소리가 있다.

첫째, 세계 모든 나라는 국민의 세금부담을 줄이기 위해서 작은 정부(small government)를 지향하고 있는데, 스웨덴은 정부기능이 너무 비대해 경제가 활성화되지 못하고 있다는 지적이다. 1980년대 이후 전체 취업인구 중 36% 내외가 공공부문에 종사하는 등 정부기능이 너무 비대해진 것은 국가재정을 압박하는 요인이 되었고, 동시에 경제의 효율화를 떨어뜨린 이유가 되었다.

둘째, 스웨덴에 사회적 아노미현상이 나타나고 있다는 지적이다. 높은 이혼율과 혼외출산의 증가, 프리섹스의 만연 그리고 높은 비율의 노인자살 등이 그 증거다. 그러나 이러한 비판의 목소리는 약간 과장되었거나 또는 설사 그렇다 하더라도 다른 서구 여러 나라들에서도 공통적으로 제기되고 있는 문제다.

셋째, 스웨덴은 공공부문이 차지하는 비중이 지나치게 높아 관료주의로 전이되고 있다는 비판이다. 주민들로 하여금 무조건 행정관청의 지시에 따라야 된다는 관료주의 의식이 남아 있는데, 이러한 의식은 서비스정신으로 전환될 필요가 있다.

제3절 스웨덴 노인복지정책의 전망

스웨덴은 1960년대 이후 세계에서 가장 포괄적이고 관대한 복지국가였고 그 골격은 아직도 원형 그대로 유지되고 있다. 하지만 1990년대 후반에 접어들어 공적연금 부문과 관련하여 어느 정도의 삭감조치가 단행되고 있을 뿐 아니라 사회적 서비스에서도 하나 둘씩 축소되는 경향을 보이고 있다. 이러한 삭감조치들 중에서도 두드러진 분야는 보건의료서비스와 실업수당 등 공적부조 부문이다(Olsson, 1996).

중앙정부는 공적 서비스를 담당하는 지방자치단체에 대한 교부금을 삭감하였고, 공적연금 분야의 비기여형 기초연금에서도 급여의 실질가치가 현저히 떨어지고 있다. 또한 기여형 국가연금(ATP)도 완전연금을 수급받기 위해서는 종전보다 훨씬 오랜 기간 기여금을 납부하도록 되었으며, 연금 급부에서도 과거보다는 기여율에 더욱 긴밀하게 연계되도록 개정되었다.

국가연금제도에 있어서도 과거에는 피고용자가 지불한 몫의 기여금을 전액 고용주가 부담하였는데, 새로운 개혁법에서는 피고용자들도 기여금을 지불하도록 되었을 뿐 아니라 앞으로는 피고용자의 지불비율이 점진적으로 인상될 것으로 보인다(Stephens, 1999).

이와 같은 일련의 변화는 스웨덴의 사회보장, 사회복지체계를 시민권적 모델로부터 사회보험적 모델로 점진적으로 전환시켜 나가고 있다는 점에서 양적인 변화라기보다는 제도적 변화로 규정하여야 할 것이다(Esping-Andersen, 1996).

노동시장정책에 있어서도 동일한 현상을 엿볼 수 있다. 근로연계복지를 강조하는 일련의 정책이 바로 그것이다. 1990년대 이후 실업보험제도에서 노동 및 훈련요건이 강화되고 있으며, 실업보험의 관리운영방식도 과거에는 노동조합의 자율에 일임하던 것을 정부가 적극적으로 개입하여 기여에 의한 강제적 제도로 개편한 것 등이 바로 그것이다(Stephens, 1999).

특히 2006년 총선에서 사회민주당 정부를 누르고 승리한 중도우파의 레인펠트(Fredrik Reinfeldt) 정부는 집권과 동시에 지난 수십 년간 고집해 온 복지모델을 또다시 수정하는 개혁을 단행하였다. 레인펠트 정부가 가장 먼저 착수한 개혁은 사회민주당 정부의 정책이었던 부유세를 폐지하고 실업수당, 질병수당의 범위 및 수급액 등을 대폭 축소시키는 조치였다. 그동안 사회복지에만 의존하여 생활해 오던 '게으름뱅이' 들을 일터로 불러내는 이와 같은 정책은 실업률을 현저히 감소시키는 효과를 가져왔다. 이와 함께 병상수당 심사도 더욱 까다롭게 하였다. 그때까지만 하더라도 스웨덴은 환자들에게 의료혜택과 더불어 생활비까지도 부여하는 국가였다. 중도우파 정권에 의해서 단행된 이러한 조치가 있은 후, 일을 하지 않고 실업수당을 받으며 생활하던 사람들과 꾀병으로 질병수당을 받았던 사람들 중 대부분이 직장으로 복귀하는 현상이 나타났다.

2000년대에 접어들면서부터 두드러지게 나타나는 현상 중에는 과거에는 전적으로 공적연금, 공적 서비스에 의존하던 사람들 중에서도 적지 않은 비율이 사적저축이나 민간부문이 제공하는 서비스를 이용하려는 경향을 보이고 있다. 이는 국가가 제공하는 복지공급만으로는 일상생활을 유지하는 데 부족한 점이 있음을 시사하는 것이다.

바꾸어 말하면, 스웨덴은 국가가 제공하는 복지프로그램의 질을 그대로 유지하는 데 실패하였음을 의미하기도 한다. 이러한 일련의 조짐들로 미루어 볼 때 앞으로 스웨덴은 사회보장, 사회적 서비스 프로그램을 업그레이드하는 노력을 계속해 나가지 않으면 복지국가의 기반인 국민의 연대성이 붕괴될 위험성도 있다.

따라서 이러한 문제의 해결을 위해서 사상적으로는 신자유주의, 신보수주의(new right)의 입장에 서게 될 것으로 예상되며, 소득보장에 있어서는 최저생활의 보장이라는 안전망의 구축만으로 족하다는 입장을 취할 것으로 전망된다. 그리고 사회복지서비스 면에서는 ① 시장원리, 경제원리의 강화 등에 의한 서비스의 효율화, ② 욕구가 높은 고령후기 노인에 대한 서비스를 더욱 집중시키는 방안, ③ 공적 서비스로 감당할 범위를 대폭 제한하는 방안, ④ 이용자 부담의 폭을 더욱 넓혀 가는 방안, ⑤ 가족을 포함한 비공식적 자원에 의한 케어의 의존도를 더욱 확대시켜 나가는 방안 등을 발전시킬 가능성이 크다.

그러나 이러한 방안을 지나치게 정책에 반영하면 국민 간 불평등이 확대될 우려가 있고, 평등과 연대의 기본이념을 기조로 하는 복지서비스의 신뢰가 무너질 수도 있다. 따라서 이러한 상황을 피하기 위해서는 보다 많은 세금을 징수할 수밖에 없는데, 그렇지 않아도 국민부담이 세계 최고수준인 스웨덴으로서는 쉽지 않은 일이다.

현재 스웨덴은 세금을 중심으로 하는 재원에 의해서 모두가 필요로 하는 서비스를 받을 수 있다는 보편적 복지정책에 대한 국민들의 지지는 확고하다. 따라서 앞으로도 당분간은 현행제도의 기본적 골격은 유지해 나가면서 예산의 절감을 위한 다각적인 조정을 해 나가게 될 것으로 전망된다.

제16장 | 고령화 사회와 국가정책의 전망

제1절 고령화 사회에서 제기되는 문제

영국이나 스웨덴은 모두 인구 고령화 비율이 16%선을 넘어섰고, 75세 이상 고령후기 연령층이 급속히 증가하고 있는 국가라는 것은 이미 널리 알려진 사실이다. 특히 베이비붐 세대가 노인이 되는 2015~2035년경에는 노인인구가 25% 전후에 이르는 초고령사회가 될 것으로 전망된다(Pierson, 2001).

인구의 고령화는 복지욕구와 관련된 문제를 야기한다. 고령화의 진전에 따라서 후기 노령층에 대한 복지욕구가 증대하기 때문이다. 사회보험 중심의 기존제도만으로는 후기 노령층의 급격한 증가에 따른 새로운 복지욕구 확대에 적절히 대응하기는 힘들 것이다.

고령화 사회는 복지국가의 재정압박을 높이는 주범으로 자주 거론되기도 한다. 일반적으로 복지국가가 재정 면에서 가장 많은 비중을 차지하는 것이 노령연금과 노인에 대한 보건의료서비스에 소요되는 비용이다. 따라서 고령화의 진전은 복지지출의 확대 압력으로 재정의 건전성을 훼손시킨다. 그러나 현실적으로 복지지출을 무작정 증가시킬 수만은 없다는 점을 고려하면, 앞으로는 사회보장 급여액의 감소와 나아가서는 복지국가의 재구성도 불가피하다.

'복지국가의 위기(squaring the welfare circle)' 라는 말이 있다. 이는 사회프로그램의 성립가능성을 위협하는 두 가지의 상반된 압력들을 해결해야만 하는 딜레마를 의미한다. 즉, 사회보장에 대한 욕구는 인구의 고령화, 생산구조의 변화, 대중의 기대수준 증가 등으로 인하여 증가하고 있다. 반면 사회지출의 재원을 조달할 수 있는 국가의 능력은 낮은 경제성장률, 담세율 인상의 어려움, 복지국가의 재원 확대에 따른 적자재정을 꺼려하는 경향 등으로 인해 저하되고 있다(Bonoli, 2000). 이론상으로 이 문제는 지출을 줄이거나 이용 가능한 재원의 양을 증가시키는 두 가지 다른 방법으로 해결할 수 있지만, 현실적으로 국가가 후자를 택하는 것은 그리 쉬운 일이 아니다.

정부가 사회지출과 수입 간의 균형을 회복하기 위하여 세금을 증가시킨다는 것은 생각하기 어렵다. 이러한 맥락에서 사회보장에 대한 욕구와 이에 대한 재정을 충당하는 국가의 능력상의 괴리를 해결할 수 있는 가능한 대안으로는 복지 수준을 낮추는 방법 밖에는 없다. 스웨덴이나 영국의 경우도 예외일 수 없다. 이들 나라가 현재 '제3의 길' , 혼합복지, 복지축소의 정책을 펼 수밖에 없는 것도 바로 이러한 이유 때문이다.

제2절 복지국가의 유형 및 복지정책

복지국가는 모든 국민에게 권리성격의 급여제공, 경제에 대한 국가의 통제 그리고 완전고용이라는 세 가지 거시적 원칙을 지닌다. 또한 복지국가는 이념적으로 사회민주주의를 추구하고, 정치적으로는 의회민주주의를, 그리고 사회적으로는 완전고용과 사회보장제도를 구축하고 있는 국가를 말한다.

에스핑앤더슨(Espin-Andersen)에 의하면, 복지국가는 시민생활에서의 국가개입 정도 및 탈상품화 정도에 따라 자유주의 복지유형, 보수주의 복지유형 그리고 사회민주주의 복지유형 등으로 분류할 수 있다. 그중 자유주의 복지유형은 국가의 개입정도 및 복지의 탈상품화 효과가 적고, 사회보장 지출수준이 낮으며, 사회 불평등을 용인하고, 소득심사를 전제로 한 공적부조가 발달되어 있는 국가다. 한편 보수주의 복지유형은 국가의 개입정도가 크고 시장의 역할이 최소화되기는 하지만, 기여에 기초하여 보상을 제공하는 사회보험이 발달되어 있기 때문에 탈상품화의 효과가 제한적이다. 마지막으로 사회민주주의 복지국가는 국가의 개입정도 및 탈상품화의 효과가 크고, 시장의 역할이 적으며, 보편적 급여를 제공하는 사회보장 프로그램이 발달되어 있는 형태의 국가다(Esping-Andersen, 1990).

위에 열거한 분류방법에 따르면, 제2차세계대전 후인 1950~1970년 말경까지 영국에서 채택했던 베버리지형 복지국가는 보수주의 복지유형에 속하고, 대처 정부가 집권했던 1980년대 이후의 영국은 자유주의 복지유형에 속하며, 오늘날의 스웨덴은 사회민주주의 복지유형에 속한다고 할 수 있다.

영국과 스웨덴은 다 같은 복지국가임에도 불구하고 복지정책을 추구할 때 적지 않은 차이점을 발견하게 된다. 영국은 국민의 최저생활 유지만을 국가가 책임지려고 하는 데 반하여, 스웨덴은 보다 나은 복지를 수급받는 것을 시민의 사회적 권리로 인정하고 있다. 영국의 대처 정부는 사회보장 제도를 재편하면서 베버리지형 보편주의를 선별주의로 전환하였으나, 스웨덴에서는 1970년대 말 오일쇼크 이후에도 여전히 보편주의가 유지됨과 동시에 공정한 재분배체계가 훼손되지 않았다.

영국은 사회복지 급여수준에 있어서 개인 간의 차이가 나는 것을 당연시하고 있으나, 스웨덴에서는 어떤 계층을 열등시하거나 손해가 나도록 하는 어떤 조치도 행해져서는 안 된다는 사상이 복지국가 건설 당시부터 현재에 이르기까지 계속되고 있다. 즉, 보편주의, 제도적 사회복지, 재분배의 성격 등 기존의 스웨덴 복지국가의 성격이 그대로 유지되었으며, 이것은 스웨덴의 평등지향적인 역사와 전통, 그리고 평등주의의 문화가 있기 때문에 가능하다.

스웨덴도 1970년대 중반 이후 예외 없이 오일쇼크로 인해 경제성장이 둔화되었다. 특히 1982년 선거에서 승리한 사회민주당 앞에 놓인 상황은 경제성장률이 마이너스 0.3%까지 하락하고 국제수지가 수년간 적자를 기록하는 등 최악의 상황이 계속되었다. 이에 따라 스웨덴 역시 복지정책을 재편해야 하는 상황이 되었다. 그러나 스웨덴의 복지국가 재편의 방향은 영국과는 다른 방향이었다. 영국의 경우에는 '복지국가의 위기' 라는 용어를 사용하면서 복지의 많은 부분을 민영화 또는 비공식적 부문으로 전환하는 정책을 추진했으나, 스웨덴은 위기라는 용어보다 '조정국면의 진입(adjustment period)' 이라는 표현을 사용했다. 즉, 스웨덴에서는 사회복지의 대폭적인 축소를 내포하는 '위기' 라는 표현은 사용하지 않았으며, 복지국가의 근본적인 재편도 없었다(Palme & Wennemo, 1998).

제3절 복지국가의 향후 전망

영국이나 스웨덴 모두 복지의 측면에서는 세계적으로 최고의 성숙단계에 도달해 있으므로 복지지출의 수준을 더 높인다는 것은 현실적으로 불가능에 가깝다. 이들 국가는 지난날의 황금기에 비해서 복지예산의 증가율이 크게 떨어지기는 했으나, 복지서비스나 복지급여의 수준은 일정한 현황을 유지하고 있다.

민영화와 근로복지 강조라는 최근 경향까지 고려하면서 이들 국가의 현황을 분석해 보면 다음과 같다. 영국이나 스웨덴과 같이 케인스주의적 복지국가들은 성숙단계에 이르고 있기 때문에 복지수준의 정체 내지는 부분적인 저하경향이 나타나고 있고, 국가개입주의가 약화되고 있기는 하나 복지국가로서의 사회적 지지기반은 종전과 다름없이 강력하기 때문에 아직 높은 수준의 복지지출을 유지하고 있다. 그러나 문제는 이러한 상태가 앞으로도 계속 유지될 수 있을 것인가 하는 점이다.

두 나라 모두 복지정책적인 측면에서 성숙단계에 도달해 있기 때문에 고령화의 진전 등 새로운 욕구의 발생에 대처하여 지출을 늘리는 것은 현실적으로 점점 더 어려워지고 있다. 이와 같이 사회복지 지지기반의 전면적인 약화가 진행됨에 따라 장기적으로는 스웨덴과 같은 사회민주주의 유형에서조차 복지혼합이 확대될 가능성이 높다.

이들 국가에서는 복지제도의 민영화 조치가 아직까지도 주변적인 차원에 머물고 있다고는 하지만, 그것이 장기화되어 축적되면 앞으로 등장할 새로운 세대들은 복지혼합구조에 보다 익숙해질 것이고, 이용료를 지불하고 사회적 서비스를 받는 것을 당연시하는 시대로 전환될 가능성도 있다. 그렇게 되면 복지국가에 대한 시민들의 기대가 감소되고 그 지지기반 역시 약화될 것이다. 가까운 장래에 심각한 변화를 겪게 되지는 않겠지만 장기적으로는 지금과 다른 모습으로 변화될 가능성도 배제할 수 없다.

최근 서구사회의 관련학계에서는 베버리지식 케인지언(Keynsian) 복지국가는 더 이상 성립될 수 없다는 전제하에 사회민주주의 정당들이 앞으로 지향해야 할 또는 지향하게 될 정책방향을 제시하고 있다. 기든스(Giddens)의 '제3의 길(the third way)', 길버트(Gilbert)의 '능력부여국가론(enabling state)', 제솝(Jesop)의 '복지국가론(workfare state)' 등이 그러한 예다.

기든스의 제3의 길은 권리와 책임을 연계하는 새로운 사회계약, 사회정책과 경제정책의 연계, 평등주의적 사회의 창출, 시민사회의 중요성 인식, 시장과 시민사회에 대한 국가개입 등을 제시하고 있다(Giddens, 1998). 그리고 길버트는 최근 20년간 대부분의 복지국가들이 사회권의 강화, 보편주의의 달성, 노동의 탈상품화 원칙으로부터 권리와 의무의 연계, 현금 및 중세 형태의 간접지출 확대, 노동의 재상품화로 복지국가의 성격을 바꾸는 패러다임을 경험하고 있다고 주장하면서, 새로운 복지국가의 모델로 능력부여국가를 제시하고 있다(Gilbert, 2002). 또한 제솝은 전후의 장기경제호황을 배경으로 출현했던 케인스주의적 복지국가는 지구촌 경제의 욕구에 순응하여 슘페터주의적 근로복지국가로의 전환이 요구되고 있다고 주장하면서 신자유주의, 신조합주의, 신국가주의라는 세 가지 대안이 가능하다고 암시하였다.

이들의 주장은 아직 불완전한 개념이기는 하지만, 혁신과 구조조정, 시장순응성과 민간의 책임성을 강조하는 경향으로의 전환을 예고하고 있는 것은 분명하다. 따라서 이들의 주장도 향후 복지국가의 성격변화를 예측하는 데 참고가 될 수 있을 것이다.

우리나라도 21세기에 진입하면서 사회보장과 사회복지에 대한 국민의 관심이 점차 높아지고 있다. 소득보장, 의료보장, 사회적 서비스 분야 모두 이제 겨우 초창기의 상황을 뛰어넘어 발전기로의 진입을 본격적으로 모색하는 단계에 놓여 있기 때문이다. 따라서 우리는 앞으로 어떤 방향으로 발전시켜 나갈 것인가 하는 논의를 해야 할 시기에 직면해 있다.

영국식 사회보장국가의 복지체계를 구축할 것이냐, 아니면 스웨덴식 사회복지국가의 모델을 택할 것이냐 하는 문제도 논의대상으로 삼아 볼 필요가 있다.

영국은 국민의 최저생계만을 국가가 책임지고 그 이외에는 각자 자신의 책임임을 강조하는 정책을 추구한다. 그러나 스웨덴의 경우는 최저생활 보장뿐만 아니라 국민 모두가 보다 풍요로운 생활을 할 수 있도록 하는 것까지 모두 국가의 책임으로 삼고 있다. '인민의 집' 철학이 바로 그러한 복지이념과 연결된다.

우리가 이 시점에서 반드시 유념해야 할 것은 이들 국가의 정책을 맹목적 또는 무비판적으로 벤치마킹하는 것은 옳은 방법이 아니라는 것이다. 영국과 스웨덴에서 시행되고 있는 노인복지를 비롯한 제반 사회정책들이 아무리 좋은 정책이라 하더라도 우리나라에서 그들 국가의 원형을 그대로 받아들이기에는 무리가 있다. 이들 나라는 이미 복지국가의 성숙단계를 넘어서 '제3의길' 을 향하고 있는데, 우리나라는 이제 겨우 복지의 초입단계를 벗어나고 있거나, 또는 발전도상의 단계에 있기 때문이다. 또한 영국 및 스웨덴과의 정치적, 사회적 또는 제도적인 면에서 차이가 있기 때문에 이러한 점 등을 고려하지 않고 이들 국가의 복지정책을 무비판적으로 수용하는 것은 매우 위험한 일이다. 그러나 이들 국가의 사회보장, 사회복지정책이 발전하는 과정에서 제기되었던 문제와 그러한 문제에 대처한 여러 가지 대안 등과 같은 경험들은 우리가 앞으로 이와 관련된 정책을 개발하고 시행해 가는 과정에서 많은 도움을 줄 수 있을 것이다.

참고문헌

강욱모(1996). 영국의 노인복지 관련법 체계. **노인복지정책연구총서, 3**, 7-57. 한국노인문제연구소.

김성순(2003). **고령사회정책론**. 서울: 홍익재.

김영순(2001). **복지국가의 위기와 재편: 영국과 스웨덴의 경험**. 서울: 서울대학교출판부.

김영화 · 이옥희 역(2008). **복지와 이데올로기**. 빅 조지 저. 서울: 한울아카데미.

김인춘(2007). **스웨덴 모델, 독점자본과 복지국가의 공존**. 삼성경제연구소.

김정석 · 김영순 역(2000). **노년불평등과 복지정책**. Fred C. Pampel 저. 서울: 나눔의 집.

김태성 · 성경륭(2000). **복지국가론**. 서울: 나남.

김행수(2003). **제3의 길과 신자유주의**. 서울: 서울대학교출판부.

박광준(1992). 대처리즘과 신보수주의적 재편, 영국편. **복지국가의 위기와 신보수주의적 재편**. 서울: 대학출판사.

박시종 역(2006). **복지국가는 해체되는가**. 폴 피어슨 저. 서울: 성균관대학교출판부.

박재간 편(1995). **고령화사회의 위기와 도전**. 서울: 나남.

_______ (1997). 고령자주택의 전망과 과제. **노인복지정책연구총서, 6**, 271-281. 한국노인문제연구소.

_______ (2002). **노인전용 주거시설의 개발전략**. 서울: 아시아미디어리서치.

_______ (2003). **고령화사회와 노인복지의 과제**. 서울: 아시아미디어리서치.

_______ (2005). 스웨덴의 노인복지와 사회보장정책: OECD국가의 노인복지정책 비교연구. **노인복지정책연구총서, 14**, 161-197. 한국노인문제연구소.

박병현(2005). **복지국가의 비교, 영국 · 미국 · 스웨덴 · 독일의 사회복지역사와 변천**. 서울: 공동체.

박승희 · 채구욱 · 김철주 · 홍세영(2007). **스웨덴 사회복지의 실제**. 서울: 양서원.

변광수(1993). **복지의 나라 스웨덴**. 서울: 한국외국어대학교출판부.

성규탁(1997). 영국의 고령자주택 정책의 현황과 과제. **노인복지정책연구총서, 6**. 67-109. 한국노인문제연구소.

신동면(2001). 영국사회보장제도의 개혁. **한국사회복지학, 46**, 178-209.

신정완(2000). 글로벌라이제이션 시대의 스웨덴 사회민주주의. **스칸디나비아연구, 창간호**, 179-206.

오정수(1997). 한영 지역복지행정의 비교사례연구: 지방화시대 지역복지행정의 과제를 중심으로. **한국사회복지학**, 31, 369-392.

유성호(2001). 영국의 노인소득보장정책. **노인복지정책연구총서**, 20, 5-46. 한국노인문제연구소.

이상일(2004). 영국 공공복지서비스 전달체계의 재조직화: 배경 및 시사점. **사회복지정책**, 18, 157-177.

이영찬(1998). 영국의 복지제도 동향. **보건복지포럼**, 20, 96-109.

이영찬(2000). **영국의 복지정책**. 서울: 나남.

이영환(2001). 영국의 노인주택정책과 관련법. **노인복지정책연구총서**, 21, 5-54. 한국노인문제연구소.

이인재 · 류진석 · 권문일 · 김진구(1999). **사회보장론**. 서울: 나남.

이혁구 · 박시종 역(2002). **세계화와 복지국가의 위기**. 라메쉬 미쉬라 저. 서울: 성균관대학교출판부.

이현근(1999). **제3의 길로서의 스웨덴 정치**. 부산: 부산대학교출판부.

임병우(1999). 영국의 커뮤니티케어에서 노인을 위한 가정봉사원서비스. **재가노인복지서비스**, 한국재가노인복지협회 편. 서울: 동인.

_______ (2001). 영국의 노인대상 사회적 서비스와 관련법. **노인복지정책연구총서**, 22, 5-56. 한국노인문제연구소.

_______ (2004). 영국의 주요노인복지정책: 한국노인복지정책 개발에 주는 시사점. **노인복지정책연구총서**, 25, 7-28. 한국노인문제연구소.

임성근 역(2003). **복지국가전략–스웨덴모델의 정치경제학**. 미야모토 타로 저. 서울: 논형출판사.

임춘식(2005). **세계의 노인복지정책**. 서울: 학현사.

정옥분 · 김동배 · 정순화 · 손화희(2008). **노인복지론**. 서울: 학지사.

조미경(2005). 영국의 노인복지정책. **세계의 노인복지정책**. 서울: 학현사.

조영훈(2005). **변화하는 세계, 변화하는 복지국가**. 서울: 집문당.

주은선(2001). 영국 보수당정부와 노동당정부의 공적연금 개혁의 성격에 관한 연구. **사회복지연구**, 17, 219-244.

지은정(2005). 영국의 노인소득보장체재: 기초소득보장과 기초연금을 중심으로. **보건복지포럼**, 101, 96-110.

최정신(2006). **스칸디나비아 노인용 코하우징의 계획과 적용**. 서울: 집문당.

최종규(2005). **유럽복지국가의 미래**. 서울: 인간과 복지.

최희섭 · 한일동(2007). **영국문화 바로알기**. 서울: 동인.

현외성 · 강욱모(2007). **전환기의 복지국가**. 서울: 학현사.

Abel-Smith, B. (2000). *Assessing the experience of health financing in the United Kingdom.* London: The World Bank.

Aged Concern (1984). *Sheltered housing for the old people.* London: Aged Concern.

Allsop, J. (1998). *Health policy and the National Health Services.* London: Longman Press.

Andersson, I., & Weibull, J. (1999). *Swedish history in Brief.* The Swedish Institute.

Anson, J. (1996). *Pension: 2000 and beyond.* London. Retirment Income Inquiry.

Arthur, G. (1993). *Capitalist welfare system: A comparison of Japan, Britain and Sweden.* London: Longman Press.

Atkinson, A. B. (1995). *The development of state pension in United Kingdom, Income and the welfare state.* London: Cambridge University Press.

Baldock, J., & Evers, A. (1990). Emerging new forms of social service provision: the example of innovations in the elderly in the Netherlands, Sweden, and the United Kindom. Paper presented to the XII world congress of sociology. Madrid.

Baldock, J., & Ungerson, C. (1994). *Becoming consumers of community care: households within the mixed economy.* York: Joseph Rowntree Foundation.

Barr, N., & Hills, J. (1999). *The state of welfare: The welfare state in Britain since 1974.* London: Clarendon Press.

Beveridge, W. (1942). *Social insurance and allied services.* London: HMSO.

Bonoli, Giuliano (2000). *European welfare futures.* Polity Press.

Bornat, J. (1993). *Community care: A reader.* London: Macmillan Press.

Bulmer, M. (1987). *The social basis of community care.* London: Allen & Unwin Press.

Cropper, S., & Forte, P. (1997). *Enhancing health services management: The role of decision support system.* Buckingham: Open University Press.

Curry, C. (1996). *PENSION: A Dynamic simulation model of pensioners' incomes.* London: Department of Social Security Government Economic Service.

Cutler, T., & Waine, B. (1994). *Managing the welfare state: The politics of public sector management.* Oxford: Oxford Berg.

David, J. H. (1985). *Housing for the elderly: Privacy and independence in environments for the aging.* Van Nostrand Reinhold.

Deacon, A. (1995). Spending more to achieve less? Social security since 1945. In Gradstone,

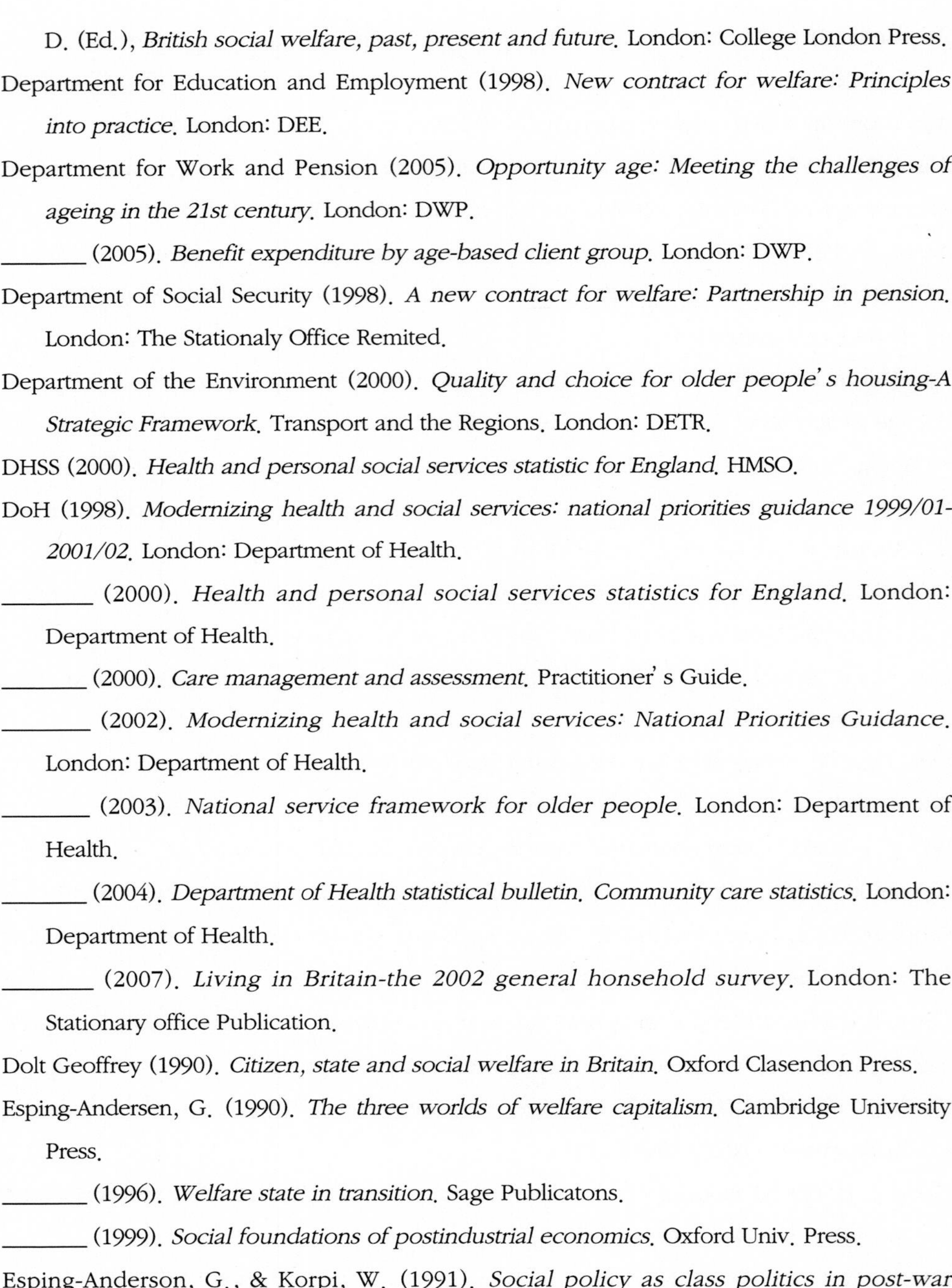

D. (Ed.), *British social welfare, past, present and future.* London: College London Press.

Department for Education and Employment (1998). *New contract for welfare: Principles into practice.* London: DEE.

Department for Work and Pension (2005). *Opportunity age: Meeting the challenges of ageing in the 21st century.* London: DWP.

_______ (2005). *Benefit expenditure by age-based client group.* London: DWP.

Department of Social Security (1998). *A new contract for welfare: Partnership in pension.* London: The Stationaly Office Remited.

Department of the Environment (2000). *Quality and choice for older people' s housing-A Strategic Framework.* Transport and the Regions. London: DETR.

DHSS (2000). *Health and personal social services statistic for England.* HMSO.

DoH (1998). *Modernizing health and social services: national priorities guidance 1999/01-2001/02.* London: Department of Health.

_______ (2000). *Health and personal social services statistics for England.* London: Department of Health.

_______ (2000). *Care management and assessment.* Practitioner' s Guide.

_______ (2002). *Modernizing health and social services: National Priorities Guidance.* London: Department of Health.

_______ (2003). *National service framework for older people.* London: Department of Health.

_______ (2004). *Department of Health statistical bulletin. Community care statistics.* London: Department of Health.

_______ (2007). *Living in Britain-the 2002 general honsehold survey.* London: The Stationary office Publication.

Dolt Geoffrey (1990). *Citizen, state and social welfare in Britain.* Oxford Clasendon Press.

Esping-Andersen, G. (1990). *The three worlds of welfare capitalism.* Cambridge University Press.

_______ (1996). *Welfare state in transition.* Sage Publicatons.

_______ (1999). *Social foundations of postindustrial economics.* Oxford Univ. Press.

Esping-Anderson, G., & Korpi, W. (1991). *Social policy as class politics in post-war capitalism*. Oxford University Press.

Feldstein, M. (1996). *The transition path in privatizing social security*. Boston: National Bureau of Economic Research.

Field, F. (1996). *How to pay for the future: Building a stakeholder's welfare*, London: Institute of Community Studies.

Freeman, R. B. (1998). *Reforming the welfare state: the Swedish model in Transtion*. Chicago: University of Chicago Press.

Freeman, R. B., Topel, R., & Swedenborg, B. (1997). *The welfare state in transition: Reforming the Swedish model*. Chicago: University of Chicago Press.

Furniss, N., & Tilton, T. (1977). *The case for the welfare state: From social security to social equality*. Bloomington: Indiana Univ. Press.

George, V., & Wilding, P. (1994). *Welfare and ideology*. London: Pearson Education Limited.

Giddens, A. (1994). *Beyond life and right*. Cambridge: Cambridge University Press.

_______ (1998). *The third way*. Cambridge: Cambridge University Press.

Gilbert, N. (1996). *Caring for the very old: Public and private solution, WSP/ 126*. London: Welfare State Programme, Toyoda Center.

_______ (1997). *Paging for welfare*, 3rd ed.(towards 2000), London: Prentice Hall/Harvester Wheatheat.

_______ (2002). *Transformation of the welfare state*. Oxford University Press.

Glennerster, H., & Manos, M. (1994). The English and Sweden health care reforms. *International Journal of Health Services, 24*(2), 231-251.

Goodin, R. E., & Grand, J. (1979). *Not only the poor, The middle class and the welfare state*. London: George Allen and Unwin.

Gould, A. (1993). *Capitalist welfare state systems*. London: Longman.

_______ (1996). *Capitalist welfare state: A comparison of Japan, Britain & Sweden*. London: Longman.

_______ (2002). *Conflict and control in welfare policy: The Swedish Experience*. London: Longman.

Griffiths Report (1998). *Community care: Agenda for action*. London: HMSO.

Gutman, A. (1990). *Democracy and the welfare state.* Princeton University Press.

Hartas, B., & Harrop, K. (1991). *Patterns of change in the local government since 1945.* London: Teaching Public Administration.

Hedin, B. (2000). Growing old in Sweden, the Swedish Institute and National Board of Health and Welfare. Stockholm.

Helco, H. (1992). *Modern social policies in Britain and Sweden.* Yale University Press.

Helco, H., & Madsen, H. (1987). Policy and Politics in Sweden: Principled pragmatism. Philadelphia: Temple Univ. Press.

HMSO (2000). *Our future homes opportunity, choice, responsibility: The government's housing policies for England and Wales.* London: HMSO.

Holmans, A. (1997). UK housing finance in a Williams P.(Ed.), *Directions in housing policy.* London: Paul Chapman Publishing Ltd.

Hughes, D., & Lowe, S. (1991). *A new century of social housing.* London: Leicester University Press.

Immergut, E. (1992). *Health politics: Interest and institutions in western Europe.* Cambridge Univ. Press.

Johansson, L. (1997a). *On informal care of the elderly in Sweden.* Uppsala University Press.

_______ (1997b). Decentralization from acute care to home care settings in Sweden. *Health poliy, Suppl. 41*, 131-143.

Johnson, N. (1990). *Reconstructing the welfare state, A decade of change 1980 to 1990.* Harvester Whearsheaf. London: Hemel Hempstead.

_______ (2000). *Reconstructing the welfare state: A Decade of Change 1980-1990.* London: Harvester Wheatsheaf.

Kay, R. (1974). *Local authority reorganization and British home help service.* London: HMSO.

Kendall, J., & Knapp, M. (1999). *The Voluntary sector in the United Kingdom.* London: Manchester University.

Kitschelt, H. (1994). *The transformation of European social democracy.* London: Cambridge University.

Klein, R. (1995). *The new politics of the National Health Service.* 3rd ed.. London: Longman.

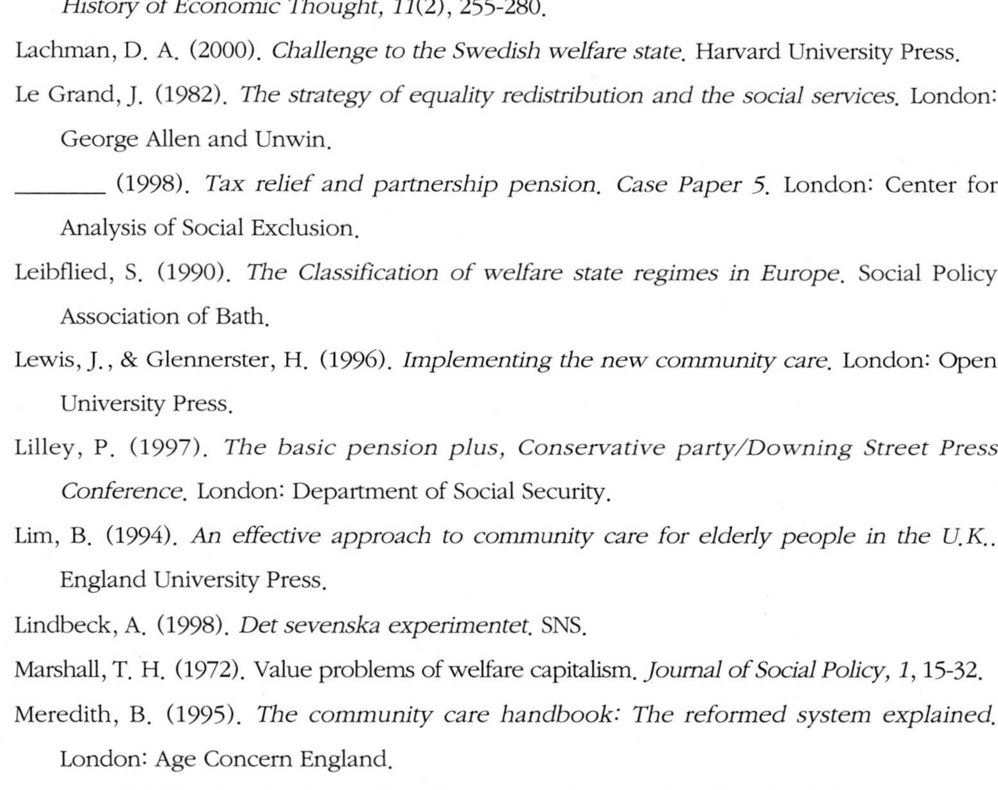

Komine, A. (2004). The making of Beveridge's unemployment. *European Journal of the History of Economic Thought, 11*(2), 255-280.

Lachman, D. A. (2000). *Challenge to the Swedish welfare state*. Harvard University Press.

Le Grand, J. (1982). *The strategy of equality redistribution and the social services*. London: George Allen and Unwin.

_______ (1998). *Tax relief and partnership pension. Case Paper 5*. London: Center for Analysis of Social Exclusion.

Leibflied, S. (1990). *The Classification of welfare state regimes in Europe*. Social Policy Association of Bath.

Lewis, J., & Glennerster, H. (1996). *Implementing the new community care*. London: Open University Press.

Lilley, P. (1997). *The basic pension plus, Conservative party/Downing Street Press Conference*. London: Department of Social Security.

Lim, B. (1994). *An effective approach to community care for elderly people in the U.K.*. England University Press.

Lindbeck, A. (1998). *Det sevenska experimentet*. SNS.

Marshall, T. H. (1972). Value problems of welfare capitalism. *Journal of Social Policy, 1*, 15-32.

Meredith, B. (1995). *The community care handbook: The reformed system explained*. London: Age Concern England.

Mossberg (1998). *Social Policy and Welfare state in Sweden*. Sweden Akivforlog.

National Social Insurance Board (1998). *Social insurance Statistics facts*, 1992-1998.

_______ (2000). *Social insurance statistics facts*.

Nesbitt, S. (1995). *British pension policy making in the 1980's: The rise and fall of a polish community*. Aldershot Avebury.

OECD (1998). *The battle against exclusion, Social assistance in Australia, Finland*. Sweden and the United Kingdom.

_______ (2002). *Social security spending. The changing welfare state*.

_______ (2002). *Social expenditure database*.

_______ (2005). *Long-term care for old people. Case management in human service practice*. Jossey-Bass. Inc.

_______ (2007). *Factbook 2007. Economic, Environmental and Social Statistics.*

Olsson, S. E. (1990). *Social policy and welfare state in Sweden.* London: Arkiv Press.

_______ (1996). *Social policy and welfare state in Sweden.* Lund studies in social welfare 3.2 .erw. Aufl. Lund: Arkiv.

ONS (2004). *Living in Britain: Result form the 2002 general household survey.* London: Office for National Statistics.

Office for National Statistics (2001). Living in Britain. www.statistics.gov.uk/lib2001/index.html.

Palme, J. (1990). *Pension rights in welfare capitalism: The development of old age pensions in 18 OECD countries 1930-1985.* Stockholm: Swedish Institute for social research.

Palme, J., & Wennemo (1997). *Swedish social security in the 1990's: Reform and retrendment.* Stockolm: Swedish Institute for Social Research.

_______ (1998). *Swedish social security in 1992: Reform and retrendment.* Stockolm: Swedish Institute for Social Research.

Parlmore, E. B. (1999). *Ageism: Negative and positive.* Springer Publishing Press.

Party, L. (1996). *Security in retirement.* London: The Labour Party.

Pierson, P. (2001). *The new politics of the welfare state.* Oxford: Oxford University Press.

Pierson, C. (1991). *Beyond the welfare state.* Cambridge, MA: Polity Press.

_______ (2006). *Beyond the welfare state*? The new political economy of welfare. Cambridge: Polity Press.

Pietroni, P., & Pietroni, C. (1996). *Innovation in the community care and primary health.* London: Cheerchill Levingstone.

Popenoe, D. (2002). Beyond the nuclear family: A statistical portrait of the changing family in Sweden. *Journal of Marriage and the Family, 49*, 173-183.

Raman (1991). *Community card: policy and practice.* London: Macmillar.

Ramesh, M. (1999). *Globalization and the welfare state.* Edward Elgar Publishing Limited.

Robson, W. A. (1976). *Welfare state and welfare society.* Charles E. Tuttle Co.

Room, G. (1990). *The new poverty in the European Communtity.* London: Macmillan.

Rose, R., & Shiratori, R. (1987). *The welfare state: East and West.* Oxford: Oxford University Press.

Seebohm Report (1968). *Report of the committee on local authority and Allied personal services*. London: HMSO.

Social Services Inspectorate (1999). *Better management, better care: The sixth annual report of the chief inspector*. London: HMSO.

Socialstyrelsen (1996). *The Adel reform final report*. The Swedish National Institute.

Stahlberg, A. C. (1995). Pension reform in Sweden. *Scandinavian Journal of Social Welfare, 4*, 267-273.

Statistika Centralbyran (2005). *Statistisk arbok for sverige*.

Stephens, J. D. (1999). *Continuity and change in contemporary capitalism*. Cambridge University Press.

Stewart, J. (1989). *The Changing organization and management of local authorities*, London: Macmillan Press.

Swedish Institue (1996). *Housing and housing policy in sweden*. Fact sheets in Sweden, April.

_______ (1998). *Equality between men and women in Sweden*. Fact sheets on Sweden.

_______ (1998). *The Swedish population*. Fact sheets on Sweden.

_______ (2003). *Old age care in Sweden*. Fact Sheets on Sweden.

The National Board of Health and Welfare (1988). *The social services in Sweden: A part of the social welfare system*. Stockholm: NBHW.

The Secretary of State for Social Security (1985). *Reform of social security*. London: Her Majesty' s Stationary Offices.

The Stationary office (2005). *Focus on older people*. London: HMSO.

Thorslund, M. (1998). The increasing number of very old people will change the Swedish model of welfare state. *Social Science and Medicine, 32*(4), 373-384.

Thorslund, M., Bergmark, A., & Parker, M. G. (1997). Difficult decisions on care and services for elderly people: The dilemma of setting priorities in the welfare states. *Scandinavian Journal of Social Welfare, 6*, 197-206.

Tilton, T. (1991). *The political theory of Swedish democracy: Through the welfare state to socialism*. Oxford Clarendom Press.

Titmuss, R. (1958). *Essay on the welfare state*. London: Allen & Unwin.

_______ (1975). *The Five grants: A biography of the welfare state*. London: Harper Collins

_______ (1976). *Commitment to welfare*, 2nd ed. London: George Allen & Unwin.

Townsend, P., & Walker, A. (1995). *The future of pensions: Revitalizing National Insurance*. London: Fabian Society.

Ungerson, C. (1994). Payment for caring: Mapping a territory. In N. Deakin & R. Page (Eds.), *The costs of welfare*. Aldershot: Avebury.

Victor, C. R. (1997). *Community care and old people*. Stanley Thornes Publisher.

Walker, A. (1987). *Thatcherism and the politics of old age*. Philadelphia: Temple University Press.

Wistow, G. (1997). The Future of welfare: A guide to the debate. Joseph Rowntree Foundation.

Wilensky, H. (1975). *The welfare state and equality: Structure and ideological roots of public expenditures*. University of California Press.

_______ (1997). Decentralization from acute to home care settings in England. *Health Policy 41 Supplement*, 91-108.

Wistow, G., Knapp, M., Hardi, E. B., Forder, J., Kendall, J., & Manning, R. (1996). *Social care markets: prospects and progress*. Open University Press.

World Bank (1994). *Averting and old age crisis: Policies to protect for the world bank*. London: Oxford University Press.

찾아보기

◂◂◂ 인명

◂◂◂ 내용

저자소개

박재간

서울대학교 상과대학 경제학과 졸업
한국노인문제연구소(1973) 설립, 소장 및 이사장
대한노인회(1969) 창립 주역, 정책담당 부회장
한국노년학회(1978) 발족 주역, 회장
노인복지법 기초안(1976) 마련 및 입법활동 전개
경로헌장 · 노인강령 기초안(1981) 마련 및 제정활동 전개
노령수당(1991) · 경로연금제도(1997) 도입안 건의 및 채택
유럽 및 미주 지역의 노인복지정책 현황 시찰(20회 이상)
현재 한국노년학회, 대한노인회중앙회 고문
　　한국노인문제연구소 명예이사장

〈저서〉
노인문제의 현황과 과제, 노후생활의 지혜, 노인교과서, 유료노인복지편람, 한국효행실록, 고령화 사회의 위기와 도전, 고령화 사회와 노인복지의 과제, 노인전용주거시설의 개발전략, 고령자 취업과 자원봉사활동

〈논문〉
그레이파워가 국가사회에 미치는 영향, 전통적 효사상과 현대적 의의, 경로연금제도 도입방안에 관한 연구, 노인취업활성화를 위한 국가정책, 우리나라 노인권익운동의 과제와 전망, 노인부양과 전통적 효윤리의 재조명, 스웨덴의 노인복지와 지방분권화 정책 외 다수

손화희

성균관대학교 문과대학 영문학과 졸업
고려대학교대학원 졸업(이학박사)
연세대학교대학원 사회복지학과 Post-Doctoral Researcher
현재 숭의여자대학 가족복지과 교수

〈저서〉
노인복지론, 노인상담론

〈논문〉
재가복지수혜노인의 주관적 안녕감에 대한 생태학적 접근, 서울지역 노인의 건강증진행위와 관련된 생태학적 변인에 관한 연구, 노인공경 문화의 사상적 원류에 대한 소고, 노년기 행복찾기 프로그램, 노인상담종사자의 직무분석과 교육과정에 관한 연구 외 다수

영국과 스웨덴의 노인복지정책

2008년 7월 25일 1판 1쇄 인쇄
2008년 7월 30일 1판 1쇄 발행

지은이 • 박재간 · 손화희
펴낸곳 • 학지사
121-837 서울시 마포구 서교동 352-29 마인드월드빌딩 5층
대표전화 • 02-326-1500 팩스 • 02-324-2345
등록 • 1992년 2월 19일 제2-1329호
홈페이지 www.hakjisa.co.kr

ISBN 978-89-5891-792-2 93330
가격 15,000원